珍藏本
纪念版

汉译世界学术名著丛书

意义与真理的探究

〔英〕伯特兰·罗素 著

贾可春 译

SINCE 1897 商務印書館 The Commercial Press

2017年·北京

Bertrand Russell
AN INQUIRY INTO MEANING AND TRUTH
Revised Edition

Reprinted 1992 by Routledge

本书由泰勒－弗朗西斯出版集团授权,根据卢德里奇出版公司 1992 年修订版译出。

汉译世界学术名著丛书
（120 年纪念版·珍藏本）
出 版 说 明

2017 年 2 月 11 日，商务印书馆迎来 120 岁的生日。120 年前，商务印书馆前贤怀揣文化救国的理想，抱持“昌明教育，开启民智”的使命，立足本土，放眼寰宇，以出版为津梁，沟通中西，为中国、为世界提供最富智慧的思想文化成果。无论世事白云苍狗，潮流左右激荡，甚至战火硝烟弥漫，始终践行学术报国之志，无改初心。

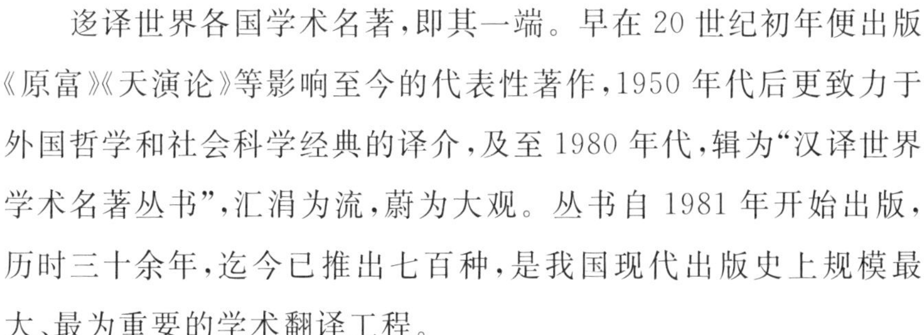

逐译世界各国学术名著，即其一端。早在 20 世纪初年便出版《原富》《天演论》等影响至今的代表性著作，1950 年代后更致力于外国哲学和社会科学经典的译介，及至 1980 年代，辑为“汉译世界学术名著丛书”，汇涓为流，蔚为大观。丛书自 1981 年开始出版，历时三十余年，迄今已推出七百种，是我国现代出版史上规模最大、最为重要的学术翻译工程。

丛书所选之书，立场观点不囿于一派，学科领域不限于一门，皆为文明开启以来，各时代、各国家、各民族的思想与文化精粹，代表着人类已经到达过的精神境界。丛书系统译介世界学术经典，引领时代思想，为本土原创学术的发展提供丰富的文化滋养，为推动中国现代学术和现代化进程做出了突出的贡献。

为纪念商务印书馆成立120周年，我们整体推出“汉译世界学术名著丛书”120年纪念版的珍藏本，寄望既利于文化积累，又便于研读查考，同时向长期支持丛书出版的译者、编者和读者致以敬意。

两甲子后的今天，商务印书馆又站在了一个新的历史时间节点上。我们不仅要铭记先辈的身影和足迹，更须让我们的步伐充满新的时代精神。这是商务人代代相传的事业，更是与国家和民族的命运始终紧密相连的事业。我们责无旁贷，必须做好我们这代人的传承与创造，让我们的努力和成果不仅凝聚成民族文化的记忆，还能成为后来人可以接续的事业。唯此，才能不负前贤，无愧来者。

商务印书馆编辑部

2017年10月

译　者　序

《意义与真理的探究》是英国哲学家伯特兰·罗素(1872～1970)于1940年在美国写就的一部著作。1938年,罗素应邀到牛津大学讲学,并在那里开设了一门叫“语言与事实”的课。这门课的讲稿就是本书的初稿。1938～1939年和1939～1940年,罗素分别在芝加哥大学和加利福尼亚大学开设研究班,讲稿的内容又在这些研究班上得以讨论,并最终成为1940年秋季他在哈佛大学所主持的威廉·詹姆士讲座的主要内容。

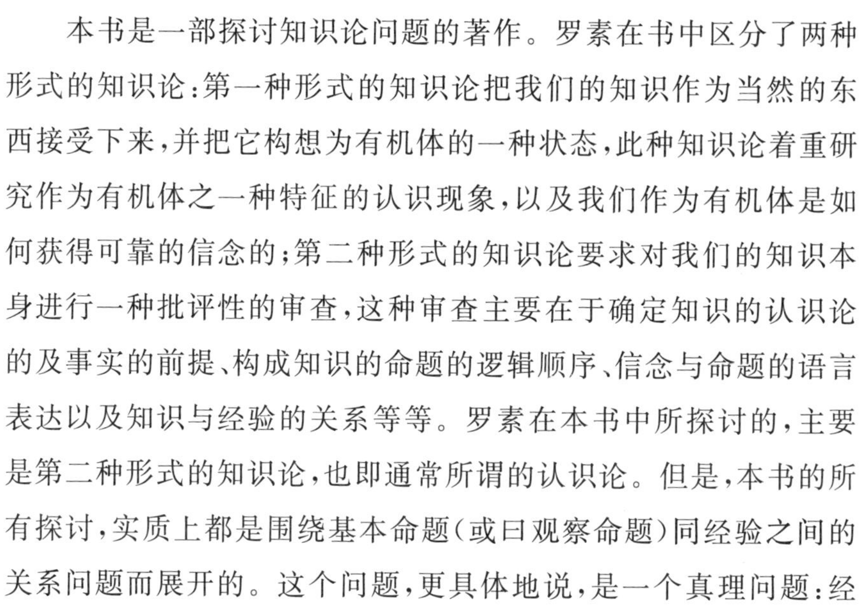

本书是一部探讨知识论问题的著作。罗素在书中区分了两种形式的知识论:第一种形式的知识论把我们的知识作为当然的东西接受下来,并把它构想为有机体的一种状态,此种知识论着重研究作为有机体之一种特征的认识现象,以及我们作为有机体是如何获得可靠的信念的;第二种形式的知识论要求对我们的知识本身进行一种批评性的审查,这种审查主要在于确定知识的认识论的及事实的前提、构成知识的命题的逻辑顺序、信念与命题的语言表达以及知识与经验的关系等等。罗素在本书中所探讨的,主要是第二种形式的知识论,也即通常所谓的认识论。但是,本书的所有探讨,实质上都是围绕基本命题(或曰观察命题)同经验之间的关系问题而展开的。这个问题,更具体地说,是一个真理问题:经验现象是如何使得基本命题为真的？罗素从上个世纪二十年代前后开始，从新实在论转向中立一元论，认为构成世界的终极材料是感觉，从而坚持一种比较彻底的经验论。这种经验论的哲学立场导致他认为：全部知识论都应该从“我知道什么”开始，并且唯有经验才能决定非重言式命题的真或假，而“当下的知觉对象”则是我们的经验中最无可置疑的东西。因此对罗素来说，若要回答经验现象是如何使得基本命题为真的，其实就是要回答，从第一人称的知觉经验出发，如何获得合法的或者说不带主观性的科学知识。这本质上是传统经验论所思考的一个核心问题，但罗素在解决这个问题时，表现出了不同于传统经验论的两个特点：首先，罗素在本书中更注重从语言的角度来探讨这个问题。为了解决这个问题，罗素围绕语言与非语言现象的关系，对语言问题进行了深入的探讨；其次，罗素在本书中使用了数理逻辑作为工具。在本书中，罗素以娴熟的手法，对语言和命题进行了逻辑分析，数理逻辑的基本思想和方法在这里得到了充分的体现和应用。由于罗素是在经验论的一般原则的基础上进行这种探讨的，所以他在前言中说，“本书就是试图把类似于休谟的一般观点与从现代逻辑中成长起来的方法结合起来的结果”。正是这两个特点，使得该著成了分析哲学史上的一部经典之作，因为分析哲学的基本特征正在于通过对语言的逻辑分析来解决传统的哲学问题（在这种意义上，后来的日常语言学派实际上偏离了早期分析哲学及整个人工语言哲学的这一目标，因为它们在很大程度上是为了探讨语言而探讨语言，这一点曾遭到罗素的批评），而且本书所涉及的两大主要问题即意义问题与真理问题也是整个分析哲学的核心问题。可以说，本书既体现了近代哲学的旨趣（认识论），也体现了当代分析哲学的特点（对语言的逻辑分析）。通常认为，哲学从近代到现代，实现了从认识论到语言的转向。但这种提法极易使人误解，因为至少在分析哲学创始人罗素这里（其实包括在弗雷格及前期维特根斯坦那里），哲学的主旨仍然是认识论，只不过他更注重通过语言或命题的逻辑分析来解决问题。罗素的认识论其实是自笛卡尔以来的近代认识论的深化；所谓哲学的语言转向，在罗素这里只是表层的，而从深层看，罗素哲学与近代哲学之间存在明显的连续性。本书典型地体现了这种连续性，从中可以看出分析哲学是如何从传统哲学中逐渐成长而来的。

罗素认为，经验命题（或者说经验陈述）之所以有可能是真的，是因为非语言现象的存在。所以，本书在研究真理问题时，实际关心的是语言与非语言现象之间的关系。在本书中，罗素细致入微地分析了对象词、逻辑语词、自我中心词、专名、通名等各类语词的意义。在对语词的意义进行分析的同时，罗素指出，语言应区分为不同的阶，初阶语言（对象语言）中的词汇主要由对象词构成。从初阶语言出发，我们可以构造二阶语言（属于元语言的范畴），这只需要我们在初阶语言的词汇中加上“真”、“假”、“或者”、“并非”等逻辑语词就可以了。语言的阶的构造是无穷的，但这并不会改变语言与非语言现象之间的关系的本质。在对语词的意义进行分析的基础上，罗素又分别探讨了语句的意义与所指。他认为，语句的意义来自语词的意义和句法规则，语句的所指则是语句自身的真值条件。而所谓真理，罗素认为，其实就是语句的意义与所指之间的一种符合关系。与真理问题相关联，罗素还分别探讨了信念、外

延性原则、原子性原则、排中律、意义与证实、真理与经验、真理与知识等问题。一一论述了这些问题之后，罗素在该著末尾简要探讨了语言与世界之间的关系。这种探讨本质上是要回答：语言的逻辑范畴是否对应于语言所处理的非语言世界的成分，或者说，逻辑能否为某种形而上学提供基础？罗素的回答是肯定的：在语言的结构与世界的结构之间存在一种可观察的关系，语言的性质有助于我们理解世界的结构。

需要指出的是，罗素从第一人称的知觉经验出发来探讨知识与真理问题，但他在本书中并没有（当然也不可能）把经验论原则贯彻到底。这表现在他承认有一些我们无法经验的事实，或者说，他承认有些命题的证实者（verifier）是我们所无法经验的；这类命题被他称为存在命题。所以罗素认为，事实的范围超过经验，后者只是前者的一个子类，而他的真理论强调的是命题与事实的符合，而非命题与经验的符合。罗素由此宣称，在获得真命题时，证实只起一种辅助性的作用。从这里，我们可以看出罗素与逻辑实证主义哲学家在证实问题上的不同态度，因为后者主要倡导经验证实原则或可证实性原则。罗素在本书中提到了维也纳学派的纽拉特。纽拉特虽属于逻辑实证主义阵营，但他把公共可观察的报告作为认识论意义上的证据，从而在某种程度上导致了罗素所批评过的融贯论。因此，罗素的“真”主要是一个语义概念，而纽拉特的“真”主要是一个句法概念。

《意义与真理的探究》是罗素晚年的一部重要著作，也是罗素为数不多的未译成中文的哲学著作之一。希望通过本书的翻译，能引起人们对罗素哲学的进一步的兴趣。译文如有不妥之处，诚请读者批评指正。

贾可春

2009年1月于石家庄

目　　录

前言…………………………………………………… 1
导论…………………………………………………… 3
第一章　词是什么 ………………………………… 19
第二章　句子、句法和词性………………………… 28
第三章　描述经验的句子 ………………………… 51
第四章　对象语言 ………………………………… 69
第五章　逻辑语词 ………………………………… 88
第六章　专名……………………………………… 108
第七章　自我中心殊相词………………………… 125
第八章　知觉与知识……………………………… 135
第九章　认识论的前提…………………………… 152
第十章　基本命题………………………………… 159
第十一章　事实的前提…………………………… 173
第十二章　对涉及命题的问题的分析…………… 192
第十三章　句子的含义…………………………… 197
第十四章　作为表达的语言……………………… 238
第十五章　句子所“指示”的……………………… 250
第十六章　真与假:初步的讨论 ………………… 265

第十七章　真理与经验…………………………………………………… 277
第十八章　一般信念………………………………………………………… 290
第十九章　外延性与原子性………………………………………………… 305
第二十章　排中律…………………………………………………………… 324
第二十一章　真理与证实…………………………………………………… 341
第二十二章　意义与证实…………………………………………………… 361
第二十三章　有保证的可断言性…………………………………………… 375
第二十四章　分析…………………………………………………………… 385
第二十五章　语言与形而上学……………………………………………… 403
索引………………………………………………………………………… 412

前　　言 7

本书经历了几年时间的逐渐写作，并在担任一系列学术职务的过程中得以完成。1938年，在牛津大学所作的《语言与事实》的系列讲座中，我探讨了这个主题的一部分。这些讲座形成了1938～1939年在芝加哥大学以及1939～1940年在加州大学洛杉矶分校所开设的研究班课程的基础。在这两次研究班上的讨论大大拓宽了我对所涉及的这些问题的理解，并且减少了我原先对于这个主题的语言学方面的强调。我必须表达一种欠情，即欠那些教授和学生们的集体人情；他们通过细致而又友好的批评使我避免了一些差错和谬误（我希望如此）。更特别的是，在芝加哥时，卡尔纳普和莫里斯教授时常参加研究班，而且一些研究生表现出了很强的哲学研究能力，从而使这些讨论成为富有成果的争论性合作的典范。诺曼·道尔凯先生参加了两个研究班，后来阅读了全书的手稿，我非常感激他谨慎而又令人兴奋的批评。最后，在1940年夏季，我部分地从积累起来的材料中，部分地从对这个整个主题的重新思考中，准备了这些威廉·詹姆士讲座。

就方法而言，我更赞同逻辑实证主义，而非任何其他现存的学派；对于读者来说，这将会是显而易见的。然而，我与他们是不同的。这种不同就在于我比他们更重视贝克莱和休谟的工作。本书就是试图把类似于休谟的一般观点与从现代逻辑中成长起来的方法结合起来的结果。

导　　论 11

眼下这部著作，意在对涉及经验知识的某些问题作一考察。与传统的知识论相比，本书所采纳的方法是不同的。这种不同主要在于它重视从语言学方面来考虑问题。我打算结合两个主要问题来考虑语言。这两个问题可以用预备性的和不太精确的术语陈述如下：

(1)“一个命题为真的经验证据”这一说法的含义是什么？

(2)从有时存在这样的证据这一事实出发，可以推论出什么？

这里，与哲学中的通常情形一样，首要的困难在于看清这个问题本身是困难的。如果你问一个未经哲学训练的人：“你是怎么知道我有双眼的？”他或者她将会回答说：“多么傻的一个问题！我可以看到你有双眼啊。”不要期待我们的探究结束时，我们将会得到某种根本不同于这种非哲学立场的东西。将会出现的情形是：在我们原以为一切都简单的地方，我们将会逐步看到一个复杂的结构；我们将会意识到不确定性的黑影正笼罩在没有引起人们怀疑的地方；与我们原先的设想相比，我们将会更频繁地发现对事物进行怀疑是正当的；而且，即使最貌似真实的前提，也将表明它们自身会产生不合理的结论。最终的结果将是用清楚的犹豫代替不清楚的确定性。至于这个结果是否有某种价值，我将不去考虑。

一旦我们认真地考虑上述两个问题时，困难就出现了。以“一个命题为真的经验证据”这个短语为例。除非我们在考察之后得出了这样的结论，即我们的问题原来是用错误的语词加以表达的，否则这个短语就会要求我们去定义“经验的”、“证据”、“真”、“命题”这些语词。

12 让我们从“命题”开始。一个命题就是某种可以在任何一种语言中被说出的东西：“Socrates is mortal”和“Socrates est mortel”① 表达了同一个命题。就是在一种特定的语言中，它也可以通过不同的方式被说出：在“恺撒于三月十五日被害”与“正是在三月十五日这一天，恺撒被害了”之间所存在的差别仅仅是修辞学上的。因而，两种语词形式“拥有同一种意义”是可能的。目前，我们至少可以将一个“命题”定义为“与某个特定的语句拥有同一种意义的所有语句”。

现在，我们必须定义“语句”和“拥有同一种意义”。暂且不管后者。什么是语句呢？它可以是单个的词，或者，更通常地，是根据句法规则被放到一起的许多词。但是其特点在于，它表达了具有肯定、否定、命令、愿望或者疑问等等性质的某种东西。从我们的观点来看，一个句子更显著的方面在于：假如我们知道了它所包含的几个语词的意义以及句法规则，那么我们就能够理解它所表达的东西。因此，我们的研究必须首先从对词的考察开始，然后考察句法规则。

① “Socrates is mortal”和“Socrates est mortel”分别是英语和法语的句子，意思都是“苏格拉底是有死的”。——译注

在进入任何细节性的研究之前，先对我们的问题的性质作些一般性的论述，可能有助于我们知道重要的东西是什么。

我们的问题是知识论里的一个问题。什么是知识论呢？我们知道的或者我们认为我们知道的一切事物，都属于某门特殊的科学。那么，留给知识论的还有什么东西呢？

有两种不同的探究，它们都是重要的，并且每一种都有资格被称为“知识论”。在任何特定的讨论中，如果不能确定要将那种讨论归属到这两种探究中的哪一种，就容易出现混淆。因此，在这开始的时候，我将说几句话，以对这两种探究作出解释。

在第一种形式的知识论中，我们接受从科学上对世界所作的描述。这并非是把这种描述作为确定无疑的真理来接受的，而是作为眼下最可用的东西来接受的。正如科学所描绘出来的那样，世界包含着一种被称为“认识”的现象；而第一种形式的知识论必须考 13
虑这是一种什么样的现象。从外部来看，它首先是生命有机体的一个特征；一般说来，随着有机体变得更为复杂，这个特征就会越来越多地展示出来。显然，认识是有机体同别的某种事物或者同该有机体自身的一个部分之间的一种关系。如果仍然站在一个外部观察者的角度来看的话，我们可以把知觉意识从习惯性知识中区分出来。知觉意识是一种“刺激感受性”，它并不限于生命有机体。科学仪器也具有这种特性，而且在某种程度上，一切事物都具有这种“刺激感受性”。刺激感受性是在某种刺激出现时动物或事物所作出的反应；而当该刺激不出现时，它们不会作出那种反应。

当狗出现的时候，猫会表现出一种特定的反应。这使得我们说，猫“感知到”了狗的出现。但是在电流出现时，电流计也会表现出特定的反应，而我们却并不说它“感知到”了电流。这两种情况之间的差别与“习惯性知识”有关。

一个无生命的事物，只要它的物理构造没有改变，总是会对同一种刺激作出同一种反应；相反，当动物重复面对它从第一次就对之作出某种反应的刺激时，就会逐渐改变反应的特征，直至它达到——至少暂时地达到——一个稳定点为止。当达到这个稳定点时，该动物就获得了一种“习惯”。每一种习惯都包含这样的东西，即从行为主义的观点来看可以算作对于一般法则的信念的东西，或者，假如这种信念碰巧是真的，甚至(在某种意义上)可以算作知道了这种法则。例如，行为主义者也许会说，一条学会直立起来去乞求食物的狗相信下述一般法则：“闻到了食物的味道，再做出乞求的动作，然后就会得到食物。仅有食物的味道而没有乞求的动作，食物是不会出现的。”

所谓的“通过经验而学习”，指的就是获取习惯的行为；它是生
14 命有机体所特有的表现。狗通过经验了解到，人可以开门；因此，假如它的主人在场，并且它又想出去的时候，它就会围绕主人发出叫声，而不再会往门上抓。通常，“符号”依赖于通过经验而学来的习惯。对于一条狗来说，它的主人的声音就是主人的符号。我们可以说：假如 A 引发了 B 将会引发的反应，而这种反应却又并不适合于单独存在着的 A，那么 A 是 B 的一个“符号”。然而，必须承认，一些符号的有效性并不依赖于经验：动物会对某些气味作出反应，其作出反应的方式与发出这些气味的对象相适合；而且，有时候，当它们从未经验过这些对象时，它们甚至也能做到这一点。给“符号”下一个精确的定义是困难的，这既是因为刚刚所说的这

种情况，即一些符号的有效性并不依赖于经验，也是因为无法给“适当的”反应下一个令人满意的定义。但是，我们所意指的东西的一般特征是相当清楚的，而且人们将会发现语言就是一种“符号”。

一旦有机体的反应受到符号的影响，就有可能发现“主观的”和“客观的”之间的差别的起源，而且也可能发现“知识”和“错误”之间的差别的起源。从主观上说，假如在 A 出现时，有机体 O 以一种适合于 B 的方式作出反应，那么对 O 来说，A 就是 B 的一个符号。从客观上来说，假如在事实上，A 为 B 所伴随或跟随，那么 A 是 B 的一个符号。对有机体 O 来说，每当从主观上看 A 是 B 的符号时，我们就可以说，从行为主义角度来看，O“相信”这样的一般命题，即“A 总是为 B 所伴随或跟随”。但是，只有从客观上看 A 是 B 的一个符号时，这个信念才是“真的”。动物会被镜子或气味所欺骗；而这样的情况使得下述这点变得显而易见：从我们目前的观点来看，“主观的-客观的”之间的区分以及“知识-错误”之间的区分，在很早的阶段就出现在动物的行为反应中了。在这个阶段，知识和错误都是在有机体的行为与关于环境的诸事实之间所出现的可观察的关系。

在其自身的限度内，以上这种类型的知识论是合法的，也是重要的。但是还有另外一种知识论，它比前者更深入，而且我认为，比前者重要得多。

当行为主义者观察动物的行为，并且确定这些行为所展示的 15
是知识还是谬误时，他没有把自己看作动物，而是看作一个对实际所发生的事情进行无误——这种无误至少是假设性的——记录的人。他“知道”动物被镜子所欺骗，却又相信他自己“知道”他并未受到类似的欺骗。由于忽略了这个事实，即他正在观察，而且他是一个像任何别的有机体一样的有机体，所以他就赋予了他的观察结果一种客观性的假象。一旦我们记住该观察者可能会犯的错误时，我们就已经把蛇带进了行为主义者的伊甸园。蛇要求对观察结果作出怀疑，并且为了这个目的，它可以毫无困难地引用科学经典。

科学经典最权威的形式，体现在物理学（包括心理学）中。物理学使我们确信，我们称之为“感知着对象”的现象，处在一个以这些对象作为起点的长的因果链条的末端；而且，除了至多在某些非常抽象的方面，它们是不太可能类似于这些对象的。我们全都是从“天真实在论”出发的。“天真实在论”是这样一种学说：事物就是它们所看起来的那样。我们认为草是绿色的，石头是僵硬的，雪是冰冷的。但是，物理学使我们确信，草的绿色、石头的僵硬以及雪的冰冷，并不是我们在自己的经验中所知道的那种绿色、僵硬及冰冷，而是某种非常不同的东西。假如相信物理学的话，那么当观察者自己似乎在观察一块石头时，他实际上正在观察石头在他身上所产生的效果。因而，科学似乎与自身相矛盾：当它最想具备客观性时，它发现自己违背了自己的意志，陷入了主观性之中。天真实在论导致物理学；而物理学，假如是真的，则表明天真实在论是假的。因此，天真实在论，如果是真的，那么就是假的；所以，它是假的。当行为主义者认为他是在记录关于外部世界的观察结果时，他因此实际上是在记录关于发生在他身上的事情的观察结果。

这些思考带来了怀疑，并因此导致我们对被认作知识的东西进行一种批评性的审查。这种批评性的审查就是上面所提到的第

二种意义上的“知识论”，也就是人们所说的“认识论”。

这种审查的第一步，就是按照一定的顺序，对我们认为我们所 16
知道的东西作出安排。在这种顺序中，后出现的东西之所以被认识（假如它被人们认识了的话），是因为有了前面的东西。然而，这个概念并非像它表面看起来的那样清晰。它和逻辑的顺序不是一回事，和发现的顺序也不是一回事，尽管它和这两者都有关系。让我们通过某些例子来说明。

在纯数学中，从基础原理之后，逻辑的顺序和知识的顺序是一回事。在一篇（比如说）论述函项理论的文章中，我们之所以相信作者所说的话，是因为他是从已被人们相信的那些较简单的命题中演绎出这些话来的；也就是说，我们的信念的原因也就是它们的逻辑根据。但是，在数学的开端之处，情况并不是这样的。逻辑学家们已把必要的前提减少到为数很少的高度抽象的符号命题，并且这些命题很难理解，而逻辑学家们自己之所以相信这些符号命题，只不过因为人们发现它们在逻辑上等值于大量的更熟悉的命题。这个事实，即数学能够从这些前提中演绎出来，显然并不是我们相信数学真理的原因。

认识论所要求于数学的东西，虽然并不是我们的信念的逻辑顺序，却也并不是这些信念的心理学原因。为什么你相信7×8＝56？你曾经证实过这个命题吗？我当然从来没有证实过。我之所以相信它，是因为在儿童时期人们就这么告诉我，也因为从那时起我发现它被一些受人尊重的作者重复过。但是，当我对数学知识进行认识论的考察时，我就不会去考虑我的这个信念即7×8＝56的历史原因。从认识论上来看，问题并不是“为什么我确实相信了这个或那个?”而是“为什么我应该相信这个或那个?”事实上,这整个主题就是一个笛卡尔式的怀疑的产物。我看到人们会犯错误,并且我问我自己必须做些什么来避免错误。显然,我必须做的一件事情就是正确地推理。但是,我必须有据以推理的前提。在一种完善的认识论中,我们将按一种逻辑的顺序来安排诸命题,尽管这并不是逻辑学家们偏爱的那种逻辑顺序。

17 举天文学上的例子。在关于行星运动的数学理论中,逻辑上的顺序是从万有引力法则开始的,但是历史的顺序则是从第谷·布拉赫的观察开始的。他的观察导致开普勒诸定律的发现。认识论的顺序类似于历史的顺序,但并不相同,因为我们不可能满足于以往的观察。如果我们要使用以往的观察记录的话,我们首先必须发现它们之值得信赖的证据,而我们只能通过使用我们自己的观察结果来达到这一点。

或者,再以历史为例。假如真的存在一门历史科学的话,它的事实就可以从一般法则中演绎出来。在逻辑的顺序中,这些法则是最先出现的。在认识论的顺序中,我们当中的绝大多数人都愿意相信我们在可靠的文献中所发现的关于(比如说)尤利乌斯·恺撒的事情。但是,审慎的历史学家必须深入到手稿及碑文中去;他的资料具有某些特定的形状,对它们的解释有时可能是非常困难的。比如,就楔形文字的碑文来说,对它们的解释依赖于非常精细的归纳。阐述我们为什么应该相信我们对汉穆拉比[①]所做的解

① 汉穆拉比(? ~公元前 1750),古巴比伦王国国王(公元前 1792 ~前 1750)。——译注

释，是一件复杂的事情。对于审慎的历史学家来说，基本的前提是他在一定的简札上看到一定的形状。而对于我们来说，基本的前提是他说他这么做了，以及我们可能拥有的相信他会说真话的任何原因；这些原因就在于对他的陈述与我们自己的经验所作的一种比较。

认识论必须按照一定的顺序安排我们的所有信念：这既包括那些我们对之感到确信的信念，也包括那些在我们看来只有或大或小的可能性的信念。这种安排必须从那些经过反思之后不需要任何支持论证就让我们觉得可靠的那些信念开始，而且这种安排必须揭示这样一种推论（主要不是严格的逻辑意义上的推论）的性质，而我们就是由之从这些信念获得派生信念的。那些不需要任何支持论证就显得可信的关于事实的陈述，可以称作“基本命题”。[①] 这些基本命题与某些可以称之为“经验”的非语词现象相联系。这种联系的本质是认识论的基本问题之一。

认识论既包含逻辑学的也包含心理学的成分。从逻辑上来 18
看，我们必须考虑在基本命题与那些由于有了基本命题而得到我们相信的命题之间的关系（这种关系通常并非是严格意义上的演绎关系）。我们也必须考虑时常存在于不同的基本命题之间的逻辑关系；如果我们接受了某些一般原理，这些逻辑关系就会使得基本命题构成一个体系，而这个体系，作为一个整体，增加了它自身的每一个构成成分的可能性。另外，我们还要考虑基本命题自身的逻辑特征。从心理学上来说，我们必须考察基本命题与经验之

① 这是艾耶尔先生使用的表达式。

间的关系，以及我们对于任何基本命题所感觉到的可疑性或确定性的程度，还要考虑降低可疑性和提高确定性的方法。

在全书中，我将试图避免去考虑逻辑的及数学的知识，这种知识并不会引起我希望讨论的问题。我的主要问题，自始至终将是基本命题与经验之间的关系问题，也就是在认识论的顺序中最先出现的命题与在某种意义上作为我们接受这些命题之根据的现象之间的关系问题。

我所关心的主题，不同于（比如说）卡尔纳普的《语言的逻辑句法》一书所讨论的主题，尽管在许多方面，该著作以及处理类似题目的某些其他著作所进行的那些讨论是非常重要的。我所关心的是什么东西使得经验命题成为真的，以及应用到这些命题上的“真”的定义。除非它们的主题碰巧是语言学的，经验命题是通过非语言的现象而成为真的。因此，在考虑经验真理时，我们所关心的是语言事件与非语言事件之间的关系，或者毋宁说，我们所关心的是复杂性逐渐增长的一系列关系。当我们看到一颗流星并且说“瞧！”时，这种关系是简单的；但是，万有引力法则同该法则建立于其上的观察之间的关系，则是极其复杂的。

与常识相一致，经验论认为，一个语词陈述可以被观察所证实或驳倒，只要它是一个有意义的陈述，同时又非一个逻辑陈述的
19 话。在这种情况下，“观察”被设想为我们所“经验”到的某种非语词的东西。但是，假如观察要证实或反驳一个语词陈述，那么在某种意义上，它自身必须为一个或更多的语词陈述提供根据。因而，一种非语词的经验与一种语词陈述之间的关系——这种关系证明了该语词陈述——是经验论必然要去研究的事情。

我的论证的一般过程将如下所述。

在前三章中，我想对语词、语句、经验与(不完全地)描述了该经验的语句之间的关系，进行一番非正式的初步的讨论。这个题目的一个困难在于，我们不得不在精确的技术意义上使用普通语词，而这些语词通常又不具有这种精确的技术意义。我在开始的这几章中避免了这些技术性定义，然而我通过表明它们对其来说是必要的那个问题的本质，为它们奠定了基础。因而，在这几章中所说的话，并不具有在以后诸章中可以寻找到的那种精确程度。

第四章至第七章所涉及的是语言分析中的一些问题。从语言的逻辑研究中得出的一个最明显的结论是：一定存在着一个语言的等级体系，而且“真的”和“假的”这些词当应用于任何一种特定语言中的陈述时，自身则属于一种更高阶的语言中的语词。因而，这个结论意味着“真的”和“假的”这些语词在其中并不出现的一种最低阶的语言的存在。就逻辑的考虑而言，这种语言可以用多种方式构造出来。除了它不应该允许有似是而非的变项[①]之外，即除了它不应该包含“所有”和“有的”这些语词之外，其句法和词汇并非由逻辑条件所决定。我从心理学出发构造了一种(而非这种)满足最低阶语言之逻辑条件的语言；我称之为“对象语言”或“初阶语言”。在此语言中，每个语词都“指称”或“意指”一个可感对象，

① “似是而非的变项”在罗素著作的原文中是 apparent variable，是罗素从皮亚诺那里借用来的术语，指的是这种变项看起来像是变项，其实并不是真正的变项(real variable)。因而，包含这类变项的表达式只能算作命题(即本书第十三章中所说的通过概括而得到的那类命题)，而不能算作命题函项。——译注

或者一个由诸多这类对象所构成的类;而且在被单独使用时,它们都断言了自身所指称或意指的那个可感对象的出现,或者断言了
20 它们自身所指称或意指的那个对象的类中一个对象的出现。在定义这种语言时,有必要只把“指称”或者“意指”应用于对象词,即这种语言中的语词。各种更高阶的语言中的语词,通过某些其他的以及比这复杂得多的方式拥有“意义”。

通过加上我所说的像“或者”、“并非”、“有的”、“所有”这样的逻辑语词,以及应用于对象语言中的句子的“真的”和“假的”这些词,我们就从初阶语言过渡到了二阶语言。建立比第二阶语言更高的语言是逻辑学家的事情,因为在语句和非语言现象之间的关系上,它不会产生新的问题。

第六章和第七章涉及的是句法问题,即“专名”与“自我中心殊相词”。“自我中心殊相词”指的是诸如“这”、“我”、“现在”等等语词,它们拥有一种相对于说话者的意义。假如本书提出的专名理论是正确的,那么它是重要的,尤其是在空间和时间方面。

紧接着的四章与感觉知识有关,更具体地是与“基本命题”有关。基本命题就是那些最直接地陈述了来自知觉的知识的命题。

我们说过,以某种逻辑顺序对构成我们的知识的命题作出安排,是认识论的任务;并且在这种顺序中,后出现的命题之所以被接受,是因为它们与先前出现的命题之间具有逻辑的关联。后来的命题并非必须从先前的命题中逻辑地演绎出来。所必需的是,为了认为后出现的命题可能是真的,先前的命题要为此提供任何可能存在的根据。当我们考虑经验知识时,在这个等级系统中最早出现的命题为所有其他命题提供了根据,而这些命题并不是从

别的命题中演绎出来的，也并非是纯粹的任意的假定。它们也拥有根据，尽管它们的根据不是命题，而是被观察到的现象。这样的命题，就像上面所看到的那样，被我称为“基本”命题。它们履行了逻辑实证主义者赋予他们所谓的“记录命题”的功能。在我看来， 21
逻辑实证主义者的缺点之一在于，他们的语言学的偏见使得他们关于观察命题的理论成为模糊的和不能令人满意的。

接着，我们转移到了对“命题态度”的分析。“命题态度”指的是相信某某事情是这样的，渴望某某事情是这样的，怀疑某某事情是这样的，等等。不论对于逻辑学还是对于知识论来说，对这类现象的分析，尤其是关于信念的分析，都是重要的。我们发现，相信一个特定的命题并不必然涉及语词，而只需要相信者处于许多可能的状态之一，并且这些状态主要地（假如不是全部地）是由因果特性所定义的。当语词出现时，它们就“表达”了这个信念，而且假如该信念是真的，它们就“指示”了一个不同于该信念的事实。

关于真和假的理论自然地产生于我所提出的这些考虑。它是一种认识论的理论；那就是说，当存在着某种获得将会决定自身之真或假的知识的方法时，它才提供一种关于“真的”和“假的”的定义。这种理论使人想起了布劳威尔以及他对排中律的否定。因而，必须考虑是否可能给“真的”和“假的”一种非认识论的定义，并以此保护排中律。

最后，存在着这样的问题：假如语言的逻辑范畴符合于语言所处理的非语言世界中的成分，那么它们在多大程度上相符合？或者，换句话说：逻辑为某些形而上学理论提供一种基础了吗？尽管有了逻辑实证主义者说过的所有那些话，我还是倾向于以肯定的方式回答这个问题。但是,它是一个困难的问题;对此,我并无勇气妄下结论。

在本书以下的论述中,有三个论题我认为特别重要。

(1)本书论证了这个观点,即许多语词陈述都可以在一次单独经验的基础上得以证明。本书研究了这类陈述的特征,并主张它们必须总是被限定于属于观察者的自身经历(biography)的事情。它们可以是像“我看见了一块犬科动物的色片”这样的陈述,而不
22 能是像“这里有一条狗”这样的陈述。在证明它是真的时,这后一类陈述总是包含着一些推论的成分。

(2)在每个断言中,必须把两个方面的问题分离开来。在主观性一面,断言“表达”了说话者的一种状态。在客观性一面,它企图“指示”一个“事实”,而且当它是真的时,它的企图就得到了实现。信念的心理学涉及的仅仅是主观性一面,而关于真或假的问题,也涉及客观性一面。我们发现,对语句所“表达”的东西的分析,使得关于“或者”、“并非”、“所有”及“有的”这类逻辑语词的意义的心理学理论成为可能。

(3)最后,存在着真理与知识之间的关系这个问题。人们多次尝试着根据“知识”来定义“真”,或者根据像“可证实性”这类涉及“知识”的概念来定义“真”。假如从逻辑上贯彻到底的话,这类尝试会导致一些我们没有理由去接受的荒谬结论。我断定,“真”是一个基本概念,并且“知识”必须以“真”来定义,而不是反过来以“知识”定义“真”。这蕴含着这样的推论:即使我们不能发现任何方法去获得或支持或反对一个命题的证据,该命题也可以是真的。它也意味着要部分地放弃得到逻辑实证主义者所支持的那种彻底

的形而上学不可知论。

我们对知识的分析表明，除非对知识作出比我们所设想的严格得多的限制，我们将势必承认关于非证明性推论的原理，而且所说的这种推论也许难以和纯粹经验论相协调。这个问题在许多地方都出现了，但是我没有去讨论它。这部分是因为，要讨论这个问题，就需要写一本与本书一样厚的著作；但主要是因为，在解决这个问题上所作的任何尝试，都必须建立在对以下各章所考虑的事情作出分析的基础上，而且这种分析的正当性可能会被对其结果所进行的草率的研究所损害。

第一章　词是什么 23

现在,我来对“什么是语词”这个问题作一预备性的考虑。但是,我现在所必须说的话将会在以后的阶段中通过细节性的讨论得到补充。

从最早的我们对其拥有历史记录的时代起,语词就已成为迷信恐惧的对象。知道敌人名字的人,通过这个名字,就可以获得对付敌人的魔力。我们仍然使用“以天道的名义”这类短语。人们容易同意“太初有言”这个说法。这种观点构成了柏拉图、卡尔纳普以及居于这两人之间的绝大多数哲学家的哲学的基础。

在我们能够理解语言之前,我们必须剥去其神秘的及引起恐惧的属性。本章的主要目的就在于做到这一点。

在考虑词的意义之前,让我们首先把它们作为可感世界中的现象来考察。从这个观点来看,词有四种类型:说出的、听到的、写下的,以及读到的。设定一种关于物质对象的常识的观点将是无害的,因为我们总是能够在后来把用常识的词项所说的话翻译成我们可能更喜爱的任何一种哲学语言。因而,将写下的词和读到的词合并到一起是可能的,其方法就是用物质对象代替每一个词。这种物质对象就是纽拉特所说的一团油墨;视具体情况不同,它是一个写下的或印出的词。写和读之间的区别当然是重要的,但是几乎每一件关于这种区别所需要说的事情，都可以通过联系说和听之间的差别而得到表达。

一个特定的词，比如说“狗”，可以被许多人在许多场合说出、24 听到、写下或阅读。我将把当人们说一个词时所发生的现象称为“语词的说出”，把当人们听到一个词时所发生的现象称为“语词的声音”，并将把那种构成了写下的或印出的词的物理对象称为“语词的形状”。当然，显而易见：由于其心理学的特征，即由于其拥有“企图”或者“意义”，语词的说出、声音及形状区别于其他东西的说出、声音及形状。但是，目前我希望尽可能地把这些特征放在一边，而只考虑作为感官世界之一部分的语词的地位。

“狗”这个被说出的语词，并非是单个的存在体：它是发生在舌头、喉头以及喉道中的相似运动所组成的一个类。就像跳跃是由身体的运动所组成的一个类并且走动是由身体的运动所组成的另一个类一样，“狗”这个被说出的语词又是一个由身体的运动所组成的类。“狗”这个词是一个共相，这恰如狗是一个共相一样。在不严格的意义上，我们说我们能够在两个场合说出同一个词“狗”，但是事实上我们所说出的是同一种类事物中的两个实例，这恰如当我们看到两条狗时我们所看到的也是同类事物中的两个实例一样。因而，在狗和“狗”这个词之间，并不存在着逻辑地位上的差别：每一个都是一般的，并且仅仅存在于实例之中。“狗”这个词是由语词的说出所构成的某个类，这正如狗是由四足动物所构成的某个类一样。完全相似的论述也适用于听到的词以及写下的词。

可能会有人认为，当我坚持语词是一个共相时，我过分地强调了一个非常明显的事实。但是，每当我们不加小心时，就会有一种几乎是不可抑制的倾向把语词看成是一个事物，并主张当存在着许多狗时，“狗”这一个词就被应用于所有这些狗。因此，我们最终会认为，狗全都共同地具有某种狗类的本质，也就是“狗”这个词实际上意指的东西。这样，我们就回到了柏拉图，而那条狗则躺在天国中。然而，我们实际所拥有的东西，却是许多或多或少相似的声音；这些声音全都可以应用于许多或多或少相似的四足动物。

当我们试图定义“狗”这个被说出的词时，我们发现，如果我们不把意图考虑在内，我们就无法做到这一点。有些人说“dawg”，
但我们认识到他们意指“狗”(dog)[①]。一个德国人习惯于说 25
“dok”[②]；假如我们听到他说“De dok vaks hiss tail ven pleasst”[③]，我们就知道他已经说出了“狗”这个词的一个实例，尽管一个说出同一种声音的英国人此时说出了“码头”这个词的一个实例[④]。就写下的词而言，类似的考虑也适应于那些书法不好的人。因此，尽管与一种标准的声音或形状——即英国广播公司播音员的声音和字帖书写者的字体——相近似在界定一个词的实例时是必要的，

① 在英语中，“dawg”和“dog”指的都是狗，但前者是一种更为口语化的说法。罗素在这里是说，有些英国人喜欢说“dawg”，而不说“dog”，但是他们所说的意思就是“dog”。——译注

② 这里的意思是说，一个德国人在说英语“dog”时，会说成“dok”。——译注

③ 德国人在说英语“The dog wags his tail when pleased”(狗高兴时就摇尾巴)这句话时，会说成“De dok vaks hiss tail ven pleasst”。——译注

④ 这里的意思是说，有的英国人在说“The dog wags his tail when pleased”(狗高兴时就摇尾巴)这句话时，也把“dog”说成“dock”(码头)。——译注

但它是不充分的，而且也无法精确界定与那种标准的声音或形状相近似的必要程度。正像狗是一个家族一样，词实际上也是一个家族[①]；而且，正像在进化过程中一定存在着某些居于狗与狼之间的过渡物种一样，在词与词之间也存在着若干不容易确定其归属的居间的情形。

在这方面，词的印刷体是最可取的。除非油墨褪色，对于一个视力正常的人来说，"狗"这个词是否印在一个特定的位置，几乎不会让人感到难以确定。实际上，印刷体是一种人工制品。人们把它设计出来，是为了满足我们分类的兴趣。字母 A 的两个实例是非常相似的，而且每一个都不同于字母 B 的实例。通过在白色的纸上使用黑色的印刷体，我们就在其背景之中十分鲜明地突出了每个字母。因此，一个印刷页就是由一组分离的并且容易辨认的形状构成的，从而它也就成了逻辑学家的天堂。但是，他一定不要自我欺骗地认为，书本外的世界同样地令人迷恋。

由于拥有"意义"，听到的、写下的或说出的词，不同于由别的身体的运动、声音或形状所组成的类。许多词只是在适当的语境中才是有意义的，像"比"、"或者"、"然而"这类语词都不能单独出现。在对意义进行解释时，我们不能从这类语词开始，因为它们是以其他语词的存在为前提的。然而，有一些词，包括儿童最先学会的所有那些词，是可以单独使用的；它们是专名、常见的动物的种类的名称、颜色的名称，等等。我称这些词为"对象词"，它们构成了对象语言。在以后的一章中，我对于这种语言将有很多话要说。

① 我借用了维特根斯坦处理这个问题的方法。

这些语词具有多种特性：首先，它们的意义是通过直接面对对象而 26
学会的，或者说它们的意义能够在直接面对对象时被人学会。这些对象就是它们所意指的东西，或者它们所意指的东西的实例。其次，它们不以其他语词的存在为前提。再次，它们当中的每一个词都可以依靠自身去表达一个完整的命题。你可以惊叫一声“火！”，但是你大喊一声“比！”则是毫无意义的。显然，对“意义”所作的任何解释都必须从这类语词开始，因为像“真”和“假”一样，“意义”也拥有一个意义的层次系统。该等级系统对应于语言的层次系统。

语词通过多种方式得到使用：叙述、请求、命令、想象，等等。但是，对象词的最基本的用途在于它的指示性功能；比如说，当一只狐狸出现时，大喊一声“狐狸”。几乎同样基本的另一种用途是它的呼唤功能：使用一个专名是为了表达一种愿望，即希望被提到名字的那个人出现在眼前。但是，这并不是对象词真正基本的用途，因为对象词的意义一定是在对象出现时才被学会的。（我排除了那些通过文字的定义而被学会的词，因为它们是以一种已经存在的语言为前提的。）

显然，知道一种语言就在于能够适当地使用语词，并且在听到这些词时能做出适当的行为。正如一个板球手没有必要了解关于碰撞与投掷物的数学理论一样，人们同样没有必要能够说出一个语词所意指的东西是什么。其实，就许多对象词而言，除非通过使用重言式，要说出它们所意指的东西，严格地讲，一定是不可能的，因为语言就是从它们开始的。你只能通过指着某种红色的事物来解释（比如说）“红”这个词。当在“红”这个听到的词与红这种颜色之间的联想被建立起来时，一个儿童就理解了这个听到的词。当他注意到某种红的事物时能够说出“红”，并且有一种要这么说的冲动，他就已经掌握了“红”这个说出的词。

对于对象词的最初的学习是一回事；当言语这种工具已被掌握时，对言语的使用又是另外一回事。在成年人的生活中，所有言语，比如对某个名字的呼唤，从意图上来说都是祈使语气，尽管这
27 不是非常明显的。当它似乎只是一个陈述时，它就应该以“知道……”(know that)这些语词作为开始。我们知道许多事情，而我们只是断言其中的一些。我们断言的那些事情就是我们希望我们的听者知道的那些事情。当我们看见一颗流星，并简单地说一声“瞧！”时，我们希望这一个词会让旁观者也能看到它。如果你有一位不受欢迎的来访者，你可能会把他踢下楼，或者你可能会说“滚出去！”由于后一种包含较少的肌肉运动，所以如果它能和前一种做法产生相同的效果，那么它将是更可取的。

因此，在成年人的生活中，当你使用一个语词时，你之所以使用它，通常不仅是因为这个词所“指称”的东西出现在感官之前或者出现于想象之中，而且也是因为你希望你的听者做出一些与它有关的事情。但是，对于一个正在学习说话的儿童来说，情况却并非如此；而且即使在后来的岁月中，情况也并非始终如此，因为在有趣的场合使用语词成了一种自动的习惯。如果你突然看到了你误以为已经死去的一个朋友，那么你很可能会说出他的名字，即使他本人以及任何别的人都没有听到你的声音。但是，这类情况属于例外。

在语句的意义中，有三种心理学的成分：说出语句的外部原

因、听到语句时所产生的效果，以及说话者期待它在听者身上所产生的效果。这第三种成分是导致语句被说出的原因的一部分。

一般说来，我们可以说：除了在某些例外情况下，言语就是由人们所发出的声音构成的，而发出声音的人指望别人做出他所期望的行为。然而，它的指示的及断言的能力仍然是基本的，因为正是有了这两种能力，当我们听到言语时，它才能导致我们以一种与环境中的某种特征相符合的方式去行动，而这种特征被说话者而非听者感知到了，或者由说话者从过去的知觉中所记起。当你在夜晚领着来访者走出你的房屋时，你可能会说“这里有两个向下的台阶。”你这么一说，就使得他在做出反应时好像自己也看到了这些台阶一样。然而，这意味着你对来访者有某种程度的善意。陈述事实绝非总是言语的目的；通过说话来骗人同样也是可能的。“语言被给予我们，是为了使我们能够隐瞒我们的思想。”因此，当 28
我们把语言看成陈述事实的工具时，我们就不言而喻地假定了说话者身上的某些愿望。有趣的是，语言是能够陈述事实的；同样有趣的是，它也能够陈述谬误。当它陈述事实或者谬误时，其目的是希望在听者身上引起某种行为。假如听者是一个奴隶、一个儿童或者一条狗，那么通过比较简单地使用祈使语气，就可以产生效果了。然而，在说谎的效果和真话的效果之间存在着差别：只要人们期待着真理，谎言就只能产生人们想要的结果。事实上，除非假定说真话是一种通常的情况，没有人能够学会说话：假如当你的孩子看到一条狗时，你很随便地说出“猫”、“马”或者“鳄鱼”，那么当它不是一条狗时，你将不能通过说“狗”来欺骗他。因此，说谎是一种派生的行为，它预设了说真话是一种通常的规则。

因此，情况显然是这样的：虽然绝大多数的句子主要是祈使的，但是除非通过对象词的指示性特征，它们就无法履行自身的功能，即导致听者做出某种行为。假设我说“跑！”，并且听我说话的那个人因此也就跑了起来，那么，这种情况之所以发生，仅仅是因为“跑”这个词指示了某种类型的行为。这种情况的最简单形式出现在军事训练中：由于建立了条件反射，以至于某种类型的声音（即表示命令的语词）产生某种类型的身体运动。我们可以说，既然如此，所说的这种声音就是所说的这种运动的名称。但是，那些并非身体运动的名称的语词，与身体的行为之间就较少具有一种直接的关联。

只是在某些情况下，语词的说出的“意义”才可能等同于人们企盼它在听者身上所产生的效果；表示命令的语词以及“瞧！”这个词就属于这种情况。但是，假如我说“瞧，有只狐狸！”那么我不仅寻求在听者身上产生某种行为，而且通过描述环境中的一个特征给了他一种行动的动力。就陈述性言语来说，“意义”和所企盼的效果之间的区别甚至是更明显的。

只是语句才会拥有被期待的效果，但是意义却并不仅仅限于
29 语句。对象词拥有一种意义，这种意义并不依赖于对象词是否出现在语句中。

在最低层次的言语中，语句和单个语词之间并不存在差别。在这个层次上，单个的语词被用来指示它们所称呼的东西的那种可以被人感知到的出现。正是通过这种言语形式，对象词才获得了它们的意义，而且在这种言语形式中，每个词都是一种断言。在关于以可感方式出现的物体的断言之外，甚至在某些没有做到这

一点的断言之外，任何事物都只能通过句子来获得。但是，假如语句包含着对象词，那么它们所断言的东西依赖于对象词的意义。有些语句并不包含对象词，它们是逻辑的和数学的语句。但是，所有经验陈述都包含对象词，或者通过对象词而得到定义的词典词。因此，在关于经验知识的理论中，对象词的意义是根本的，因为正是通过它们，语言和非语言现象才联系了起来，其联系的方式使得语言能够表达经验的真理或谬误。

30

第二章　句子、句法和词性

语句可以是疑问式的、希求式的、感叹式的或祈使式的，也可以是陈述式的。在我们余下的绝大部分的讨论中，我们可以仅限于讨论陈述句，因为这些语句单独地是真的或假的。除了是真的或假的之外，陈述句还有另外两种让我们觉得有趣的特性，而且其他语句也拥有这两种特性。这两种特性中的第一种是：它们是由语词构成的，并且拥有某种意义，而这种意义则来源于它们所包含的语词的意义。第二种特性是：它们具有某种统一性；通过这种统一性，它们就可以具备一些作为其构成成分的语词所不具备的特性。

对于这三种特性的每一种，我们都需要作些研究。让我们从语句的统一性开始。

单一的语法句子从逻辑上看可能不是单一的。从逻辑上来看，“我走了出去，并且发现下雨了”这个语句，是无法同“我走了出去”和“我发现下雨了”这两个语句相区分的。但是，“当我走出去时，我发现下雨了”却是逻辑上单一的语句，它断言了两个现象是同时发生的。从逻辑上看，“恺撒和庞培是伟大的将军”是两个语句。但是，“在他们都是将军这一点上，恺撒和庞培是相似的”从逻辑上看却是单一语句。有的语句从逻辑上看并非是单一的，而是由两个断言组成的，并且这两个断言是通过“并且”或者“但是”或者“尽管”或者某个类似的连词连接在一起的。为了我们的目的，把这类语句排除在外将是方便的。就我们的目的而言，单一语句一定是这样的语句：它说出了某种事物，而这某种事物是无法通过两个单独的更简单的语句来表达的。

接下来，考虑像“如果你将生病，我会难过的”这样的句子。这个语句无法分成“我会难过的”和“你将生病”这两个句子。它具有 31
我们要求语句所具有的那种统一性。但是，它具有某些语句所不具有的一种复杂性。如果不考虑时态的话，那么它陈述了在“我难过”和“你生病了”这两个句子之间的一种关系。我们可以把它解释成断言了下述情况的语句：不管何时，只要这两个句子中的第二个是真的，那么第一个也是真的。相对于作为它们构成成分的语句，这样的句子可以被称为“分子式的”；根据同样的对比关系，这些作为它们构成成分的语句则可称为“原子式的”。在一种非相对的意义上，某些语句究竟是不是“原子式的”，在眼下可以作为一个尚容争论的问题。但是，当我们在考虑什么东西产生了语句的统一性时，只要发现一个语句是分子式的，我们最好还是把注意力首先转移到它的原子上。大致地说，一个原子语句就是只包含一个动词的语句。但是，这种说法只是在一种严格的逻辑语言中才是精确的。

这个问题绝不简单。假设我先说出“A”，然后说出“B”，你就可以作出这样的判断：“声音‘A’先于声音‘B’。”但是，这含有“声音‘A’出现了”和“声音‘B’出现了”这两层意思，并补充进另外一层意思，即一个现象在另外一个现象之前。因此，你的陈述实际上类似于这样的一个陈述:“在我出去之后,我把衣服弄湿了。”它是一个分子陈述,其原子是“A 出现了”和“B 出现了”。那么,当我们说“A 出现了”,我们的意思是什么呢?我们意味着:存在着一种属于某个类的声音,这个类被称为“A”。因此,当我们说“A 先于 B”时,我们的陈述就包含了一种隐藏的逻辑形式。这种逻辑形式和以下这个陈述的逻辑形式是相同的:“首先出现了狗吠的声音,然后出现了马嘶的声音。”

让我们来对这个问题作一番稍微深入的探讨。我先说“A”,然后又说“我刚才说了什么?”你接着回答说“你说了‘A’”。现在,当你在这个回答中说出“A”时你所发出的声音不同于我原先发出的声音。因此,假如“A”就是某一特定声音的名称,你的陈述就是错误的。仅仅是因为“A”是一类声音的名称,你的陈述才是正确的。你的陈述对我所发出的声音进行了正确的归类,这就好像你
32 说“你发出了狗吠般的声音”一样。这种情况表明了语言是如何把我们逼进了一般性之中的——甚至当我们最想避免这种一般性的时候。假如我们想要谈论我所发出的那种特定的声音,我们就应该给它一个专名,比如说“汤姆”,并且当你说“A”时,你所发出的声音我们将称之为“迪克”。然后我们就可以说:“汤姆和迪克都属于 A 类声音。”我们可以说“我说了汤姆”,但不可以说“我说了‘汤姆’”。严格地讲,我们不应该说“我说了‘A’”,而应该说“我说了一个‘A’”。所有这些都说明了一个一般原理:当我们使用一个像“A”或“人”这样的一般词项时,我们想到的不是共相而是一个实例,并且眼前出现的这个实例与想到的那个实例相类似。当我们说“我说了‘A’”时,实际上我们的意思是“我发出了一种声音,它

非常类似于我即将就要发出的声音‘A’”。然而，这已经是题外话了。

我们将回到这个假定，即：我先说了“A”，然后说了“B”。我们将把我第一次发出的特定的声音现象称为“汤姆”，并把我第二次发出的特定的声音现象称为“哈利”。然后，我们就可以说“汤姆先于哈利”。这就是当我们说“声音‘A’先于声音‘B’”时实际上所要表达的意思。现在，我们似乎终于得到了一个并非仅仅对声音现象进行归类的原子语句。

可能有人会提出这样的反对意见：当我说“汤姆先于哈利”时，这包含了“汤姆出现了”和“哈利出现了”这两层意思，这正如当我说“声音‘A’先于声音‘B’”时，也包含着“‘A’出现了”和“‘B’出现了”这两层意思一样。我认为，这种看法是一种逻辑的错误。当我说一个类中的某个未经特别指明的分子出现时，只要我知道我所说的是哪一个类，我的陈述就是有意义的。但是，就一个真正的专名来说，除非它命名了某种事物，它是无意义的；而且，假如它命名了某种事物，那种事物就一定出现了。这似乎可以让人联想到本体论的证明，但是它确实仅仅是“名称”的定义的一个部分。一个专名命名了某种事物，而且并不存在着关于这种事物的许多实例。它是通过一种特别的约定来命名这种事物的，而不是通过摹状词——摹状词是由先前已被赋予意义的语词组成的——来命名的。当我们说“汤姆先于哈利”时，我们并不是以“汤姆出现了”和 33
“哈利出现了”作为前提的。严格说来，“汤姆出现了”和“哈利出现了”都是无意义的。这里所说的“汤姆”和“哈利”都是特定声音的名称。

在实践中，人们并不把专名给予单个的短暂的现象，因为绝大多数这类现象都不会让人产生足够的兴趣。当我们有时提到它们时，我们是通过“恺撒之死”和“基督的诞生”这样的摹状词来做到这一点的。目前，如果借用物理学的术语来说的话，我们是把专名给予了某些特定的时空片段，比如，苏格拉底、法国或月球等等。以前，据说我们是把专名给予了实体或实体的集合。但是，现在我们必须找出一个不同的用语来表达专名所指的对象。

在实践中，专名总是拥有许多现象，但是它并不是像类名称那样拥有现象的：那些分离的现象是这个名称所意指的东西的某些部分，而非它的某些实例。比如说，考虑一下“恺撒死了”。“死”是用来代表许多现象的一个共用语词，这些现象相互之间拥有某些相似之处；但是它并非必然是存在于时间与空间中的某种相互联系。在这些现象当中，每一个现象都是一个死。正好与此相反，“恺撒”代表了一系列聚集在一块的现象，而非一系列各别的现象。当我们说“恺撒死了”时，我们其实是在说：恺撒这个系列现象当中的一个现象是死这个类中的一个分子。这个现象被称之为“恺撒之死”。

从逻辑的观点来看，专名可以被赋予时空中的某个连续部分（肉眼可以看得到的连续性就可以了）。一个人生命中的两个阶段可能会拥有不同的名称；例如，艾布拉姆和亚伯拉罕，或者，奥克塔维厄斯和奥古斯塔斯。“宇宙”可以看成是给予全部的时空的一个专名。我们能够把专名给予时空中的很小的部分，只要它们的大小足以被人察觉到。假如在某个特定日期的下午六时，我说了一次“A”，我们就能够把一个专名给予这个声音，或者更具体地说，给予眼前的某个人在听我说话时所拥有的那种听觉。但是，即使当我们达到这种细微的程度时，我们仍然不能说我们命名了某种没有结构的事物。因此，至少在目前来说，我们可以假定：每一个 34
专名都是一个结构的名称，而不是某种缺乏部分的事物的名称。但是，这是一个经验的事实，而非一种逻辑的必然性。

如果我们要避免一些非语言学的问题上的纠缠，我们必须根据语句的复杂性来区分语句，但不是根据它们碰巧所拥有的复杂性，而是根据包含在其形式中的复杂性。“亚历山大先于恺撒”之所以是复杂的，是由于亚历山大和恺撒所具有的那种复杂性。但是，“x 先于 y”，根据其形式，并不意味着 x 和 y 是复杂的。事实上，由于在恺撒出生之前亚历山大就死了，所以亚历山大的每一个构成成分都先于恺撒的每一个构成成分。我们因而可以把“x 先于 y”作为原子形式的命题来接受，即使我们不能实际提到给出了一个原子命题的一个 x 和一个 y。那么，我们将说，一种命题形式是原子式的，假如一个命题拥有这种形式这一事实，在逻辑上并不意味着它是由从属命题所组成的一个结构。而且，我们还将补充说，从逻辑上看，一个专名并非必然要命名一种拥有若干部分的结构。

对于这种尝试即揭示何种东西构成了一个语句所拥有的那种基本的统一性，上述的讨论是一种必要的准备。这是因为，这种统一性，无论其性质可能是什么，都明显存在于原子形式的语句中，并且应该首先在这类语句中得以考察。

在每个有含义的语句中，在其所包含的几个语词——除去那些仅仅用来揭示句法结构的语词——的意义之间，必须存在着某种联系。我们发现,“恺撒死了”断言了在恺撒和死这两个类之间存在着一个共同的分子,而恺撒和死这两个类都是由事件组成的。这仅仅是语句所能断言的那些关系中的一种。在每一种情况下,句法都表明了所断言的那种关系是什么。有些情况要比“恺撒死了”更为简单,另外一些情况要比它复杂。假设我指着一株黄水仙,然后说“这是黄的”。这里所说的“这”,可以看成是我目前的视野中的一个部分的专名,而“黄的”则可以看成一个类名称。按照这样的解释,这个命题要比“恺撒死了”简单,因为它对某个给定的
35 对象归了类。它在逻辑上类似于“这是一个死”。在我们能够知道两个类有一个共同的分子即“恺撒死了”所断言的东西之前,我们必须能够知道这样的命题。但是,“这是黄的”并不像它所看起来的那样简单。当儿童在学习“黄的”这个词的意义时,首先存在着一个对象,或者不如说,一个对象的集合;而根据定义,这个对象是黄的。然后,存在着一种知觉,即别的对象在颜色上类似于那个黄色的对象。因此,当我们对一个儿童说“这是黄的”时,我们要向他传达的意思是(若能如愿以偿的话):“这在颜色上类似于一个对象;根据定义,这个对象是黄色的。”所以,分类性的命题,或者说,诸如确定属性的命题,实际上是断言了某种类似性的命题。如果是这样的话,最简单的命题也是关系命题。

然而,在对称关系和不对称关系之间存在着一种区别。一种关系,如果在 x 和 y 之间成立,而且在 y 和 x 之间也成立,那么就是对称的。一种关系,如果在 x 和 y 之间成立,而在 y 和 x 之间并不成立,那么就是不对称的。因此,类似性是对称的,不类似性也是对称的。但是,“在……之前”、“比……大”以及“在……的右

边”等等，则是不对称的。也有一些关系，它们既不是对称的，也不是不对称的；“兄弟”就是一个例子，这是因为，如果 x 是 y 的兄弟，y 则可能是 x 的姐妹。这些关系以及不对称的关系，被称为非对称关系。非对称关系是极其重要的，许多著名的哲学观点都由于非对称关系的存在而被驳倒了。

让我们试图陈述一下关于非对称关系的语言事实究竟是什么。“布鲁图杀死了恺撒”和“恺撒杀死了布鲁图”这两个句子都是由相同的语词组成的，并且在每一种情况下，这些语词都是根据时间顺序排列的。不过，在这两个语句中，一个是真的，另一个则是假的。当然，为了达到这个目的而对词序所作的这种使用，当然并非本质性的；相反，拉丁语就使用了曲折变化的形式。但是，假如你曾经是一个教授主格和宾格之间的区别的古罗马语教师，那么你就会被迫在某个方面引进非对称关系，而且你会发现通过时间和空间的顺序来解释这些关系是合乎自然的。暂且考虑一下布鲁图杀死恺撒时所发生的情况：一把匕首迅速地从布鲁图移向了恺 36
撒。其抽象的结构是“A 从 B 移向了 C”，而且我们所关心的那个事实是：它与“A 从 C 移向了 B”有所不同。有两个事件，一个是“A 朝向 B”，另外一个是“A 朝向 C”，我们将分别称它们为 x 和 y。如果 A 从 B 移向了 C，那么 x 先于 y；如果 A 从 C 移向了 B，那么 y 先于 x。因而，“布鲁图杀死了恺撒”和“恺撒杀死了布鲁图”之间的差别，最终来源于“x 先于 y”和“y 先于 x”之间的差别，这里的 x 和 y 都是事件。类似地，在视野中，也存在着上-下以及左-右两种空间关系，它们都拥有同一种特性即不对称性。“比……明亮”，“比……声音大”，以及一般说来作为比较级的语词，也都是不

对称的。

就不对称关系来说，语句的统一性尤为明显：“x 先于 y”和“y 先于 x”都是由同样的语词构成的，并且这些语词都是根据同一种关系即时间顺序来排列的。在这两个语句所包含的成分中，没有任何东西可以把一个与另一个区分开来。这两个语句之间的差别不在于它们所包含的各个部分；只是作为整体来看，它们之间才有所不同。这就是当我说到语句是一个统一体时所要表达的意思。

在这一点上，如果要想避免混乱，那么，重要的是应该记住语词是共相。① 在“x 先于 y”和“y 先于 x”这两次语句的说出中，两次出现的符号“x”并不是同一个东西，两次出现的符号“y”也是如此。让 S_1 和 S_2 分别作为专名来代表这两次语句的说出，X_1 和 X_2 分别作为专名来代表“x”的两次说出，Y_1 和 Y_2 分别作为专名来代表“y”的两次说出，P_1 和 P_2 分别作为专名来代表“先于”的两次说出，那么 S_1 就是由 X_1、P_1 和 Y_1 这三次说出按照本来那样的顺序组成的，S_2 就是由 X_2、P_2 和 Y_2 这三次说出按照本来那样的顺序组成的。在每一种情况下，这种顺序都是一个历史的事实；它就像亚历山大先于恺撒这个事实一样，是确定的并且不可更改的。当我们看到语词的顺序可以改变，并且看到正如我们可以容易地说出“布鲁图杀死恺撒”那样，我们也可以同样容易地说出“恺撒杀死布鲁
37 图”时，我们就倾向于认为语词是确定的事物，并且能够对它们作出不同的排列。这种看法是错误的。语词是抽象物，而且语词的

① 这并不意味着存在共相。它仅仅断言了：作为与自己的实例相对的词的地位，同作为与各种特定的狗相对的狗的地位是相同的。

说出仅仅能够拥有它们确实拥有的任何一种顺序。尽管语词的说出的过程是短暂的，但是它们生生灭灭，而且不能复活。每一件事物都拥有它所拥有的那种排列，而且不能重新对它作出排列。

我并不希望被认为是在不必要地卖弄学问，而且我将因而指出，为了理解可能性，有必要把这个问题弄清楚。我们说，说出或者“布鲁图杀死恺撒”或者“恺撒杀死布鲁图”是可能的；而且我们没有认识到，这完全类似于这个事实：有可能在一种场合一个男人在一个女人的左边，并且在另一种场合另一个男人在另一个女人的右边。让 β 代表由“布鲁图”这个被说出的语词的被说出所组成的那个类，κ 代表由“杀死”这个被说出的语词的被说出所组成的那个类，γ 代表由“恺撒”这个被说出的语词的被说出所组成的那个类，那么，说我们能够说出或者“布鲁图杀死恺撒”或者“恺撒杀死布鲁图”，就等于说：(1)存在着 x、P、y 这些现象；在这些现象中，x 是 β 的一个分子，P 是 κ 的一个分子，y 是 γ 的一个分子，x 正好在 P 之前，P 正好在 y 之前；(2)存在着 x'、P'、y' 这些现象，它们都满足上述关于 β、κ、γ 的分子资格的条件；但是，在这些现象中，y' 正好在 P' 之前，而 P' 正好在 x' 之前。我主张：在所有关于可能性的情形中，存在一个作为一个变项的主词；而且按照规定，它满足该变项的许多值所满足的某个条件；此外，在这些值中，一些值还满足了其他一些值所没有满足的另外一个条件；那么我们就说这个主词满足这另外一个条件是“可能的”。用符号来表示的话，如果“ϕx 并且 ψx”和“ϕx 并且非 ψx”对于 x 的某些适当的值来说都是真的，那么，如果给定了 ϕx，则 ψx 是可能的，而非必然的。（人们必须把经验的必然性与逻辑的必然性区分开来，但是我并不

想研究这个问题。)

我们还将注意到另外一个问题。当我们说“x P y”和“y P x”(P是一种不对称关系)这两个语句不相容时,符号x和y都是共
38 相,因为在我们的陈述中,存在着x的两个实例和y的两个实例。但是,它们一定都是殊相的名称。“白天先于夜晚”和“夜晚先于白天”都是真的。因此,在这类情况下,在符号与其意义之间缺乏一种逻辑的同质性:符号是共相,而意义是殊相。这种逻辑异质性很容易导致混乱。所有的符号都属于同一种逻辑类型:它们是由若干类似的语词的说出所组成的类、由若干类似的声音所组成的类,或者由若干类似的形状所组成的类,但是它们的意义可以属于任何一种类型,或者某种不确定的类型,比如“类型”一词自身的意义就属于不确定的类型。一个符号与其意义之间的关系,必然会随着其意义类型的变化而有所变化。在符号理论中,这个事实很重要。

由于现在已经澄清了当我们说同一个词可以出现在两个不同的语句中时可能产生的混乱,因此我们可以自由地使用这种表述方式了;这正如下述情况一样:我们可以说“人们将会在非洲和伦敦动物园里发现长颈鹿”,同时却不会让人误以为这句话就任何特定的长颈鹿来说都是真的。

在像英语这样的语言中,由于语词的顺序对于语句的意义来说是关键性的,我们可以把非对称关系问题陈述如下。假定有一组可以组成一个句子的语词,那么时常会发生这样的情况:它能够组成两个或更多的句子,而在这些句子中,其中一个是真的,而其他语句则是假的,并且这些句子是随着语词排序的变化而变化的。

因而，无论如何，在某些情况下，语句的意义是由语词的序列所决定的，而非由语词所构成的类决定的。在这些情况下，语句的意义不可能通过把几个语词的意义集合到一块而得到。假如一个人知道谁是布鲁图，谁是恺撒，以及什么是杀死，那么当他听到“布鲁图杀死恺撒”这个句子时，他仍然不知道是谁杀死了谁。要知道这一点，他既需要句法，也需要词汇，因为只是作为整体，语句的形式才会对意义有所贡献。[①]

为了避免不必要的啰嗦，现在让我们假设只有被说出的言语。
那么，所有的语词都有一种时间顺序，而某些语词则断言了一种时 39
间顺序。我们知道，如果“x”和“y”是特定事件的名称，那么，若“x先于y”是一个真语句时，则“y先于x”是一个假语句。我现在的问题是这样的：我们能够不用与语言有关的词项而用与事件有关的词项来陈述等值于上述说法的某种东西吗？情况似乎是这样的：我们所关心的是时间关系的特征，然而当我们试图陈述这种特征是什么时，我们好像被迫去陈述某些描述时间关系的语句的特征。而且，适用于时间关系的东西也同样适用于所有别的不对称的关系。

当我听到“布鲁图杀死恺撒”这个句子时，我就感知到了这些语词在时间上的先后顺序。假如我没有感知到这种顺序，我就不可能知道我所听到的是这个句子而非“恺撒杀死布鲁图”。如果我通过“‘布鲁图’在‘杀死’之前”和“‘杀死’在‘恺撒’之前”这两个语

① 有时存在着不确定性：参见“奥菲士厌烦诗人自己”(The muse herself that Orpheus bore)。

句来进一步断言这种时间顺序，那么我一定可以再次意识到包含在这些句子中的时间顺序。因此，在我们没有断言某些事件拥有时间顺序的情况下，我们一定意识到了这些事件的时间顺序，因为如果不是这样的话，我们就将陷入一种无穷倒退。在这样的情况下，我们所意识到的东西是什么呢？

下述内容是一种可以推荐的理论：当我们听到“布鲁图”这个词时，存在着一种经验，它类似于当我们听到逐渐消失的铃声时所拥有的经验；假如这个词是刚才听到的，那么现在仍然会有一种渐渐逝去的感觉，并且它类似于刚才的感觉，但是更微弱了。因而，当我们刚刚听完“布鲁图杀死恺撒”这个句子时，我们还会有一种听觉。这种听觉可以形象地表示如下：

布鲁图杀死恺撒；

而当我们刚刚听完“恺撒杀死布鲁图”这个句子时，我们的感觉可以形象地表示如下：

恺撒杀死布鲁图。

40 这是两种不同的感觉，并且我们可以认为，正是这种不同使得我们认识到了时间上的顺序。根据这种理论，当我们区分“布鲁图杀死恺撒”和“恺撒杀死布鲁图”时，我们并不是在由完全类似的部分——这些部分是前后相继的——所构成的两个整体之间进行区分，而是在由多少有点不类似的部分——这些部分是同时出现的——所构成的两个整体之间进行区分。每一个整体的特征都是由自身的组成成分所刻画的，而且不必进一步提及某种顺序上的排列。

在这种理论中，毫无疑问有一种真理的成分。作为一种心理学的事实，显然存在着某些可以归之为感觉的现象，并且在这些感觉中，现在的某种声音会与片刻之前听到的某种声音的逐渐消失的幽灵结合到一起。但是，假如只有这一点，我们就不会知道过去的那些事件已经发生了。假设存在着渐渐逝去的感觉，那么我们如何知道在这些感觉与它们首次出现时的感觉之间所存在的某些相似与差别呢？如果我们真的仅仅知道事实上与过去现象相关联的当前现象，那么我们绝不能知道这种关联是什么。显然在某种意义上，我们有时确实知道过去的事情，但这不是从现在的事情中推论出来的，而是通过某种直接的方式知道的，这种直接的方式就是我们了解现在的事情所采用的方式。因为如果不是这样，那么现在发生的任何事情都不会使我们设想存在着一个过去，甚至也不会使我们理解这种设想本身。

让我们回到这个命题：“如果 x 先于 y，那么 y 不先于 x。”似乎很明显，我们不是从经验上知道这个命题的，但它似乎也不是一个逻辑命题。[①] 然而，我也看不出我们如何能够把它解释为一种语言上的约定。“x 先于 y”这个命题可以在经验的基础上得到断定。我们是说，如果这种经验出现了，那么能够产生“y 先于 x”这

① 要解决这个问题，我们需要对专名进行讨论。我们将在后面进行这种讨论。

个命题的任何一种经验都不会出现。显而易见，不管我们怎么重新陈述这个问题，在我们的陈述中的某个地方，一定存在着一种否定的成分；而且我认为，同样显而易见的是，否定把我们带进了语
41 言的王国。当我们说“y 不先于 x”时，我们似乎只能意味着“语句‘y 先于 x’是假的”。因为，假如我们接受任何一种别的解释，那么由于我们将在后面给出的理由，我们就必须承认我们可以感知否定的事实；而承认这一点即我们可以感知否定的事实，似乎是荒谬的，但也可能并不荒谬。我认为，关于“如果”这个语词，我们也可以说些类似的话：当这个词出现的时候，它一定是用于一个句子的。因此，我们正在考察的这个命题似乎应该陈述如下：“假如 x 和 y 是表示事件的专名，那么在‘x 先于 y’和‘y 先于 x’这两个句子中，至少有一个是假的。”要想更进一步论述这个问题，就需要对假进行定义。因此，我们将暂时放下这个问题，直到我们对真与假作出讨论之后。

词性，就如它们在语法中所表现出来的那样，和逻辑句法之间并没有十分密切的关系。“在……之前”(before)是一个介词，而“先于”(precedes)是一个动词，但是它们意指同一种东西。对一个句子来说，动词似乎是关键性的。但是，在许多语言中都是没有动词的，甚至在诸如“欲速则不达”(More haste, less speed)这样的英语习语中，也是缺少动词的。然而，根据逻辑句法构造一种逻辑语言是有可能的，而且当它既已被构造时，在日常语言中发现一些逻辑语言的迹象也是有可能的。

逻辑学的最完善的部分是联结词理论。就像它们在逻辑学中那样，这些语词仅仅出现在整体的语句之间。它们产生了分子语

句。分子语句中的诸原子被这些联结词分隔开了。这个部分的主题已经被充分地解决了，我们没有必要在此多费时间。此外，我们前面所关心的所有问题都是因为原子形式的语句而产生的。

我们来考虑以下几个句子：(1)这是黄的；(2)这个在那个之前；(3)A 把一本书给了 B。

(1)在“这是黄的”中，“这”这个词是一个专名。的确，在其他的场合，其他的对象被称为“这”；而这同样适用于“约翰”：当我们说“约翰在这里”时，我们并不意味着“由人所构成的且被称之为‘约翰’的那个类中的某个分子在这里”。我们认为这个名称仅仅属于一个人。语词“这”的情况与此完全相同。[①] 语词“人” 42
(men)适用于所有被分别称之为“一个人”的那些对象，但是，语词“这些”并不适用于在不同场合所有被分别称之为“这”的那些对象。

“黄的”这个词更困难些。就像上面所提到的那样，它似乎意味着“在颜色上类似于某个对象”；而根据定义，这个对象是黄的。当然，严格说来，由于存在着多种程度的黄色，我们需要许多对象，而根据定义，它们都是黄色的；然而，人们可以不考虑这种复杂性。但是，由于我们可以把颜色上的类似性同其他方面(比如说在形状上)的类似性区分开来，所以为了获得“黄的”这个词的意义，我们并不回避某种程度的必要的抽象性。[②] 我们无法看到没有形状的

---

① “这”这个词将在论述“自我中心殊相词”的那一章中得到讨论。

② 但是，考虑一下卡尔纳普(Carnap)的《世界的逻辑构造》(*Logischer Aufbau*)一书。黄的＝(按照定义)一组全都类似于这个，而且相互类似，而且并非全都类似于该组之外的任何事物的性质。这个题目将在第六章中加以讨论。

颜色，也无法看到没有颜色的形状；但是我们能够感知到下述两种类似性之间的差别：在一个黄色的圈状物与一个黄色的三角形之间所存在的类似性，以及在一个黄色的圈状物与一个红色的圈状物之间所存在的类似性。因此，可感的谓词，比如“黄的”、“红的”、“响亮的”、“硬的”等等，看来都源自各种关于类似性的知觉。这种说法也适用于非常一般的谓词，比如“看得到的”、“听得到的”、“触得到的”等等。因而，再回到“这是黄的”这个句子：它的意义似乎是“这个和那个具有颜色上的类似性”，这里的“这个”和“那个”都是专名；按照定义，被称为“那个”的对象是黄的，而颜色上的类似性是一种可以感知到的二元关系。我们将发现，颜色类似性是一种对称关系。之所以有可能把“黄的”看成一个谓词并且不去进行比较，其原因正在于此。事实上，关于这种比较所说的话可能仅仅适用于对于“黄的”这个语词的学习。也许，当已被学会时，它就确实是一个谓词。①

(2)“这个在那个之前”已经被讨论过了。由于“在……之前”这种关系是不对称的，我们不能认为这个命题把一个共同的谓词给了这个和那个。而假如我们认为它把两个不同的谓词(比如说
43 日期)给了这个和那个，这两个谓词自身之间就必须拥有一种与“在……之前”相符合的不对称关系。从形式上看，我们可以把它的意义看成是“这个的日期比那个的日期早”，但是，恰如“在……之前”一样，“比……早”同样是一种不对称关系。要发现一种逻辑

① 这个问题并不重要。目标在于构造一组最小量词汇；并且在这方面，可以通过两种方式做到这一点。

的方法，以便从对称的材料中发现产生不对称的材料，是不容易的。[①]

像“黄的”这个词一样，“在……之前”一词也可以从比较中产生。我们可以从某个非常显著的关于先后顺序的例子比如一个敲响十二点的时钟开始，并且通过与这个报时钟没有其他方面的明显类似性的另外一些关于先后顺序的例子，逐渐地把注意力集中到先后顺序本身。然而，似乎清楚的是，不管关于“黄的”这个词的情况如何，就“在……之前”来说，这种情况只适应于对于它的学习。像“在……之前”或者“颜色上的类似性”这类语词的意义不可能总是从比较中获得，因为这会导致无穷的后退。比较是产生抽象的一种必要的刺激物，而至少就相似性而言，抽象一定是可能的。而假如在相似性方面抽象是可能的，那么若在别的地方否定它，则是不太合适的。

说我们理解“在……之前”这个词，就等于说，当我们在一个时间的先后顺序中感知到两个事件 A 和 B 时，我们知道应该说“A 在 B 之前”还是应该说“B 在 A 之前”，并且就二者之一来说，我们知道它描述了我们所感知到的东西。

(3)“A 把一本书给了 B。”这句话意味着：“存在一个 x，并且 A 把 x 给了 B，且 x 是具有书的性质的。”眼下，使用“具有书的性

---

① 关于这一点，舍弗尔(Sheffer)博士拥有一种用来区分对子 y-跟随-x 和对子 x-跟随-y 的方式。这种方式表明，从对称的材料中构造非对称的材料是可能的。但是，几乎不能认为它不是一种技术手段。

另外一种处理非对称的方式将在后面的一章中加以考虑。

质的”这个词，是为了意指书籍所具有的那种确定的性质。让我们来把注意力集中在“A 把 C 给了 B”上面——这里的 A、B、C 都是专名。(由“存在一个 x，并且……”所引发的问题，我们不久就会加以考虑。)我想考虑的问题是：什么现象为这个陈述的真理性提
44 供了证据？如果我们不想通过道听途说，而想通过我们自己的感官证据知道它的真理性，我们就必须看见 A 和 B，而且看见 A 手里拿着 C，将 C 移向了 B，并最终把 C 放到了 B 的双手中。(我现在假定 C 是像一本书那样的某种小的物体，而不是像财产权，或者版权，或者要通过一种复杂的法律上的抽象过程才能被占有的任何其他事物之类的东西。)这在逻辑上类似于“布鲁图用一把匕首杀死了恺撒”。关键的是，A、B 和 C 应该在一个有限的时间段中自始至终都以一种可以让人感觉到的方式出现，并且在这个时间段内，C 与 A 和 B 之间的空间关系发生了改变。如果以图解的方式来表达的话，其最简洁的几何学图式如下所述：首先，我们看到了三种形状 A_1、B_1 和 C_1，其中 C_1 靠近 A_1，然后我们看到了三种非常类似的形状 A_2、B_2 和 C_2，其中 C_2 靠近 A_2(我忽略了许多细微之处)。单独地来看，这两个事实中的任何一个都不充分。被断言的东西，正是它们在一个非常短暂的过程中前后相继地出现。真正说来，甚至连下述这一点也是不充分的：我们必须认为 A_1 和 A_2、B_1 和 B_2、C_1 和 C_2 都分别是同一个物质对象所表现出来的现象，不管可能会对这些物质对象如何加以定义。我将忽略这个事实，即“给予”这种行为包含着意图。但是即便如此，这些复杂性也是需要引起注意的。乍看上去，所包含的内容最少的断言似乎一定是类似下述的某种东西：“A_1、B_1 和 C_1 是在同一时间中三个物质

对象所表现出来的现象，A_2、B_2和C_2是‘相同的’三个物质对象在稍微靠后的一个时间中所表现出来的现象。C_1接触到了A_1，但没有接触到B_1；C_2接触到了B_2，但没有接触到A_2。”我没有考察用来表明在不同时间出现的两种现象是由“同一种”对象的现象所需要的证据。这最终是一个物理学的问题；但在实践上以及法庭上，人们容许采用某些更简单的方法。对我们来说，重要之处在于，我们显然获得了一个包含六个项的原子形式。这种原子形式是：“C_1同A_1之间的接近性及其同B_1之间的相对遥远性，是一种稍微早于C_2同B_2之间的接近性及其同A_2之间的相对遥远性的现象。”我们很想断定：假如我们要想拥有诸如一个人把一个对象递给另一个人这类事情的可感的证据，我们就无法回避带有这种程度的复杂性的原子形式。

但是，这也许是一个错误。考虑一下这些命题：C_1接近A_1，C_1 45
远离B_1，A_1与B_1同时，B_1与C_1同时，A_1稍微早于A_2，A_2与B_2同时，B_2与C_2同时，C_2接近B_2，C_2远离A_2。这个由九个命题所构成的集合，在逻辑上等值于一个包含了A_1、B_1、C_1、A_2、B_2、C_2的命题。因此，这一个命题也许是一个推论，而不是作为论据的材料。这里还有一个困难：“接近”和“远离”都是一些相对的词项。在天文学中，金星接近于地球，但这并不是从那种把某物递给了别的某个人的角度来看的。然而，我们能够避免这种情况。我们可以用“C_1触及A_1”来代替“C_1接近A_1”，并且用“某个事物在C_1和B_1之间”代替“C_1远离B_1”。这里的“触及”和“在……之间”都是视觉材料。因此，“在……之间”这种涉及三个项的关系似乎就是我们所需要的最复杂的材料了。

正如我们将会看到的那样，原子形式的重要性及其自身的矛盾之处在于，所有不是通过推论而是通过观察去证实的命题，或者说，至少所有这类非心理学的命题，都是这些形式的命题。也就是说，如果加以充分的注意的话，所有体现了经验物理学材料的语句都将断言或否定某些原子形式的命题。从理论上说，所有其他形式的物理学语句，都可以通过这些形式的语句来（根据实际情况）加以证实或否证，或者说，来证明它们是可能的或不可能的。而且，我们不应该把任何一种能够通过别的论据性材料从逻辑上加以证实或否证的东西作为论据性材料。但是，这只是预期的目标。

在一个以严格的逻辑语言表达的原子形式的语句中，存在着为数有限的专名（专名的数目可以是从 1 往上去的任何一个有限数），而且在这个原子语句中，还存在一个不是专名的语词。实际的例子有："x 是黄的"、"x 比 y 早"、"x 在 y 和 z 之间"等等。专名可以出现在一切形式的原子语句中，而不是专名的语词只能出现在拥有适当数量的专名的原子语句中；根据这一事实，我们就能够把专名与其他语词区分开来。因此，"黄的"需要一个专名，"比……早"需要两个专名，"在……之间"需要三个专名。这类词
46 项被称为谓词、二元关系、三元关系等等。有时候，为了保持一致性，谓词也被称为一元关系。

我现在开始论述那些不能出现在原子形式中而且又非联结词的词类。"一个"（a）、"这个"（the）、"所有"（all）、"有的"（some）、"许多"（many）、"没有"（none）等等，都是这类语词。我认为，"并非"一词也应该加到这些词中来，但它类似于联结词。让我们从"一个"开始，并且假设你如实地说出了"我看到过一个人"。显然，

“一个人”并不是人们可以看见的那类事物，它是一种逻辑的抽象。你所看到的是某种特定的形状。我们将用专名 A 来称呼这种形状，并且你判断说“A 是人的(human)”。“我看到过 A”和“A 是人的”这两个句子能使你推论出“我看到过一个人”。但是，后面这个句子并不意味着你看到过 A 或者 A 是人的。当你告诉我你看到过一个人时，我无法弄清楚你所看到的是 A、B、C，还是任何一个其他的活着的人。所知道的东西不过是下面这种形式的某个命题是真的：

“我看到过 x，并且 x 是人的。”

这种形式并非原子的，它是由“我看到过 x”和“x 是人的”这两个命题复合而成的。它可以从“我看到过 x，并且 x 是人的”中演绎出来；因此，尽管它不是那种表达知觉材料的语句，它仍能通过经验的材料加以证明，因为这样的句子将不得不提及 A，或者 B，或者 C，或者你看到过的任何人。相反，任何知觉材料都不能否证“我看到过一个人”这个句子。

包含了“所有”或者“没有”这些语词的命题可以通过经验材料加以否证，但是除了在逻辑和数学中，它们是不能被证实的。我们能够证明“除了 2 以外的所有质数都是奇数”，因为这是由定义而来的。但是，我们不能证明“所有人都是有死的”，因为我们无法证明我们没有看漏任何一个人。事实上，“所有人都是有死的”是一个关于所有事物的陈述，而不仅仅是一个关于所有人的陈述。它陈述了这一事实：对于每一个 x 来说，要么 x 是有死的，要么 x 不是人的。在我们检查完毕一切事物之前，我们无法确信未经检查的某种事物是人的并且是不死的。由于我们不能检查一切事物，所以我们无法从经验上知道一般命题。

47 任何包含单数意义上的这个的命题都不可能通过经验的证据加以严格的证实。我们不知道司各脱是《威弗利》的这个作者；我们所知道的是他是《威弗利》的一个(an)作者。也许，火星上的某个人也写过《威弗利》。为了证明司各脱是这个作者，我们必须要去考察整个宇宙，并发现其中的每一个事物要么没有写《威弗利》，要么就是司各脱。这超出了我们的能力。

经验证据能够证明包含“一个”或者“有的”的命题，并且能够否证包含“这个”、“所有”或者“没有”的命题。它不可能否证包含“一个”或“有的”的命题，并且也不能否证包含“这个”、“所有”或者“没有”的命题。假如经验证据使我们怀疑关于“有的”的命题，或者使我们相信关于“所有”的命题，那么它一定是通过某种与严格意义上的演绎不同的推论的原理而做到的，除非某些包含“所有”的命题确实属于我们的基本命题。

第三章　描述经验的句子 48

所有学习说话的人都能使用句子来描述事件。事件就是语句为真的证据。在某些方面，整个事情是如此显然，以至于不易发现任何问题。在另外一些方面，它是如此晦暗，以至于难以发现任何解决的途径。假如你说“天在下雨”，你也许知道你所说的是真的，因为你看到了雨，并感觉到了它，听到了它；这是最明白不过的事情了。但是，一旦我们试图分析在我们根据当下经验作出这种陈述时所发生的事情，困难就出现了。在什么意义上我们“知道”一个事件，并且该事件独立于对与其相关的语词的使用？我们如何能够把它与我们的语词相比较，以便知道我们的语词是正确的？为了让我们的语词可以是正确的，在所发生的事件与我们的语词之间必须存在什么样的关系？在某种特定的情况下，我们如何能够知道这种关系是否存在？就语词所应用于其上的事件而言，在不拥有关于它的非语词的知识的情况下，也许有可能知道我们的语词是正确的吗？

让我们首先考虑最后这一点。也许会出现这样的情况：在某些场合，我们说出了某些语词，并且在没有某种独立的关于我们说出它们的原因的知识的前提下，认为它们是正确的。我认为，这种情况有时确实发生。例如，你可能一直在十分费力地让自己喜欢

A 先生，但是突然你发现自己宣称“我恨 A 先生”，而且你认识到这是真的。我猜想，当一个人被心理学家分析时，会发生同一类事情。但这样的情况是例外的。一般说来，至少当前的可感事实涉及哪里，哪里就存在着某种意义，在这种意义上我们无须使用语词
49 就可以知道它们。我们可以注意到我们觉得热或冷，或者存在着雷声或闪电，并且假如接着用语词陈述我们所注意到的东西，我们只能表达我们已经知道的东西。我并不是声称这些前语词的阶段总是存在的，除非我们用“知道”来表示一种经验，即仅仅表示我们拥有这种经验。但我确实认为，这样的前语词知识是非常普遍的。然而，有必要在我们注意到的经验和仅仅发生在我们身上的其他经验之间作出区分，尽管这种区分仅仅是程度上的。让我们通过某些例子来说明。

假设在一个潮湿的日子你在外面步行，而且你看见了一个池塘并绕过了它。你不太可能对自己说：“有一个池塘，不踏入进去将是明智的。”但是假如有人说“为什么当时你突然绕道一边了？”你会回答“因为我不希望踏入那个池塘”。经过回顾，你知道你曾有一种视知觉，并且你对它做出了适当的反应。在所设想的这种情况下，你用语词表达了这种知识。但是假如问你的人并未使你的注意力转移到这件事情上，你知道了什么，并且你是在什么意义上知道的？

当你被问时，这件事情已经结束了，而且你是根据记忆来回答的。一个人能够记得他从未知道的东西吗？这依赖于“知道”这个词的意义。

“知道”这个词是极其模糊的。在其绝大多数意义上，“知道”

一个事件是一种与被知道的事件不同的现象。但是，“知道”有一种意义；而在这种意义上，当你拥有一种经验时，在此经验与知道你拥有此经验之间不存在任何差别。也许人们会认为，我们总是知道我们的当前经验。但是，假如这种知道是某种不同于经验的东西，情况就不可能是这样的。这是因为，假如经验是一件事情，而知道它是另一件事情，那么这样的假定即当一种经验发生时我们总是知道它，就要把每个事件无穷无尽地往上累加。我感觉热；这是一个事件。我知道我感觉热；这是另外一个事件。我知道我知道我感觉热；这是第三个事件。如此等等，直至无穷；而这是荒谬的。因此，我们必须要么说，在我当前的经验出现时，它无法与 50
我知道它区分开来；要么说，我们通常并不知道我们当前的经验。总体说来，我在使用“知道”这个词时，宁愿要它蕴含着知道行为与被知道的东西是不同的，而不愿意接受这个结果即我们通常并不知道我们当前的经验。

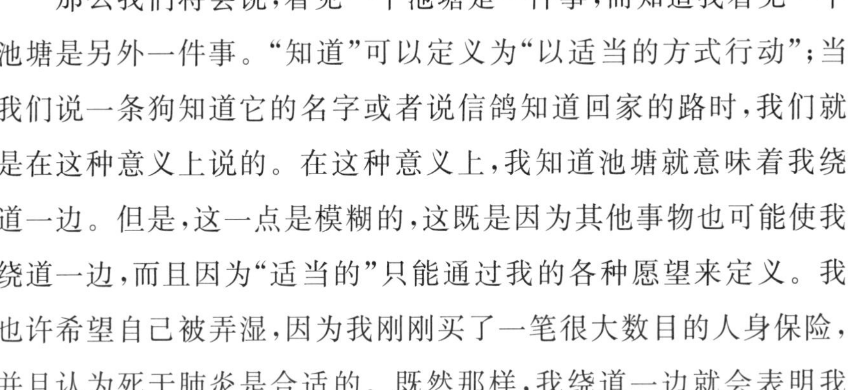

那么我们将会说，看见一个池塘是一件事，而知道我看见一个池塘是另外一件事。“知道”可以定义为“以适当的方式行动”；当我们说一条狗知道它的名字或者说信鸽知道回家的路时，我们就是在这种意义上说的。在这种意义上，我知道池塘就意味着我绕道一边。但是，这一点是模糊的，这既是因为其他事物也可能使我绕道一边，而且因为“适当的”只能通过我的各种愿望来定义。我也许希望自己被弄湿，因为我刚刚买了一笔很大数目的人身保险，并且认为死于肺炎是合适的。既然那样，我绕道一边就会表明我没有看见这个池塘。而且，假如愿望被排除了，对某种刺激所做的适当反应将由科学仪器来显示。但是没有人会说，当天气变冷时，温度计会“知道”。

为了我们可以知道一种经验，必须如何对待经验呢？各种事情都是可能的。我们可以使用语词来描述它，我们可以要么在语词中、要么在意象中记住它，或者我们可以仅仅“注意”它。但是，“注意”是一个程度的问题，而且很难加以定义。它好像主要是一种从可感的环境中做出分离的行为；比如，在听一首音乐时，你可能故意只注意其中的大提琴音。据说，你是在“无意识地”听其余的部分。但是，对于“无意识地”这个词，试图把某种确定的意义给予它，是毫无希望的。在一种意义上，也许可以说你“知道”一种当前的经验，假如它在你身上激起了某种感情（不管它多么微弱），也就是说，假如它使你高兴或令你生气，使你感兴趣或令你烦恼，使你吃惊或恰好是你所期待的东西。

有一种重要的意义；在这种意义上，你可以知道任何一种出现
51 在你当前的感觉范围内的事物。假如某人对你说“你现在看到黄色了吗？”或者“你听到一种声音了吗？”你可以完全自信地加以回答，即便直到你被问时，你还未注意这种黄色或声音。而且，你时常可以肯定的是，在它引起你的注意以前，它已经在那儿了。

于是，我们拥有其经验的最直接的知道行为，似乎包含了感觉的出现以及另外某种事物。但是，对于所需要的这另外某种事物所下的任何一种非常精确的定义，都很有可能因为它非常精确而使人误入歧途，因为这个问题本质上是模糊的，而且是一个程度的问题。所要的东西可以称为“注意力”；这部分地是适当的感觉器官的一种紧张行为，部分地是一种情感的反应。一种突然而巨大的声音几乎肯定是会引起人们的注意的，但是一种非常微弱的具有情感意义的声音也是如此。

每个经验命题都建立在一个或多个感觉现象的基础上，而且这些现象在发生时被注意到了，或者是刚刚发生后被注意到的，但是依然构成似是而非的当前知觉的一部分。我们将说，当这类现象被人注意到时，它们就“被知道”了。“知道”这个词有多种意义，这仅仅是其中的一种。但是，对于我们的探究的目的来说，这种意义是根本的。

“知道”的这种意义并不涉及语词。我们的下一个问题是：当我们注意到一种现象时，我们如何能够形成一个句子，并且（在一种不同的意义上）我们“知道”这个句子是因为有了这种现象而为真的？

假如我注意到（比如说）我热，那么在我所注意到的这种现象和“我热”这些语词之间的关系是什么呢？我们可以不用产生某些不相关的问题的“我”，并且假设我只说“存在着热性（hotness）”。（我不说“热”[heat]，而说“热性”，因为我想要一个语词来代表可以被感觉到的东西，而不是代表这个物理概念。）但是，由于这个短语使用起来不方便，在对其意义作了上述限制性的规定之后，我将继续说“我热”。

让我们弄清楚我们当前的问题。我们不再关心这个问题：“我如何能够知道我热？”这是我们先前的问题。我们回答过了——不管这种回答如何不能令人满意——这个问题，而回答的方式仅仅在于说我注意到了它。我们的问题不是关于知道我热的，而是关
于下述问题的：当我已经知道我热时，我知道“我热”这些词表达我 52
已经注意的东西，并且是通过我所注意到的东西而成为真的。出

现在这里的"表达"和"真的"这些词,在单纯的注意行为中并不占有任何位置,而且它们引入了某种完全新的东西。现象可以被注意到,也可以不被注意到,但是假如它们没有出现的话,它们不可能被注意到。因此,就单纯的注意行为而言,真和假派不上用场。我没有说,它们只有和语词一起才能派上用场,因为处于意象状态中的记忆也可能是假的。但是,眼下可以不考虑这一点;而在一个意在表达我们所注意到的东西的陈述中,真和假首先与语词的使用一起露面。

当我热的时候,"热"这个词很可能进入我的心灵。这似乎就是说"我热"的原因。但是既然那样,当我(实事求是地)说"我不热"时,发生了什么情况呢?这里,"热"这个词进入了我的心灵,尽管我的状况并未被设想为拥有这种结果。我认为我们可以说,刺激人们作出一个包含"并非"的命题的东西部分说来总是语词的;有人说"你热吗?"然后你回答说"我不热"。因而,当你被一个语词所刺激,而非被通常刺激这个语词的东西所刺激时,否定的命题就出现了。你听到"热"这个词,而你没有感觉到"热",因此你说"不"或者"我不热"。既然这样,这个词部分地被这个词(或者某个其他的词)所刺激,部分地被一种经验所刺激,但是这种经验不是该词所意指的经验。

导致人们使用语词的可能的刺激物在数量上和种类上都是很多的。你可能因为正在写一首诗而使用"热的"这个词,并且在这首诗中,前面的那行是以"锅"这个词结尾的。"热的"可以由"冷的"一词或"赤道"一词带入你的心灵;或者,就好像在先前的讨论中那样,对某种非常简单的经验的寻找也可以将它带入你的心灵。

这种特殊的经验即“热的”这个词所意指的东西与该词之间拥有某
种关系，而这种关系并非仅仅在于把这个词带给心灵，因为它同许
多其他事物之间都拥有这种联系。联想是热的和“热的”这个词之 53
间的关系的一个必要部分，但并非全部。

经验和语词之间的关系不同于刚刚提到的那类其他方面的联想，这首先是因为这样的事实，即其中一个被联想的项不是语词。“热的”和“冷的”或者“热的”和“锅”之间的联想是语词的。这是一个重要的特征；但我认为还有另一个特征，它由“意义”这个词所暗示。意指(to mean)就是打算；并且，在语词的使用中，一般说来有一种意图，它或多或少是社会性的。当你说“我热”时，你给出了信息，并且通常你打算这么做。当你给出信息时，你能使你的听者参照他没有直接意识到的事实去行动。这也就是说，他听到的声音刺激他做出了一种行为；对于你所拥有而他并未拥有的经验而言，这种行为是适当的。在“我热”的情况下，这一点并不是非常显著，除非你是一位到访的客人，并且你的语词促使你的主人打开窗户，尽管他冻得发抖。但在类似“看外面！来了一辆小汽车”这样的情况下，在听者身上所产生的强有力的结果就是你想要的东西。

因而在某种意义上，一句表达当前可感事实的言语，就是过去和将来之间的一座桥梁。(我所想到的是日常生活中的那些言语，而非像哲学家所发明的那些言语。)可感事实在 A 身上有某种效果，并且 A 意识到了它；A 希望 B 以某种与此事实相适合的方式行动；因此 A 说出了“表达”这个事实的一些语词，并且他希望这些语词将引起 B 以某种方式行动。一句真实表达了当前可感事实的言语，能使听者(在某种程度上)做出行动；这就如同，假如这

个事实对他来说是可感的，他也会做出这种行动。

与一个陈述的真相关的听者，可以是一个假想的听者，而并非必然是一个实际的听者。陈述可以单独地向一个盲人做出，或者向一个并不知道所使用的这种语言的人做出，但这些情况都不会影响该陈述的真或假。听者被假定为一个与说话者具有类似的感
54 官和语言习惯的人。作为一个初步的而非最终的定义，我们可以说：一次语词的说出真实地表达了一个可感的事实，假如在听到了这句话而又没有意识到这个事实的情况下，说话者就会因此而做出行动，这就如同是因为知道了这个事实而做出行动一样。

这里存在令人不快的模糊之处。我们怎么知道这个人会如何做出行动？我们怎么知道在其实际行为中哪一部分是由环境的一个特征引起的，哪一部分又是由另外一个特征引起的？而且，绝非在所有场合语词都会产生与它们所断言的东西同样的效果。“安妮王后死了”几乎没有什么强劲的力量；但假如在她临终时我们曾在场，这个事实很可能就会产生一种强有力的行为。然而这个例子也可以不予考虑，因为我们所关心的是当前事实的语词表达，而历史的事实可以留到以后再加考虑。

我认为，意图仅仅与句子有关，而与语词无关，除非语词被用作句子。以一个像“热”这样的人们可以感觉到其意义的语词为例。可以认为，刺激人们说出该词的唯一的非语词事物是某种热的东西。假如在某种热的东西出现时，“冷的”这个词进入了我的心灵，那将是因为“热的”这个词首先进入了我的心灵，并且使我想到了“冷的”这个词。也许会因为有下面的两行话，每当我看到火的时候，我就想到了高加索山脉：

人们可以把火握在手里
想象自己在寒冷的高加索群山之上吗？

但是这种间接的语词联想是必要的，而且我将不会由此得出这种错误的设想，即“高加索山脉”意指“火”。那么我们可以说，假如在没有出现某种语词的媒介时某些情况使人想到某个语词，那么这个词将意指这些情况，或者意指它们共同具有的某种东西。而且在这样的情况下，听到这个词将会使人想到所说的这类情况中的某一种。当我提到一个“使人想到”一种情况的语词时，我意指某种并不十分确定的东西，它可以是一种观念、一种行为或一种初露苗头的行为。

我们将说，由于拥有一种意图，一个句子不同于一个词；这种 55
意图可能仅仅在于交流信息。但是，正是从语词的意义中，它获得了一种实现意图的力量。这是因为，当一个人说出一个句子时，正是这些语词的意义使得它具备了影响听者的行为的力量，而这也正是说话者希望它去做的事情。

描述经验的句子必须包含这样的语词：这些语词与作为“热的”这类语词的意义之间具有那种直接的关系。颜色的名称、简单的及常见的形状的名称、喧闹的、硬的、软的等等，都是这样的语词。哪些可感性质应该拥有名称主要由实践上的便利所决定。在任何一种特定的情况下，都有许多语词可应用于我们所经验到的东西。设想我们在一个蓝色的方框中看到了一个红色的圆。我们可以说“蓝中之红”或者“方中之圆”。每一个都是对我们正在看到的东西的一个方面的直接的语词表达，每一个都被我们所看到的东西完全证实了。假如我们对颜色感兴趣，我们会说“蓝中之红”；假如我们对几何学感兴趣，我们会说“方中之圆”。我们使用的这些语词，绝没有穷尽我们关于一种感觉经验所能说的一切东西。我们所说的比我们所看到的更抽象。而且，除了在我们特别专心的情况下，证实我们的陈述的那种经验，仅仅是我们此刻正在经验的东西的一小部分。通常，除了证明我们的陈述的那种经验之外，我们还意识到许多形状、声音以及身体的感觉。

许多建立在直接经验基础上的陈述，都比“我热”更复杂。上面关于“方中之圆”或者说“蓝中之红”或者说“蓝框中的红圆”的那个例子，就表明了这一点。这样的事物可以被断言为关于我们所看到的东西的直接表达。类似地，作为直接的观察结果，我们可以说“这个比那个热”或者“这个比那个声音大”；而且我们可以说“这个在那个前面”，假如二者都在一个似是而非的当前之内的话。同样地，假如 A 是一块蓝色的圆片，B 是一块绿色的圆片，而 C 是一块黄色的圆片，并且它们全都在一个视野内，那么我们就能说，“与其说 A 像 C，不如说 A 更像 B”，而且它表达了我们所看到的东西。据我所知，可以被感知者的复杂性，从理论上讲是没有限度
56 的。当我提到能被感知者的复杂性时，这个短语是模糊的。比如说，我们观察一个视觉范围时，先是把它作为一个整体加以观察，然后是一点一点地观察它。这种情况就如同在昏暗的灯光下看一幅图画那样地自然：我们逐渐发现，它包含四个男人、一个女人、一个婴儿、一头牛、一头驴子和一个牛棚。在某种意义上，我们先是看到了所有这些事物。确实，我们最终能说，这幅画拥有这些部分。但是，我们可能未在感官知觉方面分析性地意识到了所有这

些部分以及它们之间的关系。当我提及材料中的复杂性时，我所意指的东西比在这样的情况下所发生的东西更多：我意味着，我们分别注意到了几种相互关联的事物，并且我们事实上也把它们看成是相互关联的。这种差异在音乐中表现得最为明显。在音乐中，人们可能听到了一个总体的声音，或者意识到了那些单独的乐器以及构成了总体音效的各种成分。只是在后一种情况下，我才应该提及听觉材料中的复杂性。我所感兴趣的这种复杂性，由知觉判断的逻辑形式所度量。最简单的知觉判断是主谓命题，比如“这是暖和的”；其次是例如“这个在那个的左边”这样的命题；再次是例如“这个在那个和另一个之间”这样的命题；等等。在构造这种复杂性方面，作曲家和画家的能力大概最强。

重要之处在于，不管这样的命题可能变得如何复杂，它们都正像“我是暖和的”一样，依然是严格而又完全地直接建立在经验基础之上的。与格式塔心理学中所讨论的格式塔相比，这是一个完全不同的问题。以（比如说）对梅花牌中的十点的知觉为例：任何一个习惯于纸牌的人都立即看出它是梅花牌中的十点，而且是通过对格式塔的知觉看出的，而非通过分析的方式发现的。但是他也能发现，它是由一片白色背景中的十个类似的黑色图案组成的。这是一种值得注意的技能；而在梅花二或梅花三的情况下，它是不费力气的。假如在看到梅花牌中的二时，我说“这个表面是由一片白色背景中的两个类似的黑色图案组成的”，我所说的话就不仅仅是对一种视觉材料的分析，而自身就是对一种视觉材料的表达；也就是说，它是一个通过使用我的眼睛而无须作任何推论就能知道的命题。确实，这个命题能从“这个是一片白色背景中的一个黑色 57

图案”、“那个也是这样”和“这个类似于那个”中推论出来，但事实上它不需要这样的推论。

然而，在不能推论出的命题以及能推论出但却并非推论出的命题之间，有一个重要的差别。有时很难知道一个命题属于哪一类。再举梅花牌中的二以及应用于这两张梅花的“这个类似于那个”这个命题为例。我们可以将一个名称给予这种形状，并称之为“红花草状的”。因而我们能说“这个是红花草状的”和“那个是红花草状的”，也能说“这个是黑的”和“那个是黑的”。我们可以推断“这个和那个在颜色和形状上都类似”。但在某种意义上，这是从“红花草状的”在言语上的两次被说出以及“黑的”在言语上的两次被说出之间所具有的相似性而作出的一个推论。因而看来，一个“这个和那个类似”这种形式的命题，如果自身不是一种感觉材料的表达，一定产生于某些前提，而且这些前提中至少有一个也是这种形式的。比如说，假设你在做试验，并且在这种试验中记录颜色是重要的。你看到了黑的，并且对着口述录音机说“黑的”。在随后的一天，你又做了同样的事情。那么，在另一种场合，你可以让你的口述录音机重复这两次所说的话即“黑的”，并且你可以看到它们是类似的。你推断，在两个不同的日子里看到的颜色是类似的。这里，口述录音机是无关紧要的。假如你非常连续地看到了两块黑的色片，并且在每种情况下你都说“这个是黑的”，那么你立即可以记住你所说的话，但并没有关于这些色片的视觉记忆。既然那样，你就是从“黑的”在言语上的两次说出所具有的相似性，推断出这两块色片的相似性的。因而，语言并不提供从类似性到同一性的退路。

在这些情况下，关于推论是什么以及推论不是什么的问题，从心理学上讲，并没有一个确定的答案。

在知识论中，试图把经验前提从数量上减到最低是自然而然的。假如有三个命题 p、q、r，我们是在直接经验的基础上断言这三个命题的，并且假如 r 可以逻辑地从 p 和 q 中推论出，那么我们将不再把 r 作为知识论的前提。在上面的例子中，我们看到了“这 58
两个都是黑的”。但是我们能看到“这个是黑的”和“那个是黑的”，并推断“这两个都是黑的”。但是这个问题并不像它看起来的那样简单。逻辑所处理的不是语词或句子的说出，而是命题，至少是句子。从逻辑的立场来看，当我们知道“这个是黑的”和“那个是黑的”这两个命题时，语词“黑的”就出现在这两个命题中。但是作为经验心理学的事实，当我们说出这两个句子时，语词的说出就出现了，它们是“黑的”这个词的两个不同的实例；而且为了推断“这个和那个是黑的”，我们需要另外一个经验的前提：“‘黑的’的第一次说出和‘黑的’的第二次说出，都是‘黑的’这个词的实例。”但在每一种情况下，我仅能说出该词的一个实例，而不能说出这个词本身；该词本身依然不可移动地待在柏拉图的天国里。

因而，逻辑，以及不同于词和句子之说出的关于词和句子的全部概念，是无可改变的柏拉图式的东西。当我说“这个是黑的”和“那个是黑的”时，我想说关于这两者的同一件事情，但我没有做到这一点。仅当我说出“这个和那个是黑的”，然后我说出某种不同于我们先前关于这个和关于那个所说的那些东西的事物时，我才是成功的。因而，这类似乎包含在对“黑的”这个词的重复使用中的一般性，是一种幻觉；我们真正拥有的东西是类似性。感知“黑的”这个词的两次说出所具有的类似性，与感知两块黑的色片所具有的类似性，是同一回事。但事实上，当我们使用语言时，是没有必要感知类似性的。一块色片导致“黑的”在语词上的一次说出，另一块色片导致“黑的”在语词上的另一次说出。这些黑片是类似的，它们的语词效果是类似的，而且这两次语词说出的效果也是类似的。这些类似性能被观察到，但并非必须被观察到。这个问题的重要性体现在逻辑和关于共相的理论方面。它表明了下面这个学说的心理学前提是何等复杂：同一个词可以出现在不同的场合，
59 出现在不同的语句的说出中，甚至出现在不同的语句中。逻辑学把这个学说当成是当然的。假如我们不细心，这可能会像下面的这个推论一样让人误入歧途：由于“一只霍加狓[1]目前出现在伦敦”和“一只霍加狓目前出现在纽约”都是真的，因而一只霍加狓可以同时出现在伦敦和纽约。

让我们从逻辑的远足中回来，进一步思考当我们从格式塔知觉过渡到分析知觉时发生了什么。从当我们感知到那个作为统一体的整体形状时我们所拥有的“这是梅花牌中的二点”这种知觉，到当我们看到了该形状的那些部分及其相互关系时我们所拥有的“在一片白色的背景中有两个类似的黑色图案”这种知觉，就是这类过渡的例子。熟悉一种可感的材料会影响这样的分析判断。你意识到一副纸牌包含十三张梅花以及四张二点，而且你有对纸牌进行双重分类的习惯。然而，这在两方面都起作用。它能使你根据这个图案认识到一个十点，而一个不熟悉纸牌的人也许不得不

① 霍加狓是一种产于非洲的动物。——译注

数到十。他这样做,不是为了发现这个图案不同于一张九点或一张八点,而是为了把它的名称给予它。

容易夸大必要的东西,比如在计数中就是这样。假如你必须数一堆栗子,而且你有依正确的顺序说出“一、二、三……”这样的自发的习惯,那么你可以把这堆栗子一个一个地放入一个袋子中,并且每放一次你都说出一个数字,最后你将在无须记忆及理解数字的情况下数完它们。在这种情况下,你只是把这些数字当成按照某种顺序并作为习惯的结果而发出的一串声音。这种情况说明了,使用语词的人似乎知道的语词比他实际知道的语词在数量上要多出多少。同样地,一个黑色的对象可以使你把“这个是黑的”作为一种纯粹机械过程的结果说出来,而无须对你的语词的意义有某种认识。事实上,以这种不加思考的方式说出的话也许比故意说出的话更有可能是真的;这是因为,假如你懂得英语,那么在一个黑色的对象和“黑的”这个词之间就存在一种因果的联系,但这种联系并不存在于同一个对象和另外一种颜色的名称之间。这就把具有很高可能性的真理给予了因其所指对象的出现而激发出来的那些句子。

当你看见一个黑色的对象并说“这个是黑的”时,通常你并未 60
注意到你说出了这些词:你知道这个事物是黑的,但你并不知道你说它是黑的。我是在上面所解释的“注意”这个词的意义上使用“知道”的。你能注意到你自己正在说话;但是,仅当出于某种原因,你的说话正如对象一样令你感兴趣时,你才将这样做;比如,只有当你正在学习语言或者练习演讲的技艺时,你才将这么做。假如你和我们一样,正在研究语言同其他事实之间的关系,那么你将

注意到你的语词和这个黑色对象之间的一种联系，并且你可以在“我说‘这是黑的’，因为它是黑的”这句话中表达这种联系。这个“因为”需要加以仔细的审查。我在《经验论的限度》这篇文章中已经讨论了这个问题，该文刊载在1935～1936年的《亚里士多德学会公报》中。现在我将只是简要地重复那篇论文的相关部分。

这里，我们关心三个命题之间的关系：

我们将称之为“p”的命题：“有一块黑的色片”；

我们将称之为“q”的命题：“我说‘有一块黑的色片’”；

我们将称之为“r”的命题：“我说‘有一块黑的色片’，因为一块黑的色片在那儿。”

关于r，产生了两个问题：首先，我是如何知道它的？其次，出现在这个命题中的“因为”这个词的意义是什么？

关于第一个问题，我不知道如何逃脱这种观点，即我们之所以知道r，就像我们之所以知道p和q一样，是因为它是一个表达了一种经验的句子。但是，在我们能够充分思考这个观点以前，我们必须对q有稍微更加明确的认识：它可能仅仅意味着我发出了一些声音，或者可能意味着我做出了一个断言。后者比前者说了更多的东西，因为它说明了这些声音是带着某种意图而被发出的。我也许说过“有一块黑的色片”，这不是因为我想断言它，而是因为它是一首诗的一部分。既然那样，r就不是真的。因此，假如r要成为真的，那么我发出构成了q的一次语句表达的那些声音是不够的；我必须带着一种意图来发出那些声音，而这种意图就在于做出一种关于当前某个可感事实的断言。

61 但是，这多少有些过分明确、过分显而易见。“意图”表明了某种意识的和故意的东西，这种东西不应该被暗示着。语词，就像我被伤害时发出的“啊唷”这种声音一样，可以同样直接地从环境中产生。假如有人问“为什么你说‘啊唷’？”我回答说“因为我的牙剧痛”，这个“因为”与当它出现在我们的命题 r 中时具有相同的意义：在每一种情况下，它都表达了在一次经验和一次语言表达之间所具有的一种被观察到的联系。我们能够正确使用一个词而无须观察到这种联系。但是，正是仅仅通过观察这种联系，我们才能清楚地知道一个词的意义，只要这个词不是一个拥有文字上的定义的词，而是一个通过面对它所意指的东西而被学会的词。一声痛苦的喊叫和“黑的”这个词之间所存在的差别，在于前者是一种无条件反射，而后者则不是；但这种差别并不包含出现在“因为”这个词上的一种差别。学习了某种语言的人获得了一种在某些场合使用某些语词的冲动，而且这种冲动，当即被获得时，严格地相似于当被伤害时欲做喊叫的冲动。

我们可以有各种各样的原因说出“这里有一块黑的色片”这个句子。事实可能非常有趣，以至于我们不加思考地喊出来；我们可能希望提供信息；我们可能希望吸引某人注意正在发生的事情；我们可能希望进行欺骗；我们可能像在引用诗歌时那样，说出一些不断言任何事物的语词。假如我们愿意的话，我们能够知道这些情况中的哪一种是我们说出这些语词的原因，而且我们是通过观察即被称之为内省的那类观察而知道这一点的。在每一种情况下，我们都在两种经验之间拥有一种被观察到的联系。最简单的情况是关于黑的色片的情况；在这种情况下，看到黑的色片就是喊出“这里有一块黑的色片”的原因。这种情况就是在我们的命题 r 中所考虑的情况。但是，对出现于命题 r 中的这个“因为”的进一步思考，必须推迟到我们已经考虑了命题态度之后。

第四章　对象语言 62

在其重要著作《形式化语言的真理概念》一书中，塔尔斯基已经表明，“真的”和“假的”这两个词应用于一种特定语言中的那些语句，并且，为了对它们进行充分的定义，总是需要另一种更高阶的语言。语言层次的概念包含在类型论中；而在某种形式上，类型论对于解决悖论是必要的。这个概念在卡尔纳普和塔尔斯基的著作中，都起着重要的作用。在我为维特根斯坦的《逻辑哲学论》所写的序言中，我提出用它来代替他的这种理论，即形式只能被“显示”，而不能用语词来表达。对语言层次的必要性的那些论证是极有说服力的，而且我今后将假定它们是有效的。[①]

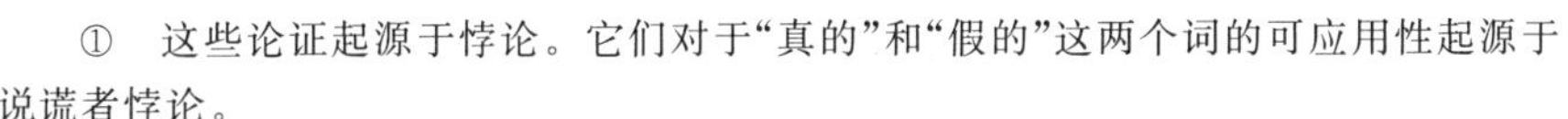

① 这些论证起源于悖论。它们对于“真的”和“假的”这两个词的可应用性起源于说谎者悖论。

我从说谎者悖论中作出的推论大致如下：一个人说“我在说谎”，即“存在一个命题 p，并且我断言了 p，且 p 是假的”。假如我们愿意的话，我们可以通过作出如下的设想而使这个问题变得更加精确：他在五点三十分说“我在五点二十九分至五点三十一分之间作出了一个假的陈述”，但在所涉及的这两分钟的其余所有时间中，他什么也没说。让我们把这个陈述称为“q”。假如 q 是真的，他在这关键的两分钟里就作出了一个假的陈述；但是 q 是他在这段时间内作出的唯一陈述，q 因此必定是假的。但是假如 q 是假的，那么他在这两分钟里所作的每一个陈述都是真的，因而 q 必定又是真的，因为他是在这两分钟里作出这个陈述的。因而，假如 q 是真的，它就是假的，而假如它是假的，它就是真的。

假设“A(p)”意味着“我在五点二十九分至五点三十一分之间断言了 p”，那么 q 是

63 层次必定无限地向上扩展，但并不向下扩展，因为假如那样的话，语言就绝不可能得以开始。因此，一定存在着一种最低类型的语言。我将定义一种这样的语言，但并非定义这种唯一可能的语言。[①]我有时将把这称为“对象语言”，有时称为“初阶语言”。在本章中，我的目的就在于定义和描述这种基本语言。在这种层次中接下来的那些语言我将称它们为二阶的、三阶的等等。可以理解，每一种语言都包含着其前面的所有语言。

我们将发现，初阶语言在逻辑学和心理学上都可以得到定义。但是，在试图作出正式的定义以前，进行一番非正式的考察将是妥当的。

从塔尔斯基的论证看，“真的”和“假的”这些词显然不能出现在初阶语言中，因为当这些词被应用到第 n 阶语言时，它们就属于第$(n+1)$阶语言。这并不意味着初阶语言中的句子既不是真的也不是假的，而是说，假如“p”是这种语言中的一个句子，那么“p 是真的”和“p 是假的”这两个句子就属于二阶语言。确实，即使没有塔尔斯基的论证，这也是显而易见的。这是因为，假如有一种初

“存在一个命题 p，并且 A(p)，且 p 都是假的”。矛盾来自于这个假设，即 q 是所说的命题 p。但是假如存在一种关于“假的”这个词的意义层次，并且它对应于一种命题层次，那么我们不得不代 q 以某种更加明确的东西，即“存在一个 n 阶的命题 p，并且 A(p)，且 p 拥有 n 阶的假”。这里，n 可以是任何一个整数：但是不管它是什么整数，q 将是属于 $n+1$ 阶的，并且它不可能拥有 n 阶的真或假。由于我并未作出任何 n 阶的断言，因此 q 是假的；而由于 q 不是 p 的一个可能的值，因此 q 也是真的这个论点就不再成立了。说“我在撒一个 n 阶的谎”的那个人是在说谎，但他撒的是 $n+1$ 阶的谎。人们已经提出了消除悖论的一些其他方法，比如说拉姆齐在其《数学基础》(“Foundations of Mathematics”)第 48 页中就已提出过。

① 我的语言层次不同于卡尔纳普或塔尔斯基的。

阶语言，它的语词一定不预设一种语言的存在。现在“真的”和“假的”是可以应用于句子的语词，因而预设了语言的存在。（我不想否定，由意象而非由语词构成的记忆可以是“真的”或“假的”；但是这是在某种多少有点不同的意义上来说的，而这种意义目前与我们无关。）因此，在初阶语言中，尽管我们能够做出一些断言，但是我们不能说我们自己的断言或者他人的断言要么是真的，要么是假的。

当我说我们在初阶语言中做出断言时，我必须防止一种误解，因为“断言”这个词是模糊的。有时，它用作否定的对立面；在这种 64
意义上，它不能出现在初阶语言中。否定预设了一种语词形式，然后陈述这种形式是假的。“并非”这个词仅当依附于一个句子时才是有意义的，因而它预设了语言。因此，假如“p”是初阶语言中的一个句子，那么“并非 p”就是二阶语言中的一个句子。这里容易发生混淆，因为“p”在不作文字改变的情况下能够表达只有在二阶语言中才可能有意义的句子。比如说，假设你误把盐当成了糖，然后你惊呼“这并非糖”。这是一个否定，并且属于二阶语言。现在你使用一个不同的装有粉末状东西的盒子，然后心情释然地说“这是糖”。从心理学上说，你是在以一种肯定的方式回答“这是糖吗？”这个问题。你事实上是在尽可能非学究式地说：“‘这是糖’这个句子是真的。”因此，你所意指的东西是某种不能表达在初阶语言中的东西，尽管同一种语词形式能够表达初阶语言中的一个句子。作为否定的对立面的断言属于二阶语言。属于初阶语言中的断言并没有自己的对立面。

正是适用于“并非”的这同一种考虑，通常也适用于“或者”、

“但是”和联结词。联结词，就像它们的名字所暗示的那样，把其他语词联结在一起，因而它们在孤立的情况下没有意义。它们因而预设了一种语言的存在。同样的说法也适用于“所有”和“有的”。你仅能或者全部地拥有某种事物，或者部分地拥有某种事物；而且在缺乏其他语词的情况下，“所有”和“有的”是没有意义的。这些论点也适用于定冠词“这个”。

因而，逻辑语词毫无例外地不出现在初阶语言中。事实上，它们全部预设了命题形式：“并非”和联结词预设了命题，而“所有”、“有的”和“这个”预设了命题函项。

日常语言包含了许多纯粹的句法词，例如“是”和“比”(than)。它们显然必须排除在初阶语言之外。与我们迄今所考虑的那些词
65 不一样，这样的语词完全不是必要的，而且它们并不出现在符号逻辑的语言中。我们不说“A 比 B 早”，而说“A 先于 B”；一种逻辑的语言不说“A 是黄的”，而说“黄的(A)”；我们不说“有一些面带微笑的恶棍”，而说“或者 x 不微笑，或者 x 不是恶棍”的所有的值都是假的是假的。“存在”与“有”，当出现在传统的形而上学中时，是“是”的某些意义的被实体化了的形式。由于“是”不属于初阶语言，“存在”与“有”，如果意味着某种东西，那么一定是不能直接应用于对象的语言学概念。

还有另一类非常重要的语词，它们至少暂时必须加以排除。这类语词就是诸如“相信”、“愿望”和“怀疑”之类的语词。当它们出现在一个句子中时，它们的后面全都有一个从句，而这个从句告诉人们被相信的、被愿望的或者被怀疑的那种东西是什么。就我目前所能发现的而言，这样的语词总是心理的，并且包含着我

称之为“命题态度”的东西。目前，我仅仅指出，它们在一个重要的方面不同于像“或者”这样的语词；而这个重要的方面指的是，它们对于可观察现象的描述是必需的。假如我想要看这张纸，那么这是一个我易于观察的事实；然而，假如要产生某种有意义的东西，“想要”的后面必须有一个从句。这样的语词产生了某些问题，而且也许能以某种方式对它们加以分析，以致使它们可以在初阶语言中找到自己的位置。但是，由于乍看起来这并非可能的，目前我假定它们应该被排除。我将在以后的一章中致力于讨论这个题目。

现在，我们可以不太全面地把初阶语言或者说对象语言定义为全部由“对象词”①组成的一种语言。这里所说的对象词，在逻辑上被定义为单独地具有意义的语词，并且在心理学上被定义为不需要事先学会任何其他语词就可以被学会的语词。这两个定义严格说来并不等值，而且在它们发生冲突时，逻辑的定义是 66
更可取的。假如允许我们设想我们的知觉能力能够得到无限的扩展，它们可以变成等值的。事实上，我们不能仅仅通过看而认识一个千面体，但我们容易想象能够具有这种技艺的存在物。另一方面，任何人的语言知识都应该从对“或者”这个词的理解开始显然是不可能的，尽管“或者”一词的意义并非习自一种形式的定义。因而，除了这种由实际的对象词所构成的词集以外，还有一个由可能的对象词所构成的词集。对于很多目的而言，由这些实际的和可能的对象词所构成的词集比实际的对象词所构成的词集更

① 必须有句法，但是无须通过使用像“是”这样的句法词而使其明晰起来。

重要。

在日后的生活中，当我们学习一个新词的意义时，我们通常是通过词典而学习的；也就是说，我们是通过一种定义来学习的，而这种定义是根据我们已经知道其意义的词作出的。但是，由于词典是通过别的语词来定义语词的，因而一定存在着某些这样的语词，对于它们，我们不是通过文字的定义而知道其意义的。在这些语词中，有一小部分不属于初阶语言，它们就是“或者”和“并非”。但是这些语词中的绝大部分属于初阶语言，而且我们现在必须考虑关于这些语词的意义的学习过程。词典词可以被忽略，因为从理论上说它们是多余的。这是由于，不管它们出现在什么地方，它们都可以被它们的定义所代替。

在学习一个对象词的过程中，有四件事情要加以考虑：在对象出现时对被听到的那个词的理解，在对象没有出现时对它的理解，在对象出现时说这个词，在对象没有出现时说这个词。大致说来，这就是儿童获得这四种能力的顺序。

可以用行为主义的方式或者根据个体心理学，来界定对一个听到的词的理解。当我们说一条狗理解一个词时，我们有权利去意味的一切东西就是：当它听到这个词时，它会以适当的方式去行动；我们不知道它所“想”的东西是什么。比如，考虑一下教一条狗
67 去了解它的名称的过程。这个过程由叫它、当它过来时奖赏它，以及当它不来时惩罚它这样的几个环节所组成。我们可以想象，对于这条狗来说，它的名字意味着：“要么由于我来到了主人面前我将得到奖赏，要么由于不来到主人面前我将受到惩罚。”哪一种选择被认为具有更大的可能性，将由它的尾巴来表示。既然如此，联

想就是一种愉悦-痛苦的联想,而且祈使语气因而就是它最易理解的东西。但是,它能够理解一个陈述句,只要其内容具有足够的情感意义。比如,“晚餐!”这个句子。此句子意味着“你现在即将接收你所想要的食物”,而且它也被理解为具有这样的意思。当我说这被理解时,我的意思是说,当这条狗听到这个词时,它的行为非常类似于当你手中有一盘食物时它会做出的那种行为。我们说这条狗“知道”这个词,但是我们应该说的是,这个词产生了某种行为,且这种行为类似于当看到或闻到一顿无法得到的晚餐时将会产生的那种行为。

只有当对象出现时频繁地听到一个对象词被人说出来,人们才能学会该词的意义。语词与对象之间的联想恰好类似任何其他的习惯联想,比如说发生在视觉和触觉之间的联想。当这种联想既被建立时,对象就会使人想起语词,而且语词会使人想起对象,这正像一个被看见的对象使人想起触觉,以及黑暗中一个被触到的对象使人想起视觉一样。联想与习惯并非专门和语言有关,它们通常也是心理学和生理学的特征。当然,如何解释它们是一个困难的且有争议的问题。但是它并非一个专门涉及语言理论的问题。

一旦一个对象词与它所意指的东西之间的联想被建立起来,这个词就在对象未出现的情况下“被理解”了。这也就是说,完全是在视觉和触觉相互暗示的意义上,它使人联想到了这个对象。

假设你和一个人在一起时,他突然说“狐狸”,因为他看见了狐狸;而且假设,尽管你听到了他,但你并没有看见这只狐狸。当 68

你理解了“狐狸”这个词时，对你来说实际发生了什么呢？你会环视左右。但是，假如他说的是“狼”或者“斑马”，你也会这么做。你可能拥有关于一只狐狸的意象。但是从观察者的立场来看，可以表明你理解了这个词的意义的东西，是你（适度地）做出某种行为，而且这种行为就像当你自己看到狐狸时你将做出的那种行为一样。

一般说来，当你听到一个你所理解的对象词时，你的行为在某种程度上就是对象自身所引起的行为。这种情况可能因为通常的条件反射规则而无须任何精神的媒介就可以出现，因为该词已经与那个对象之间获得了一种思想上的联系。早晨，你可能被告知“早餐好了”，或者你可能闻到熏肉的味道。二者可能会对你的行为产生同一种影响。味道和熏肉之间的联想是“自然的”，也就是说，它并非任何一种人的行为的结果。但是“早餐”和早餐之间的联想是一个社会性的事件，并且仅仅对于说英语的人才存在。然而，仅当我们思考作为一个整体的社群时，这才是有意义的。每个儿童像学习走路一样地去学习他的父母的语言。语词和事物之间的某些联想是通过日常经验在它身上产生的；而且正像鸡蛋或者火柴的特性一样，这些联想也拥有自然法则的外观。事实上，只要这个儿童未被带到陌生的国度，它们就完全处在同一水平上。

只有某些语词是通过这种方式被学习的。任何人都不是通过听到“耽搁”这个词在某人延误事情的那些场合频繁地被人说出而学会它的。通过直接联想语词所意指的东西，我们不仅学会了我们所知道的那些人的专有名称，像“人”和“狗”这样的类名称，像

“黄的”、“硬的”和“甜的”这样的可感性质的名称，以及像“走”、“跑”、“吃”和“喝”这样的行为的名称，还学会了类似“向上”和“向下”、“在……里面”和“在……外面”、“在……前”和“在……后”，甚至是“快的”和“慢的”这样的语词。但是我们并不以这种方式学习类似“十二面体”这样的复杂语词，或者类似“并非”、“或者”、“这个”、“所有”和“有的”这样的逻辑语词。就像我们已经看到的那样，逻辑语词预设了语言；事实上，它们预设了我们在前面的一章 69
中所说的“原子形式”的东西。这样的语词是非初阶的语言中的语词；而且在考虑与非语言现象最密切相关的那些说话方式时，应该细心地将其从中排除出去。

何种类型的简单性使得对一个语词的理解代表着对一种对象语言的理解呢？因为可以观察到，一个句子可以在对象语言中被说出，而在更高阶的语言中被理解，或者是反过来。假如在没有兔子出现时你通过说出“兔子!”而使一条狗兴奋，那么你的话由于不是由兔子引起的，因而属于一种高阶语言。但是，这条狗对它的理解则属于对象语言。一个听到的词属于对象语言，当它引起一种与该词所意指的东西相一致的反应时。假如有人说：“听，听，云雀!”你可以听，或者你可以说“在天堂的门口唱歌”；在前一种情况下，你听到的东西属于对象语言，而在后一种情况下则不是。每当你怀疑或拒绝你被告知的东西时，你的听不属于对象语言；因为在这样的情况下，你是在语词中逗留，而在对象语言中，这些词是透明的，即它们对你的行为的影响仅仅依赖于它们所意指的东西，并且在一定程度上等同于它们所称呼的东西出现于感觉中时所产生的影响。

在学习说话时，有两种因素：首先是肌肉的敏捷，其次是在适当的场合使用一个语词的习惯。我们可以忽略肌肉的敏捷，它是鹦鹉也可以习得的。儿童自发地发出许多清晰的声音，而且有一种模仿成年人声音的冲动。当他们发出一种成年人认为与环境相符合的声音时，他们发现结果是令人愉快的。因而，通过在训练演出动物时所使用的那种常见的愉悦-痛苦机制，儿童及时学会了发出一些与以可感的方式出现的对象相符合的声音，然后，他们几乎立即学会了在想要这些对象时使用同样的声音。一旦这种情况既
70 已发生，他们就拥有了一种对象语言：对象使人想到对象的名称，对象的名称使人想到对象；而且不仅这些对象的出现可以使人想到它们的名字，对对象的思考也可以使人想到它们的名字。

现在我离开对象语言的学习，来看看对象语言在被学会时所具有的特征。

就像我们已经看到的那样，我们可以将语词分为三类：(1)对象词。我们是通过直接获得存在于语词和事物之间的联想而学会它们的意义的。(2)命题词。这些词不属于对象语言。(3)词典词。我们是通过文字的定义而学会其意义的。(1)和(3)之间的区分，极其明显地是因人而异的。“五角星”[①]对绝大多数人来说都是一个词典词，而对生活在饰有五角星的屋子里的儿童来说，它也许是一个对象词。“万字饰”[②]以前是一个词典词，而现在不是了。然而，重要的是要注意到，一定有一些对象词，因为要不然，词典上

① “五角星”指的是一种象征魔力和神秘的符号。——译注

② 万字饰，相传为象征太阳、吉祥等的标志。——译注

的定义就不可能传达任何东西。

现在让我们来考虑一下，单有对象词能在语言方面做多少事情。为了这个目的，我将假定被考虑的那个人拥有一切可能的机会习得对象词，他看过埃佛勒斯峰和泼帕卡塔派特峰[1]、蟒蛇以及美西螈[2]，他认识蒋介石和斯大林，他尝过燕窝和鱼翅。总之，他对这个可感世界拥有一种广泛的经验。但是，他由于过分忙于看这个世界，而无暇学习“并非”、“或者”和“有的”等等这类语词的用法。假如你对他说：“有你并未曾访问过的国家吗？”他将不懂你的意思。问题是：这样的人将知道什么，又将不知道什么？

我们能说“他将知道通过单纯的观察所能知道的一切东西，但是他不知道任何需要推论的东西”吗？让我们首先转换我们的问题，而且不要问他能知道什么，而要问：他能用语词表达什么？

首先，假如他能把每一个可观察的事实都用语词表达出来，那么他必须拥有与事实同样多的语词。现在，有些语词本身就是事实，因此他的语词的数目必定是无限的。这种情况是不可能的； 71
因此，存在一些他没有表达的事实。这种情况类似于罗伊斯的那个瓶子：这个瓶子上有一个标签，在标签上有一幅关于这个瓶子的图画，而图画中的这个瓶子当然又包含一幅关于这个标签的图画。

但是，尽管他必须遗漏某些可观察的事实，却并不存在这样的某种可观察事实，关于该事实我们可以说“他必须将它遗漏”。他

① 埃佛勒斯峰（Everest）即珠穆朗玛峰，泼帕卡塔派特峰（Popacatapetl）是位于墨西哥境内的一座山峰。——译注

② 美西螈是一种动物的名称。——译注

的处境类似于一个希望把三套衣服塞到一个仅能容纳两套衣服的衣箱里的人。这个人必须丢掉一套衣服,但是并不存在一套他必须丢弃的衣服。因此我们将假设,我们那位多次外出旅行的朋友,看到一个叫汤姆的人,并且毫无困难地说:“我看见了汤姆。”这句话本身就是一个可观察的事实,因此他说:“我说我看见了汤姆。”而这又是一个可观察的事实,因此他说:“我说我说我看见了汤姆。”并不存在一个明确的点,在这个点上他必须打断这个序列。但是他必须在某处打断它;而且在那里,存在一个他未用语词表达的一个可观察事实。因而,情况似乎是这样的:一个凡人似乎不可能把语词表达式给予每一个可观察的事实;但是尽管如此,一个凡人还是可以把语词表达式给予每一个可观察的事实。这并不矛盾。

因而我们有两种不同的全体需要加以考虑:首先,由这个人的实际的陈述所构成的全体;其次,他的实际陈述必须从中挑出的那些可能的陈述所构成的全体。但是,一个“可能的”陈述是什么?就像雷雨或者铁路事故一样,陈述是物理现象。然而,至少小说家或者诗人能够描述一场从未发生过的雷雨。但是,描述一个没有作出的陈述是困难的。在描述一场政治演说时,你可以评论说:“某位先生所没有说的话是……”,然后你接着作出一个陈述。换句话说,为了说一个陈述未被作出,我们不得不作出这个陈述,除非在那些罕见的拥有《加冕誓言》这类名称的陈述的实例中。

然而,存在一些避免这种困难的方式,其中最好的那种方式应归于哥德尔。我们假定有一种完全形式化的语言,它有完全明确的词汇和句法。我们把数字分配给词汇表中的那些词,进而根据

算术规则，分配给这种语言中所有可能的句子。假如就像我们正 72
在假定的那样，初始词汇是有限的，但句子的长度并不存在一个限度（除非它们必须是有限的），那么可能的句子的数目将等同于有穷整数的数目。因此，假如 n 是某个有穷整数，那么就存在一个确定的句子，即第 n 个句子，而且在给定 n 的情况下，我们的规则使我们能够把它构造出来。我们现在可以作出所有种类的关于 A 先生的陈述的陈述，而无须实际作出他的陈述。我们可以说："A 先生从未作出其数字可以被 13 除尽的陈述"或者"A 先生的所有陈述的数字都是素数"。

但是依然存在一些困难，这类困难为有穷论者所强调。我们习惯于认为整个自然数序列在某种意义上是给定的，而且我们已经利用这种观念把明确性给予关于可能陈述的理论。但是人们从未提到或想到的那些数字又如何呢？除了作为出现在陈述中的某种东西以外，数字是什么呢？而且假如这样的话，一个从未被人提起的数字包含了一个可能的陈述，而这个陈述不可能在不产生循环的情况下通过这个数字被定义。

这个问题目前不可能加以研究，因为它会使我们深陷于逻辑语言这个题目中。让我们来看看，如果不考虑这些逻辑要点，关于一种只包含对象词的语言的这些可能性，我们是否可以更加明确一些。

就像我们看到的那样，一定数量的动词，比如"跑"、"吃"、"喊"，甚至某些介词，比如"在……里面"、"在……之上"、"在……前面"，都是对象词。对于对象词来说，一切必要的东西就是存在于一组现象之间的某种类似性。为了在这组现象的实例和代表该组的那个词的实例之间建立一种联想，这种类似性必须是足以引人注目的。这里，建立联想的方法则在于：在某段时间中，当这组现象的成员被看到时，那个词频繁地被听到。显然，以这种方式能学会什么，取决于心理的能力与兴趣。在吃这种行为的不同实例
73 之间所具有的类似性可能引起儿童的注意，因为吃是有趣的。但是为了以这种方式学习“十二边形”这个词的意义，一个儿童需要很小就具备一种超过帕斯卡尔的几何学兴趣以及一种超人的感知格式塔的能力。然而，这样的天资从逻辑上说不是没有可能的。但是，关于“或者”又如何呢？你不能在可感世界中指出“或者”的一些例子给儿童看。你可以说：“你有布丁或者馅饼吗？”但是假如这个儿童回答说是的，你无法找到一种叫“布丁-或者-馅饼”的食物。不过，“或者”这个词依然同经验之间具有一种关系。它与关于选择的经验之间有关系。但是在选择时，在我们的面前有两种可能的行为方针，即关于行为方针的两种实际的思想。这些思想可能并不包含明确的句子，但是如果我们设想它们是明确的，在基本的方面也不会出现任何变化。因而，作为一种经验的成分，“或者”预设了句子，或者说预设了某种精神的东西，这种精神的东西以一种类似的方式与某个其他事实相关联。当我们说“这个或者那个”时，我们并不是在说某种可以直接应用到一个对象上的东西，但是它陈述了说出“这个”和说出“那个”之间的一种关系。我们的陈述是关于某些陈述的，而且只是间接关于对象的。

让我们以类似的方式来考虑一下否定的命题。否定的命题似乎与经验之间具有一种直接的关系。设想你被告知：“橱柜里有黄油，但没有奶酪。”尽管它们好像同样是以橱柜中的可感经验为基

础的，但是“有黄油”和“没有奶酪”这两个陈述其实处在不同的层次上。存在一种确定的现象，即看到了黄油，而且它可能已经使“黄油”这个词进入了你的心灵，即便你还未想到黄油。但是不存在某种可以被描述为“没看到奶酪”或者“看到了奶酪的缺乏”的现象。[①] 你必须看了橱柜中的每一个事物，并在每看一个事物时都作出判断：“这不是奶酪。”你判断了这种情况，即你并未看到它。你看到每一个事物是其所是，而非是其所非。为了判断“这不是奶酪”，你必须在你的头脑里已经拥有语词“奶酪”或者某种等价的东西。由于在你所看到的东西和对语词“奶酪”的联想之间存在着冲 74
突，所以你判断“这不是奶酪”。当然，同样的事情也可能发生于一个肯定判断，假如它回答了先前的一个问题；比如，你然后说：“是的，这是奶酪。”这里，你的意思实际上是：“‘这是奶酪’这个陈述是真的”；而当你说“这不是奶酪”时，你的意思是“‘这是奶酪’这个陈述是假的”。在两种情况下，你都在谈论一个陈述；而在直接的知觉判断中，你并没有做这件事。因此，只理解对象词的那个人将能够告诉你在橱柜中的一切东西，但是他将不能推断没有奶酪。而且，他将没有真或假的概念。他能够说“这是黄油”，但不能说“这是黄油这种情况是真的”。

同一种考虑适用于“所有”和“有的”。假设我们的非哲学的观察者前往威尔士的一个小村子，而且在这个村子里，每个人都叫威廉姆斯。他将发现，A 叫威廉姆斯，B 叫威廉姆斯，等等。事实上，

① 这个题目将在以后的一章中再次得到讨论，而且上述所言将立即得到深入展开，并被用来提防一种过分拘泥于字面的解释。

他可能已经发现这个村子里的每个人都叫威廉姆斯。但是，他不能知道他已经发现了这一点。为了知道这一点，他就不得不说："A、B、C是这个村子的所有人。"但是，这就类似于知道"橱柜里没有奶酪"。这意味着知道："这个村子中没有任何人既不是A，也不是B，也不是C，也不是……"这显然不是通过知觉被知道的。

"有的"的情况更是有点不太明显。[①] 在上述情况中，我们的朋友将不会知道"这个村子里有的人叫做威廉姆斯"吗？我想是的。这类似于"布丁-或者-馅饼"。从知觉的立场来看，他们当中谁都不是"有的人"；他们就是他们所是的那些人。只有通过语言的迂回，我们才能理解"有的人"。每当我们作出一个关于一个集体中的有的人的陈述时，在我们的头脑里就存在着一些可供选择的可能性。在每一种具体情况下，这个陈述可能是真的或假的；而且我们断言，在有的情况下它是真的，但在所有情况下也许不是真的。在不引入真和假的情况下，我们不能表达这些可供选择的东
75 西；而且，就如我们所看到的那样，真和假是语言学的术语。因此，一种纯粹的对象语言不可能包含"有的"这个词，正如它不能包含"所有"这个词一样。

我们发现，与高阶语言不一样，对象语言无论在哪种意义上都不包含"真的"和"假的"这些词。在语言的下一阶段，我们不仅能够说出对象语言，还能谈论对象语言。在这第二种类型的语言中，我们能够定义第一种类型中的一个句子是真的这种说法的意思是什么。它的意思是：这个句子必须意指能够在知觉材料中被注意

---

① 这个题目将在以后的一章中再次加以讨论。

到的某种东西。假如你看到了一条狗，并说“狗”，那么你作出了一个真的陈述。假如你在狗窝里看到了一条狗，并说“狗窝里的狗”，那么你也作出了一个真的陈述。这些句子无须动词，而且它们可以由单个的词组成。

在语言方面似乎令人迷惑的一件事情是，在日常话语中句子是真的或者假的，但是单个的词既不真也不假。在对象语言中，这种区分就不存在了。这种语言中每一个单个的词都能够单独出现；而且当它们单独出现时，它们意味着自身能够应用于当前的知觉材料。在这种语言中，当你说“狗”时，假如它是一只你正在看的狼，那么你的陈述是假的。日常话语并没有被分成不同类型的语言；因而在日常话语中，在“狗”这个词独自出现时，你不能知道它是被用作对象语言中的一个词，还是以一种语言学的方式被使用的。这里所谓的语言学方式，就是当我们说“那不是一条狗”时使用语言的那种方式。显然，当“狗”这个词既可以用来否定狗的出现，也可以用来肯定它的出现时，单个的语词就失去了其全部的肯定性力量。但是在所有其他语言都以其为基础的对象语言中，每一个单个的词都是一个断言。

现在让我们重新陈述关于对象语言的整个问题。

一个对象词就是一个由类似的声音或表达所构成的类，人们习惯上将这些声音或表达与一个由相互类似的现象所构成的类联系在一块，而且这些相互类似的现象经常与所说的一次声音或表达同时被人经验到。换句话说：假设 A_1、A_2、A_3……是一组类似的现象，a_1、a_2、a_3……是一组类似的声音或表达，并且假设当 A_1 76
出现时你听到了声音 a_1，当 A_2 出现时你听到了声音 a_2，等等；那么当这种情况发生多次之后，你注意到一个现象 A_n，它类似于 A_1、A_2、A_3……；而且通过联想，它导致你说出或想象一个声音 a_n，此声音类似于 a_1、a_2、a_3……。现在假如 A 是一个由相互类似的现象所组成的类，而 A_1、A_2、A_3……A_n 是它的分子，并且假设 a 是一个由相互类似的声音或表达所构成的类，而 a_1、a_2、a_3……a_n 是它的分子，那么我们可以说，a 是一个词，并且它是类 A 的名称或者说“意指”类 A。这或多或少是模糊的，因为可能存在着几个类，并且它们都满足上述关于 A 和 a 的条件。学习对象语言的孩子应用穆勒的归纳法，并逐渐修正他的错误。假如他知道一条被人称作“恺撒”的狗，他可能认为这个词应用于所有的狗。另一方面，假如他知道一条他称作“恺撒”的狗，他可能不会把这个词应用于任何别的狗。幸运的是，许多现象都与自然种类相一致。在绝大多数儿童的生活中，任何看起来像猫的东西就是猫，任何看起来像一个人的母亲的东西就是一个人的母亲。要不是由于这点运气，学习说话将是非常困难的。假如温度使得绝大多数物质都变成了气体，它在实践上就是不可能的。

现在假如在某种情况下你不得不说“猫”，那是因为——只要你被限定在对象语言的范围内——环境中的某个特征让人联想到“猫”这个词；这必然意味着这个特征类似于引起这种联想的先前的那些猫。它类似于它们的程度可能并不足以让动物学家满意；这个动物可能是一只山猫，或者一只豹仔。直到你已经看过许多不是猫但看起来像猫的动物，并且已经看过许多是猫但看起来不像猫的其他动物之后，在词和对象之间的这种联想才是“正确的”。但是，“正确的”这个词在这里是一个社会性的语词，它指称正确的行为。一旦某些事物让你联想到“猫”这个词，并且其他事物没有让你产生这种联想时，你就拥有了一种语言，尽管它可能不是正确的英语。

从理论上说，如果有充分的能力，我们就能够在对象语言中表 77
达每一种非语言的现象。事实上，我们能够观察到相当复杂的现象，比如“当约翰正把马套上两轮马车时，这头公牛冲了出来，而我跑开了”，或者“当帷幕降落时，有人惊呼‘着火啦！’人们四处逃散”。这类事情可以在对象语言中被说出，尽管它将不得不被译成一种不纯粹的英语。诸如愿望、信念和怀疑之类的可观察事实是否可能在对象语言中得以表达，是一个困难的问题，我将在以后的一章中详加讨论。确定的东西是，对象语言不包含“真的”和“假的”这些词，或者像“并非”、“或者”、“有的”和“所有”这类逻辑语词。逻辑语词将是我下一章的主题。

78 第五章　逻辑语词

在本章中，我想考虑某些出现在二阶语言和所有高阶语言，但并不出现在对象语言中的语词。所说的这些语词具有逻辑的特征。我尤其要考虑“真的”、“假的”、“并非”、“或者”和“所有”这几个语词。我们从逻辑学中得知，这些词项不可能全都被定义，但是根据哪些词项来定义另外哪些词项，在很大程度上是一个选择的问题。由于我们的问题属于知识论问题，所以相比较而言，我们更多地关心我们由之认识到这些词项在其中出现的那些命题的方式，而较少关心这些词项的定义。

让我们从“真的”、“假的”和“并非”开始。没有必要同时拥有“假的”和“并非”这两个词，因为假如 p 是一个命题，“p 是假的”和“并非 p”严格说来是同义的。在实践上，二者的差别只是各自强调的重点有所不同。假如你对对象感兴趣，你会说“并非 p”；但是假如你对陈述感兴趣，你会说“p 是假的”。假如你想要酥油，并且向橱柜里看了看，并且发现了奶油干酪，你将会说“这不是酥油”。但是假如牛奶房的人要出售一种标有“酥油”的物质，你发现这种东西是人造黄油，那么你就会说“你说这是酥油，但那是假的”，因为与他提供的货品相比，你更感兴趣于他的不道德。然而，这些修辞学方面的要旨与我们无关，而且我们可以安全地把“假的”和“并非”当作同义词。

在二阶语言中，我们关心对象语言中的语词；它们并非仅仅作为某些声音或身体的运动（因为就此而言它们属于对象语言），而且是作为拥有意义的语词。也就是说，我们一方面关心对象语词和对象语句之间的关系，另一方面关心它们所称呼或断言的东西。
“语词”不可能出现在对象语言中，但“对象语词”可以出现在二阶 79
语言中。假定逻辑语词出现在二阶语言中，“逻辑语词”将首先出现在三阶语言中。假如“三阶语词”被定义为出现在三阶语言，但并不出现在初阶语言或二阶语言中的语词，那么“三阶语词”就属于四阶语言；如此等等。可以理解，每一种语言都包含所有相对低阶的语言。“语词”自身所属的阶是模糊的，因此它没有确定的意义；假如记不住这一点，就容易出现矛盾。比如说，以关于“异系性的”(heterological)这个词的矛盾为例。当一个谓词不能用来断言自身时，它就是“异系性的”。因此，“长的”是异系性的，因为它不是一个长的语词；但是“短的”是同系性的(homological)。[①]我们现在问：“异系性的”是异系性的吗？无论是肯定的还是否定的回答，都将导致矛盾。为了避免这样的自相矛盾，语言的分层是必要的。

“真的”和“假的”这两个语词，正如我们在本章中将要考虑的那样，将只应用于初阶语言中的语句。

与在哲学中的情形相反，在实践中，我们只把“真的”和“假的”这两个词用于在我们拥有证据以便能够确定可以应用其中的哪一

① “德语”、“有学问的”和“美丽的”都是异系性的，而“英语”、“并非无知的”和“丑陋的”都是同系性的。

个之前就已听过、读过或思考过的那些陈述。有人告诉我们，马恩岛的猫没有尾巴；但是由于他先前告诉你，马恩岛的人有三条腿，所以你不相信他。当他把他的马恩岛猫带给你看时，你惊呼："原来你说的是真的！"有一次，报纸说我去世了。但是经过仔细核对证据，我得出结论：这个报道是假的。当这个报道首先出现，并且证据随后出现时，就存在一个被称之为"证实"的过程，这个过程包含了报道与证据的比较。就初阶语言中的陈述而言，证据必定是由一个可感经验或一组这样的经验组成的。我们已经考虑过描述
80 经验的语句。一般说来，证实的过程可以表述如下：首先你听到、读到或思考一个句子 S，然后你有一个经验 E，再然后你又发现 S 是一个描述 E 的句子。假使如此，你会说 S 是"真的"。我并不认为这是"真的"这个词的一个定义，但是它描述了你由之认识到该词可以应用于特定的初阶语言中的语句的过程。"假的"这个语词要困难得多。但是在考虑这个词之前，关于"真的"这个词还有一些其他事情要说。

首先，"真的"这个词可以应用于一次语句的说出、一个语句或者一个命题。作为同一个语句之实例的两次语句的说出，或者作为同一个命题之实例的两个语句，要么都是真的，要么都是假的。因此，在决定真或假时，只有命题才是相关的。

其次，一个句子或命题，当它与一个经验拥有某种关系时，就被知道是"真的"。就"证实"而言，句子首先出现，经验随后而来，但从逻辑上说这是不重要的。假如经验首先出现，它就同样证明了这个句子是真的，只要这个句子"描述"了该经验。我们已经考虑过"描述"这个词的意义是什么；关于它，我眼下不再多说。

再次，并非初阶语言中的所有句子都能正确地被说成描述了一个单个的经验。假如你发现了某种事物，并说“那是一条狗”，那么你就超出了当下所能看到的东西。一条狗有过去和未来，它有听觉的和嗅觉的特征，等等。所有这些都由“狗”这个词所暗示，该词是许多归纳的一个压缩。幸运的是，动物合于自然种类。假如你的狗接下来像猫一样咪咪地叫，并且产出了一窝小狗与小猫的混合动物，你就用错语词了。把盐错当成糖的人也在以类似的方式作出归纳：“看起来像这个事物的东西尝起来是甜的。”既然如此，这个归纳就是假的。假如他只是说“这是白的”，他就不会出
错。甚至假如他说“这是灰的”，因为他用“灰的”来指其他人用“白 81
的”所意指的东西，那么他也并非在犯一个知识上的错误，而只是在以一种不寻常的方式使用语言。只要一个人避免使用作为被压缩了的归纳的语词，并且把他自己限于能够描述单个经验的语词上，那么一个单个的经验就有可能表明他的语词是真的。

当我说类似“狗”这样的语词体现了被压缩的归纳时，我并不是指这样的归纳是有意识的或者说故意的。某些情况向你暗示着“狗”这个词，而且这些情况和这个词都唤起了某些期待。当你说出“那是一条狗”时，随后的事件也许会让你吃惊。但是当你说出“那是白的”时，在你的陈述中，没有什么东西能给你提供根据使你对随后发生的事情感到惊讶，或者使你设想在你说你所看到的东西是白的时你就是在出错。只要你的语词仅仅描述了当前的经验，唯一可能的错误只是语言学意义上的，而且这些错误仅仅包含着被社会所认定的错误的行为，而不是假。

现在我来探讨假和否定，它们都带来了一些相当困难的问题。

我们已经证明，当你做一件逻辑学家称之为“断言并非 p”的事时，你就是在说“p 是假的”。我眼下关心的问题是：经验如何能向你表明一个命题是假的？让我们举一些非常简单的否定为例，比如“这不是白的”。我们将假设，你是在和洗衣店的人讨论的过程中这么说的。“这是白的”这个短语在你的心里，这在你的眼前，而“这是灰的”是一个描述你的经验的语句。但“这不是白的”并不是描述你所看到的东西的句子。然而，根据你所看到的东西，你肯定它是真的；换句话说，“这是白的”是假的。也许有人会认为：你知道“灰的事物不是白的”这个一般命题，而由此命题出发，再加上“这是灰的”，你推断出“这不是白的”；或者也许有人会说：你可以把“白的”这个词与你所看见的东西进行比较，并且感到了一种不相容。在这两种看法中，每一种都有困难。

82 先让我们弄清一个逻辑学的要点。从全都不包含“并非”这个词或“假的”这个词（或某种与其意义相当的词）的某些前提出发，在逻辑上不可能推论出任何包含该词的命题。因此，假如存在否定的经验命题，那么在基本命题中，一定要么存在着纯粹否定命题，比如“这不是白的”，要么存在着“p 蕴涵并非 q”这种形式的蕴涵式，比如“假如这是灰的，那么它不是白的”。逻辑学不承认第三种可能性。

我们当然知道（尽管难以说明我们是如何知道的），两种不同的颜色不可能存在于一个视野内的同一个地点。视野内的位置是绝对的，而且它可以根据它和视野的中心点的关系，并通过我们可以称之为 θ 和 φ 的两个角坐标而得到定义。我是在说，我们知道如下这个命题：“在一个特定的时间和一个特定的视野内，假如颜色 A 处于 θ 和 φ 的位置，那么并不存在一种其他颜色 B 处于这个位置”。更简单地说：“这是红的”和“这是蓝的”是不相容的。

这种不相容不是逻辑的。就像红与圆一样，红与蓝在逻辑上也是不相容的。这种不相容性也并非来自经验的概括。我并不认为我能证明它不是来自经验的概括，但是我认为这是相当明显的，以至于现在没有人会否认。有些人说这种不相容是语法上的。我并不否定这种说法，但我不确定这种说法意味着什么。

还有其他一些成组的可感的性质，它们也具有颜色所具有的同一种不相容性。触到脚趾的感觉具有一种性质，这种性质能使我们将此感觉归于脚趾；触到胳膊的感觉也具有一种性质，这种性质同样能使我们将此感觉归于胳膊。这两种性质是不相容的。类似地，“热的”和“冷的”、“硬的”和“软的”以及“甜的”和“酸的”，当应用于可感的经验时，都是不相容的。在所有这些情况下，我们都“看见”了这种不相容性。既然情况如此，就需要作一些思考，来认清诸如“白的”和“黑的”之间所存在的那种不相容性并不是逻辑的。

假如我们认为不相容性存在于基本命题之间，我们就得假设我们知道这种形式的一般基本命题：“对于 x 的所有可能的值来说，ϕx 蕴涵并非 ψx”。这里的“ϕx”可以是“x 是蓝的”，而“ψx”可 83
以是“x 是红的”。既然如此，给定了知觉判断“这是蓝的”，我们就能推断“这不是红的”。因此我们获得了一个否定的经验命题，然而这是借助于一个非经验的一般命题而得到的。

这并不是一种非常合理的或者说令人满意的理论；相反，我们可以说，每当我们感知到“这是蓝的”时，我们就能知道“这不是红的”这个基本命题。但是，我不能肯定这会对我们有很多的帮助。

因为我们必须要问:我们是怎么知道我们能够知道这一点的?它几乎不像是一个归纳;它也不可能是一个逻辑的推论。因此我们不得不接受一个甚至比前者更复杂的基本命题,即“不论何人,如果看见了红色,并自问‘这是蓝的吗’,都知道答案是‘不是的’”。

我将会回过头来讨论这个与基本命题有关的问题。眼下,我将不去解决它。

现在我来讨论“或者”这个词,而且我又要关心在其中我们知道包含该词的命题,却又并不知道何种选择是正确的选择的情形。

就像我们已经看到的那样,在实践中,析取以选择的形式出现。你看到一个写有“去往牛津”的路标,并且现在你走到了一个没有路标的岔路口。那么你就会相信这个命题,即“去牛津或者是沿着右边的路走,或者是沿着左边的路走”。正是在这类情况下,析取才会在实践中出现。

显然,析取并未“揭示”非语言的或者说非心理的世界中的任何东西。假设去往牛津事实上就是沿着右边的路走:这并不是某种语词的东西,而是一个地理学的事实,而且假如你往右边走,你就会到达那里。假如事实上牛津是在去往左边的路上,情况也一样。并不存在叫做“右边-或者-左边”的第三个可能的地点。事实就是事实,不存在含糊之处。假如一个析取“p 或者 q”是真的,那么它之所以是真的,是因为 p 是真的,或者是因为 q 是真的。假如 p 和 q 都属于初阶语言,那么“p 或者 q”是通过 p 所“表达”的事实或者通过 q 所“表达”的事实而成为真的。因此,“或者”居住于命
84 题的世界中;而且,它也不能构成任何语言的一部分,假如在这种语言中,就像在初阶语言中一样,每个词都直接与作为自己的意义

的一个对象或一组对象相关联。

从心理学上说，“或者”对应于一种犹豫的状态。狗在岔路口会等待，以期弄明白你会往哪一条路上走。假如你把面包屑放在窗台上，你将发现小鸟会以下述语句所表达的方式做出它们的行动：“我应该冒险行动呢，还是要忍饥挨饿呢？”为了检验关于布里丹的驴子的故事，我曾经把一只猫放在它的两只幼仔的正中间，而两只幼仔都因为太小而无力走动：有一阵子，它发现析取使自己无法行动。我认为，处于犹豫状态中的动物，尽管并不使用语词，但仍然拥有某种或多或少类似于“命题态度”的东西；而且我认为，对“或者”这个词所作的任何有效的心理学解释，经过适当的修改之后，都必须能够应用于任何一种带有犹豫的行为。

当我们感到两种不相容的冲动，而且二者之中没有一种足够强烈以致能压倒另一种时，犹豫就产生了。

你躲过了一只熊，
但是如果你身后是波涛汹涌的大海，
你就只好硬着头皮朝着这只熊走过去。

但是，假如大海的波涛不是非常巨大，你也许就会完全弄不清哪一种情况更糟糕。人们也许会说，你会在你的身体内部，而非仅仅在你的心灵里，拥有一种析取。

要记住，我们认为所有言语本质上都是祈使性的；也就是说，人们设计它们，是要它们在听者身上产生某种行为。动物可以经验到析取的状态；例如，当猎区的老虎被猎人包围时就会拥有这种经验。在同样的意义上，当“后面的人喊‘向前’，而前面的人喊‘向后’”时，在处于中间位置的那些人身上所产生的结果就是析取。确实不需要站在外围的人去喊“向前”或者“向后”。你自己就能够同时拥有这两种自发的冲动；而且，假如你要使用语词的话，这些冲动将会暗示你想起这两个词。那么，你就会拥有一种真正意义上的语词的析取。无生命的事物，当遭遇两种同时发出的力量时，
85 会依据平行四边形原理选择一条中间路线。但是动物极少这样做。在岔路口，任何一个汽车驾驶员都不会穿行中间地带。对汽车驾驶员来说，要么是一种冲动占据支配地位，要么是不做出行动；对于其他动物来说，情况也是如此。但是，这种不行动完全不同于一个处于静止状态的动物的不行动：它包含了一种冲突、张力和不适；它不是真正意义上的不行动，而是在寻找达到决断的某种方式。

一个析取是优柔寡断这种心理状态的语词表达；或者，假如这个析取不是优柔寡断，而是一个问题的话，它就是想达到决断的一种愿望。

因而，当某人断言“p 或者 q”时，既不能认为 p 也不能认为 q 说出了关于这个世界的某种东西；当我们断言了二者必居其一的两种选择中的一种时，就会出现这样的情况。我们必须考虑作出这个断言的人的状态。当我们断言 p 时，我们处于某种特定的状态之中；当我们断言 q 时，我们处于另外某种特定的状态之中；当我们断言“p 或者 q”时，我们处于一种从先前的两种状态中引申出来的状态，而且我们所表达的是这种状态，而非关于世界的某种东西。假如 p 是真的，我们的状态被称为“真的”；假如 q 是真的，

我们的状态也被称为“真的”。但是，反过来却不然。然而，这是一种新的定义。

但是，有人将会反对说：假如我们知道“p 或者 q”，那么我们难道不是确实知道了关于世界的某种东西吗？对于这个问题，在某种意义上我们可回答说“是的”，在另外一种意义上我们可以回答说“不是的”。先说说为什么可以回答“不是的”：当我们试图说出我们所知道的东西时，我们必须再次使用“或者”这个词。我们可以说：在一个世界中，如果 p 是真的，“p 或者 q”就是真的；而如果 q 是真的，“p 或者 q”也同样是真的。在我们关于岔路口的例子中，“这条道路通往牛津”可能表达一个地理事实，于是“这条道路或者那条道路通往牛津”就是真的；而如果那条道路通往牛津，它也同样是真的。但是，在非语言的世界中，并不存在任何一种当且仅当这条道路或者那条道路通往牛津时才可以被发现的状态。因而，直接的真理符合论在初阶语言中是有效的，但在涉及析取的地方就不再可用了。

然而在这里，有一个必须加以考察的困难。这个困难给我们指出了对我们的问题作出相反的回答的理由。时常，一个单个的语词在逻辑上就等于一个析取。下述对话也许会出现在一个医学逻辑学家和他的妻子之间：“某某女士有孩子了吗？”“有了。”“是一 86
个男孩或者还是一个女孩呢？”“是的。”[①]最后的回答尽管从逻辑

① “是的”前面那个问句的英文原文是“Is it a boy or a girl?”这个问句虽然本意是要问那个孩子是男孩还是女孩，但在语法形式上它似乎属于一般疑问句，所以逻辑地看，以“是的”(Yes)来回答该问句并无不妥之处。当把它理解为一般疑问句时，它相当于“Is it a boy-or-girl?”——译注

学上讲是无可挑剔的，却是令人气愤的。人们会说“一个小孩绝不是一个男孩或者女孩（a boy-or-girl），而只能是二者之一”。对于某些目的而言，在包含“孩子”这个词的某些命题中，如果将“孩子”替换为“男孩或者女孩”，那么替换前后的命题是等值的。但对于某些其他命题来说，替换前后的命题就不再等值了。假如有人告诉我“某某女士已经有了孩子”，我就能够推断她有一个男孩或者一个女孩。但是假如我然后想知道她是有了一个男孩还是一个女孩[①]，那么我并不是想知道她是否已经有了一个孩子，因为我已经知道这一点了。

在这个问题上，有必要将心理学和逻辑学分离开。当我们在日常交谈中使用“或者”这个词的时候，我们之所以这样做，通常乃是因为我们心存犹疑，并希望在两个事物中作出抉择。假如我们不想在两个事物中作出抉择，我们将会满足于使用一个涵盖了两种可能性的普通语词。假如你打算继承某某女士的金钱（若是她死时尚无子嗣），你将对她是否有了孩子这个问题感兴趣；但只是迫于礼貌，你才会问那是男孩还是女孩。显然，在某种意义上，当一个孩子出生时，即便你不知道他（或她）的性别，你也就知道了关于这个世界的某种事情。

在析取谓词和其他谓词之间是否存在某种区别？而且，假如存在的话，这种区别是什么？假如“A”和“B”是两个谓词，那么“A”在逻辑上等价于“A－并且－B 或者 A－并且－并非－B”。因而

① “是有了一个男孩还是一个女孩”的英文原文是“whether she has had a boy or a girl”。在英语中，此话具有歧义性，因为它似乎也可以被理解为“她是否已经有了一个男孩或者女孩呢”。——译注

在逻辑的范围内，任何一个谓词都可以用一个析取来替换。另一方面，从心理学的观点来看，存在一种清晰的区别。一个谓词是析取的，假如我们感觉到有一种想在其悬而未决的两种选择之间作出决断的愿望；假如我们没有这样的愿望，它就不是析取的。但这种说法还不是相当充分的。这些选择必须是这个谓词自身所暗示的，而非一些不相关的可能性。“男孩”因而将不被认为是析取的，因为它使得“黑皮肤的还是白皮肤的?”这个问题成为未决的。因而，仅当一个谓词暗示着一个问题，它才会是析取的；而它是否如此，则唯一地依赖于相关的人的兴趣。

我们关于世界的所有知识，就其通过语词被表达而言，或多或 87
少是一般的，因为每一个句子至少都包含一个不是专名的语词，而所有这样的语词都是一般的。因而每个语句在逻辑上等值于一个析取；而在这种析取中，对两个更具体的谓词的选择替换了句子中的原先那个谓词。一个句子为我们提供的是知识的还是怀疑的感觉，取决于它是否在要求不同行动和感情的两种选择之间作出了决断。每一种不是逻辑上详尽无遗的析取(即不是“A 或者并非 A”这样的析取)，假如是真的，都给我们提供了关于世界的某种知识。但是这种知识可能使我们拿不准应该如何行动，以致被感觉为无知。

由于语词是一般的这个事实，构成真理的事实和语句之间的符合是多对一的，也就是说，语句的真使得事实的特征或多或少是尚未确定的。这种不确定性可以无限地减少。在减少的过程中，先前的单个语词为析取所替换。对于某些目的而言，“这是金属”可能会使我们满意。对于其他目的而言，这样的陈述必须替换为

“这是铁,或者铜,或者……”,而且我们必须决定哪一种可能性将被实现。在提升语言的精确性时,并不存在一个我们不能超越的点。我们的语言总是可以被弄得更精确,但不可能变得完全精确。

因而,析取陈述与非析取陈述之间的差别并不等于使其为真的事态上的差别,而仅仅在于这样的问题,即在我们的陈述遗留未决的若干可能性之间所存在的差别对我们来说是否有趣。

还有另外一种情况;在这种情况下,析取也会在实践中出现。这就是记忆不完全时出现的情况。“谁告诉你那件事的?”“噢,或者是布朗或者是琼斯告诉的,但我记不清具体是谁了。”“某某人的电话号码是多少?”“我知道它是 514 或者 541,但是如果不查一下,我不能肯定哪一个是对的。”在这些情况下,最初曾有一种经验,它产生了一个在其中并不存在析取的知觉判断;而且假如你要
88 开始寻找真相,你会证明这些选择中的一个,而这里同样不存在析取。当基本命题是当前经验的表达时,它们绝不包含“或者”这个词,除非这个经验是语词的。但是,记忆却可以是析取的。

我们现在来讨论包含“有的”这个语词或者“所有”这个语词的命题。在前一章中,我们考虑了这些语词;在那里,我们的考虑只是满足于知道它们不可能包含在初阶语言中。但是我们现在想更正面地考虑它们,而且尤其要考虑导致我们利用这类命题的情况。

在实践中,关于“有的”的命题以四种方式产生:首先,作为对析取的概括而产生;第二,如果遇到一种情况,当我们对原先可能被认作不相容的两个一般词项的相容性感兴趣时,那么也会产生关于“有的”的命题;第三,作为通往概括性结论的步骤而产生;第

四,在不完全记忆的情况下产生,这些情况类似于我们联系析取所考虑过的那些情况。让我们依次来举例说明这四种方式。

在我们前面的关于通往牛津的道路的例子中,假如我们来到一个有很多道路在那里分岔的地方,而不再仅仅是一个岔路口,那么我们或许会说:"喔,有的道路一定通往牛津。"这里,可供选择的那些东西可以列举出来,并且我们仅有一个缩写即一个析取"p 或者 q 或者 r 或者……",其中的 p、q、r……全都可以聚合在一个习语中。

第二种情况是更有趣的。哈姆雷特的话就说明了这种情况。他说:"一个人可以笑里藏奸;至少我确信,在丹麦可以出现这样的情况。"他已经发现了一个将微笑与奸恶结合起来的人(即国王),并且作出了这个命题即"至少有一个奸恶之徒是微笑的"。这个命题的实用价值就在于:"下次我遇到一个总是微笑的人,我将怀疑他是不是奸恶的。"对于罗森格兰兹和吉尔登斯顿①,他就是这么做的。"有的天鹅是黑的"和"有的黑鸟是白的"这两个命题也类似于这种情况,它们意在反对某些貌似真实的概括。当一般规则比特殊事例更让我们感兴趣(尽管在哈姆雷特的例子中,这是一个嘲讽性的托词)时,我们就会作出这样的命题。

当我们试图证明一个归纳概括时,第三类情况就产生了;而 89
且,当某些事例引导我们在数学中发现一个一般命题时,也会产生这种情况。除了在后一种情况下你获得了确定性,而在前一种情

① 罗森格兰兹和吉尔登斯顿是莎士比亚戏剧《哈姆雷特》中的人物,名义上被国王差去照料哈姆雷特,但其实是国王派去的间谍。——译注

况下你仅仅获得了可能性以外，这两种情况是相同的。让我们首先举后一种情况的例子。你发现 $1+3=2^2$，$1+3+5=3^2$，$1+3+5+7=4^2$，然后你会对自己说："在有些情况下，前 n 个奇数之和等于 n^2；也许在所有情况下都是这样的。"一旦你已经想到这个假设时，就容易证明它是正确的。在经验材料中，一个完全的列举有时是可能的。你发现（比如说），铁和铜，作为金属，都是好的导电材料；然后你就猜想，所有金属可能都是这样的。既然如此，一般性结论拥有和这些实例同等程度的确定性。但是，当你说"A、B 和 C 都死了，并且他们都是男人，因此有的男人是有死的；因此很可能所有男人都是有死的"时，你就不能使你的一般性结论拥有与其实例同等程度的确定性。这既是因为你没法列举男人，也是因为有的男人尚未死去。或者以关于一种疾病的疗法为例。迄今为止，这种疗法仅在几种情况下试验过，但在这几种情况下全都被证明是有效的；既然这样，一个关于有的的命题是非常有用的，因为它暗示了一个关于所有的命题的可能性。

关于不完全记忆，其实例非常类似于有关析取的那些实例。"我知道那本书在我书架上的某个地方，因为我昨天看到过它。""我和 B 先生一块用过餐，他讲了一个极其美妙的笑话，但是我不幸忘记了这个笑话。""在《远足》一书中，有一些非常好的路线，但我一个也记不起了。"因而，我们在某一特定时刻所知的许多事情，组成了关于有的的命题；对于这些命题，我们当下不能从单称主词的命题中把它们演绎出来，也不能从关于所有的命题中把它们演绎出来。

就像我们的四类实例所表明的那样，一个关于有的的陈述，具有三种类型的用途:它可以作为证明含有单称主词的命题的一个步骤,或者作为证明一般命题的一个步骤,或者它可以作为对相反的概括的一种反驳。就第一类和第四类来说,我们想让关于有的 90
的命题通达一个带有单称主词的命题:“这是去往牛津的路”或者“那本书在这儿”(在这个句子中我把这儿当成主词[1])。在第一类和第四类情况之间,存在着这样的差别:关于某些的命题在第一类情况下总是一种推论,而在第四类情况下并不是这样。在第二类和第三类情况下,“有的 S 是 P”这个命题是从“S_1 是 P”、“S_2 是 P”等等实例中演绎出来的;它所告诉我们的东西少于这些实例所告诉我们的东西,但就我们所拥有的意图而言,它告诉了对我们有用的部分。

当我们知道一个“有的 S 是 P”这种形式的命题,却并不知道“所有 S 是 P”或者并不知道“S_1 是 P”这种形式的某个命题时,我们确切地知道了什么?让我们举“我知道那本书在这个房间的某个地方”作为例子。有两种情况,可以从逻辑上证明你说出这句话是正当的,尽管在每种情况下你都不会这么说,除非你是一个职业逻辑学家。第一种情况是假设这个房间填满了那本书,比如说在出版社的一个仓库里完全堆满了某种畅销书。那么你可以说:“这个房间的每一个地方都放置了所说的那本书,因此(由于这个房间存在着)有的地方放置了这本书。”或者你也许看到了这本书,并且证明道:“这个地方放置了这本书,因此有的地方放置了这本书。”

---

[1] “那本书在这儿”的英文原文是“here is that book”。此句是一个倒装句,它的主语其实不是 here,而是 that book。作者从语句的语法形式上把 here(这儿)当成了主语。在语句所表达的相应命题中,对应于主语的东西被称为主词。——译注

但事实上，除非你从事逻辑教学，你绝不会以这种方式证明的。当你说“那本书在这个房间的*某个地方*”时，你这样说的原因在于你无法更确定地弄清它在哪一个具体的地方。

显然，“这本书在这个房间的*某个地方*”不可能是一个知觉判断；你无法感知*某个地方*，你仅能感知*那儿*。但是，关于记忆的判断就不同了。你也许记得“当我在这个房间时，我看到过这本书”，或者你记得某种类似的东西。你可能会记得，当你在房间时你说过：“噢，那本书在那儿。”或者你可能拥有一种纯粹语词记忆式的说法：“我意识到我当时确实把那本书放在书架上了。”然而，这些仅仅是你的判断的根据；它们不是对你的判断作出的一种分析。

对这种判断的分析本质上必定类似于对析取的分析。有一种
91 心理状态，在其中你感知到“这本书在这个地方”；还有另外一种心理状态，在其中你感知到“这本书在那个地方”，如此等等。当你判断“这本书在这个房间的某个地方”时，心理状态就包含所有这些状态共同具有的东西，同时伴随着某种困惑。在上面两种情况下，正是由于困惑的缺乏，才使得你不会作出这个判断。但在这两种情况下，该判断可以从那些更确定的判断中演绎出来。然而对于这一点，也有一个例外：假如你怀疑那本书是否在房间里，然后你又发现了它，那么你就可以说：“那本书的确是在房间中。”这不再属于我们现在的情况，而是属于关于笑里藏奸之徒那样的情况。

在关于“有的”的判断中，就像在析取中一样，除非提到一种心理状态，我们就无法对语词作出解释。事实上，除了在初阶语言中，我们在任何时候都不能这样解释我们的语词。

我们关于“有的”所说的话，绝大部分也适用于“所有”。然而在知识方面，还存在一个重要的差别。我们时常知道关于“有的”的命题，并且它们可以从经验上被证实，尽管它们不能表达关于直接观察的事实。但是关于“所有”的命题，是更难以被知道的，并且它们绝不能被证实，除非在我们的前提中存在某些这样的命题。由于在知觉判断中不存在这样的命题，人们也许会认为，我们要么拒绝所有一般命题，要么放弃经验论。然而，这似乎是同常识相冲突的。举一个我们已经讨论过的例子：“橱柜里没有奶酪。”坚持下述看法似乎是十分荒谬的：假如我们接受这类陈述，我们就要放弃经验论。或者，举另外一个我们已讨论过的例子：“这个村子的每一个人都叫威廉姆斯。”此例是完全列举的产物。然而有一个困难，它由哈姆雷特的母亲指了出来。他问她是不是没见到魔鬼：

> 哈姆雷特：你在那儿什么也没见到吗？
>
> 王　　后：没见到任何东西；然而我看到了存在的一切。

我总是不明白她如何知道她看到了“存在的一切”。但是，她正确地认为这是她否认魔鬼的一个必要前提。对于说橱柜中没有奶酪 92
的那个人，和说村子里每个人都叫威廉姆斯的那个人，情况也是如此。显然，关于一般命题的知识的问题牵涉到某些尚未解决的问题。

当经验论者从基本命题中排除了所有逻辑之外的一般陈述时，我确实不能肯定他们是正确的。我们已考虑过这个陈述，即

“任何视觉位置都不包含两种不同的颜色”，这似乎是一个恰当的例子。或者举一个甚至更加无法回避的例子：假设你住在遥远的乡下某个位置，并且你正期待着你的朋友开车到来。你的妻子说：“你听到什么了吗？”听了一会儿之后，你回答说：“没听到什么。”在作出这个回答时，你放弃经验论了吗？你已经让自己卷入了一个惊人的概括之中，这个概括就是：“宇宙中的每一件事情都不是我现在听到的声音。”然而没有人认为，经验并未证明你的陈述是正确的。因此，我想，除了逻辑之外，我们确实知道某些一般命题，而这些命题是以不同于归纳概括的方式得到的。不过，这是一个很大的问题。我将在以后的一章中再回过头来讨论它。眼下，我只是希望插入这样一种防止误解的说明。

问题产生了：逻辑语词包含某种心理的东西吗？你可能看到了某种东西，并说“这是黄的”；过后，你也许会说：“它是黄的或者橘黄的，但我记不清是哪一种颜色了。”人们有这样一种看法：在这种情况下，黄色是世界中的一个事实，而“黄的或橘黄的”仅能存在于某人的心灵中。在考虑这个问题时要想避免混乱是极其困难的，但是我认为可以作如下说明：在不使用任何逻辑语词的情况下，非精神世界可以得到完全的描述，尽管不使用“所有”这个词我们就无法陈述这个描述是完全的；但是当我们谈到精神世界时，存在一些不用逻辑语词就无法被提及的事实。在上面这个例子中，我记得它是黄的或者橘黄的；在关于世界的完全描述中，这种回忆必须被提及，而且不使用“或者”一词或某个等价词它就无法被提及。
93 因而，尽管“或者”这个词并不出现在物理学的基本命题中，但它确实出现在心理学的某些基本命题中，因为这种情况，即人们有时相信析取，是一个可观察的事实。对于“并非”、“有的”和“所有”这几个词，情况也是相同的。

假如这是真的，那么它是重要的。比如，它表明我们不能接受对被卡尔纳普称作“物理主义”的论题的一种可能的解释；这种物理主义认为，所有科学都能用物理学语言加以表达。然而，也许可以主张，在描述一个人因相信“p 或者 q”而发生的事情时，我们必须使用的那个“或者”并不是逻辑学中的那个“或者”。更一般地说，主张下述观点是可能的：当我们断言“A 相信 p”时，这个 p 并非当我们断言“p”时所说的那个 p，而且这二者的差别应该用“A 相信‘p’”这种写法加以表明。假如我们谈及 A 所说的话，而非他所相信的东西，我们确实不得不作出这种区分。A 说“火”，而我们则说“A 说‘火’”。在我们所说的话中，“火”指示着一个语词；而在 A 所说的话中，它指示着一个对象。这整个问题是一个相当困难的问题，而且我将在以后一章中联系命题态度来考虑它。同时，我们必须记住，初看起来，逻辑语词，尽管在描述物理事实时并非必要的，但对于描述某些精神事实而言仍是不可或缺的。

第六章　专名①

在逻辑学中，习惯上将语词进行分类：名称、谓词、二元关系、三元关系，等等。这并不是全部的语词。它没有包括逻辑语词，而且它是否包括像“相信”、“愿望”和“怀疑”这样的代表“命题态度”的语词，也是不明确的。关于“自我中心殊相词”，即“我”、“这”、“现在”和“这儿”等等语词，也存在着困难。命题态度和自我中心殊相词将在适当时候加以考虑。目前，只有专名才是我希望加以考虑的。

108

为了避免用语上的繁琐，在适当的时候，我将把谓词说成是“一元关系”。因而，我们关心名称与关系之间的区分。关于这种区分，我们必须问两个问题：

(1)我们能发明一种没有名称与关系的区分的语言吗?

(2)假如不能，为了表达我们所知道或所理解的东西，所需的名称的最小数量是多少?与这个问题相关联，在我们的普通语词中哪些将被看作名称?

关于第一个问题，我几乎没什么可说的。发明一种没有名称的语言也许是可能的；但是就我而言，我全然不能想象这样的语

① 本章和下一章的主题将在第二十四章再次得到讨论。

言。这并非一个决定性的主张，除非主观上把它看成是决定性的：它取消了我讨论这个问题的权利。

然而，我的目的在于提出一种观点，这种观点乍看上去似乎等于取消了名称。我打算取消我们通常称之为“殊相”的东西，并满
足于通常会被认作共相的某些语词，比如“红的”、“蓝的”、“硬的” 95
和“软的”等等。我将指出，在句法的意义上，这些语词是名称。因此我并不是寻求取消名称，而是对“名称”这个词提出一种不同寻常的扩展。

让我们从“名称”这个词的定义开始。为了这个目的，我们必须首先定义“原子形式”。

一个语句，当既不包含逻辑语词也不包含从句时，就是原子形式的。它必须不包含“或者”、“并非”、“所有”、“有的”或任何意义相当的词。它也必须不能是类似“我认为天要下雨”这种形式的句子，因为这包含了一个从句“天要下雨”。从肯定的方面看，一个句子是原子式的，当它包含一个关系词（该词可以是一个谓词）以及构成句子所需的最小量的其他语词时。假如 R_1 是个谓词，R_2 是个二元关系，R_3 是个三元关系，等等，那么

$$R_1(x), R_2(x, y), R_3(x, y, z), \cdots\cdots$$

将是原子形式的语句，只要 x、y、z 这些语词使得相关的句子是有含义的。

如果 $R_n(x_1, x_2, x_3, \cdots\cdots x_n)$ 是一原子形式的语句，并且其中的 R_n 是 n 元关系，那么 $x_1, x_2, x_3, \cdots\cdots x_n$ 是名称。我们可以把一

个“名称”定义为任何一个能够出现于任何原子语句中的语词，即能够出现在主谓句、二元关系句和三元关系句等等语句中的任何语词。不同于名称的词，假如能出现在一个原子语句中，就仅能出现在一种类型的语句中；比如说，如果 R_n 是一个 n 元关系，那么 R_n 可以在其中出现的唯一种类的原子语句是 $R_n(x_1, x_2, x_3, \cdots\cdots x_n)$。一个名称可以出现在包含任何数量的语词的原子语句中；一种关系仅能与适合于那种关系的某一固定数目的其他语词相结合而出现。

这提供了“名称”这个词的一种句法的定义。应该看到，在“原子形式”这个概念中，并不包含任何形而上学的假定。仅当人们假
96 定出现在原子语句中的名称和关系不能加以分析时，这样的假定才会出现。对于某些问题，知道我们的词项是否能够加以分析是重要的。但就名称来说，这并不重要。任何类似的问题构成关于名称之讨论的一部分的唯一方式与摹状词有关，后者时常伪装成名称。但是，每当我们拥有一个这种形式，即

“满足 ϕx 的这个 x 满足 ψx”

的语句时，我们就预设了“$\phi\alpha$”和“$\psi\alpha$”这些形式的语句的存在，这里的“α”是一个名称。因而，一个特定的短语是名称还是摹状词这个问题，在句法学里关于名称地位的基本讨论中可以被忽略。就我们的目的而言，除非出现相反的理由，我们可以把通常被认作名称的任何东西都作为名称接受下来，比如：张三、李四、王五、太阳、月亮、英国、法国，等等。但是，随着我们继续讨论下去，以下的情况

将会变得明了：即使这些语词是名称，它们对于表达我们的所知之物，也多半不是不可或缺的。相反，尽管我认为在那些不可或缺的语词中有些被归类于名称，但这些语词在传统上全都未被归类于名称。

初看上去，名称有两类：一类就像上一小节中所提到的那些名称那样，称呼时空的某个连续部分；另一类是拥有自我中心的定义的名称，比如“我”、“你”、“这”和“那”。这后一类语词我打算以后再加以考虑，现在我将忽略它们。因此，我们只关心那些原则上以一种毫不含糊的方式称呼时空中某个确定的连续部分的名称。

要考虑的第一个问题是：我们如何把一个时空区域与另一个区分开来？这最终又导致这样的一些问题：假如在纽约有一座埃菲尔铁塔，而且它和巴黎的埃菲尔铁塔完全类似，那么是有两座埃菲尔铁塔，还是只有一座位于两个地方的埃菲尔铁塔呢？假如历史能够重复自身，那么是这个世界在两个不同时刻处于完全类似
的状态，还是同一种状态出现两次，即先于自身而出现了呢？这样 97
的一些问题的答案，仅仅部分说来是任意的；在任何情况下，它们对于名称理论都是不可缺少的。

名称理论被人们忽视了，因为其重要性只是对于逻辑学家来说才是显而易见的，而且对他来说，名称可以纯粹是假设性的，因为任何逻辑命题都不包含实际的名称。然而对于知识论来说，假定存在着名称的话，知道哪些对象可以拥有名称是重要的。人们会轻易地把“这是红的”看作一个主谓命题。但是，假如有人这么认为，他会发现“这”成了一个实体，即一种不可知的事物；谓词本质上属于该物，然而该物却并不等于其谓词的总和。这样的观点

易于遭受所有常见的对于实体概念的反对意见。然而，在时空方面，它有某种优越性。假如“这是红的”这个命题把一种性质归于了一个实体，并且假如实体不能定义为其谓词的总和，那么这和那恰好拥有相同的谓词而又并非同一事物就是可能的。这似乎是必要的，假如我们说——我们愿意这么说——想象中的纽约埃菲尔铁塔和巴黎的那座埃菲尔铁塔并非一塔。

我想指出：“这是红的”并非一个主谓命题，而是一个如同“红性在这儿”这种形式的命题；“红的”是一个名称，而非一个谓词；而且，通常被称之为一个“事物”的东西，只不过是诸如红性、硬性等一束共存的性质而已。然而，假如这种看法被接受了，不可分辨的事物的同一性就成了分析的，而且想象中的纽约埃菲尔铁塔就会在严格意义上与巴黎埃菲尔铁塔是同一座塔，假如二者确实不可分辨的话。当加以分析时，这种情况要求像*在……左边*或者*在……以前*这样的空间和时间关系不蕴含差异。这种情况导致在构造物理学所需的时空时出现一些困难，而且在我目前提出的观点能够被认作一种可能的观点以前，这些困难必须被克服。我认为它们能够被克服，但只有承认某些看起来具有确定性的命题是
98 经验的和可疑的，才能克服它们。这样的命题类似于“假如 A 在 B 的左边，那么 A 和 B 并非同一事物”，其中 A 和 B 最接近于我们的理论所承认的“事物”。

让我们首先建立一张有用的词汇表。让我们把“性质”这个名称给予特定色度的颜色，特定硬度的硬，以及在音高、音量及每一种其他不可分辨的特征方面得到完全定义的声音，等等。尽管我们在知觉中，无论在颜色方面，还是在任何其他性质方面，都不能

将完全类似和大约类似加以区分，但是根据经验，我们还是能够获得完全类似的概念，因为它是传递的，而大约类似的概念不是传递的。给定了一个视觉区域，我们能够将其颜色定义为在颜色上与其类似并且相互间也类似的那些视觉区域所构成的集合，而且所有这些视觉区域全都不与此集合之外的任何事物在颜色上类似。[①] 然而在这个定义中，我们假定了：如果一种给定色度的颜色存在于两个视觉区域，那么每一个视觉区域都能被给予一个名称。事实上我们假定了性质之外的这和那的区分，而这种区分正是我们试图避免的。因此，让我们眼下把颜色当成未加定义的词项接受下来，并在以后回来讨论关于在两种非常类似以至于在当下知觉中无法加以区分的两种性质之间进行区分的问题。

常识认为一个“事物”拥有若干性质，但并不认为该事物是通过这些性质加以定义的。它是根据时空的位置加以定义的。我想指出，每当在常识看来存在一个具有性质 C 的“事物”，我们就会以相反的方式说，C 自身存在于那个地方，并且该“事物”将被存在于此处的种种性质所构成的集合所代替。因而，“C”就变成了一个名称，而不是一个谓词。

有利于这种观点的主要理由在于，它消除了一个不可知的东西。我们经验到的是性质，而非性质存在于其中的那个主体。对不可知之物的引进，通常——也许总是——可以通过适当的技术手段加以避免，而且只要可能，它显然应该加以避免。

---

① 参见卡尔纳普(Carnap)的《世界的逻辑构造》(*Logischer Aufbau der Welt*)。

99 我正在辩护的这种观点的主要困难，在于对“地点”的定义。让我们看一下这种困难是否能被克服。

设想我们同时看见了具有一种特定色度的颜色 C 的两块色片。假设处于视觉空间中的一块色片的角坐标是 θ、ø，另一块色片的角坐标是 θ'、ø'。那么我们将说 C 位于(θ，ø)，同时也位于(θ'，ø')。

视野内一个对象的角坐标可以被看成性质。因而，(C，θ，ø)是一束性质，而(C，θ'，ø')是另一束性质。假如我们把一个“事物”定义为性质束(C，θ，ø)，那么我们可以说这个“事物”在位置(θ，ø)，而它不在位置(θ'，ø')这点是分析的。

让我们把这个程序扩展到物理时空的构造上来。假如我从格林尼治出发，随身带了一个质量良好的计时仪，或者一套接收装置，我每天在格林尼治时间中午从该装置上接收一条信息。通过观察，我可以确定我所处的经度和纬度。类似地，我也能测量海拔高度。因而，我能确定唯一地决定了我相对于格林尼治的位置的三个坐标，而且格林尼治自身也可以通过类似的观察而得到定义。为了简单起见，我们可以把一个地点的坐标看成性质；而既然如此，该地点就可以定义为它的两个坐标。因而，没有两个地点拥有相同的坐标这点就成了分析的。

这一切都很好，但它隐藏了纬度和经度的效用依赖于其上的经验事实的成分。假设两艘轮船相距十英里，但是能够相互看见。我们说，假如它们的仪器是足够精确的，它们将会给出这两艘轮船的不同的纬度和经度的值。这是一个经验事实问题，而不是定义问题，因为当我说两艘船相距十英里时，我是在说某种通过观察可以被证明的东西，它完全独立于那些决定纬度和经度的东西。作为一门经验科学，几何学关心如下这样的被观察到的事实：如果两艘船之间的距离是从它们的经度和纬度的差别中计算出来的，那么我们得到的结果应该等于经由从其中一艘船上对另一艘船进行的直接观察所计算出来的结果。所有这类被观察的事实都可以被 100
如下陈述所概括：空间大体上是欧几里得的，而且地球的表面大体上是球形的。

因而，当我们解释经度和纬度的效用时，便会涉及经验要素，但在给出定义时不会。纬度和经度通过物理学法则与其他事物相关联，但并不是逻辑地与其相关联。假如你能够发现两个地点相距很长一段距离，你将不会发现它们拥有相同的纬度和经度；这个事实是经验的。当我们说地球表面的一个位置由其纬度和经度唯一地规定了时，我们便自然地表达了这一点。

当我说红性可以同时出现在两个地点时，我意指红性与其自身之间可以拥有这些空间关系中的一种或多种；而根据常识，任何“事物”都不会与自身之间拥有这些关系。在当前视野中，红性可以出现在红性的右边或者上面；在物理学空间中，红性可以出现在美国和欧洲。对于物理学来说，我们需要某种不能同时出现在美国和欧洲的东西。在物理学看来，任何事物都不能算作一个“事物”，除非它占据一个连续的时空部分；而红性并不占据这样的连续部分。不仅如此，还有：对于物理学来说，任何东西，只要它占据一个以上的时-空点，就可以划分为若干更小的“事物”。我们的目的，假如有可能实现的话，就在于从性质中构造出拥有空间的和时间的特性的性质束；而空间的和时间的特性是物理学要求“事物”

应该具备的东西。

当然，纬度、经度和海拔高度并非直接被观察到的性质，但是它们可以用性质来定义。因而，把它们称为性质，是对语词累赘的一种无害的避免。与红性不同，它们拥有必要的几何学特性。假如 θ、ϕ、h 分别是一个纬度、一个经度和一个海拔高度，我们将会发现，性质束(θ,ϕ,h)不可能像红性那样出现在自己的北面、南面、东面、西面、上面或下面。假如我们通过坐标(θ,ϕ,h)来定义一个“地点”，那么空间关系将会拥有我们期待它们拥有的那些特性。假如我们用红性和硬性这类性质来定义它，它就不再拥有那些属性了。

对于空间，就说这么多。现在让我们来考虑时间。

关于时间，我们希望发现某些经验对象，并且对于这些对象来
101 说，时间是连续的。也就说，我们希望发现一个类，并且这个类可以用可观察对象加以定义，以致在这个类中，假如 x、y、z 是该类的分子，那么我们将有：

(1)x 不在 x 之前；

(2)假如 x 在 y 之前，而且 y 在 z 之前，那么 x 在 z 之前；

(3)假如 x 和 y 是不同的，那么或者 x 在 y 之前，或者 y 在 x 之前。

首先，我们可以忽略第三个条件，它只适用于瞬(instant)，而不适用于事件。将瞬构造为事件的类，是我在其他地方要加以讨论的一个问题。

我们想要的东西是一个由事件构成的类。这样的类应该具备时间的唯一性，并且这种唯一性类似于纬度、经度和海拔高度所具备的那种空间的唯一性。

我们可以人为地把每天的日期和时间看成是由天文台确定的。但是，这里会有出错的可能。如果有可能，我们想要某种更少具有人为性的东西。

为了这个目的，爱丁顿使用了热力学第二定律。这种做法的缺点在于，该定律仅仅适用于作为整体的宇宙，而当它应用到任何有限的范围时则可能是错误的；但是，只有有限的范围才是可观察的。然而，尽管爱丁顿的方法对全知者来说可能是令人满意的，但是对于我们来说，它或多或少在经验上是不足的。

柏格森的记忆，如果人们能够相信它，将会完美地服务于我们的目的。根据他的看法，任何被经验到的事物都不曾被忘记；我前一天的记忆因而是我后一天的记忆的子类。因此，我在不同时刻的全部记忆可以根据类包含的关系进行连续的排列，而且时间可以依据与全部记忆的联系进行连续的排列。也许，在不假定任何事物都不曾被忘记的情况下，记忆也可以用于我们的目的，但我倾向于怀疑这一点。就地质学和天文学的时间而言，记忆在任何情况下都是无用的，因为这种时间包含了某些时期，而人们假定在这些时期并不存在着记忆。

在继续寻找一个拥有我们想要的那种特性的事件的类以前，让我们稍微更加仔细地考虑一下我们所设想的东西是什么。我们
假设，只存在着性质，而并不存在性质的实例。由于一种特定色 102
度的颜色可以存在于两个不同的日期，它能够先于自身。因此，一般说来，“先于”并不是不对称的；但是对于并且至多对于某些特殊种类的性质或性质束来说，它将是不对称的。从逻辑上讲，这样的某类性质并不是必然存在着；假如存在的话，那是一个幸

运的经验事实。

许多作者想象历史是循环的，也就是说，世界的当前状态，完全就像现在一样，或迟或早地会再次出现。我们将如何根据我们自己的观点陈述这个假说呢？我们不得不说，后来的状态在数目上与先前的状态同一，并且我们不能说这种状态出现两次，因为那样就蕴含着一个记载日期的体系，而该假说使这种体系成为不可能的。这种情况类似于一个环游世界的人所碰到的情况：他不说他的出发点和到达地是两个不同的但却精确类似的地点，他说它们是同一个地点。历史是循环的这个假说可以这样表达：形成了由与一给定性质同时发生的所有性质所构成的那个集合；在某些情况下，这个集合的全体先于自身。或者说：在这些情况下，由同时出现的性质所构成的每一个集合，尽管是巨大的，仍然会先于自身。只要我们说只有性质出现，这样的假说不可能被看作逻辑上不可能的。为了使其成为不可能的，我们不得不假定一个瞬间的性质主体；而且为了坚持这一点，这个主体不把自己的同一性归因于自己的特征，而是归因于自身的时空位置。

不可分辨的事物的同一性，以逻辑必然的方式出自我们的理论。维特根斯坦及其他一些人拒绝这种同一性，而他们拒绝的根据在于，即便 a 和 b 在其所有特性上都是一致的，它们仍然可以是两个事物。这假定同一性是不可定义的，而且它使计数从理论上来说是不可能的。假设你希望数一下由五个对象 A、B、C、D、E 构成的一群物体，并假定 B 和 C 是不可分辨的，那么当你数到 B 的那一时刻，你也将数到了 C，并且你因此将得出这样的结论，即要数的对象有四个。说 B 和 C“确实”是两个事物（尽管它们似乎是

一个事物)，就等于在说当 B 和 C 完全不可分辨时就似乎缺乏意 103
义的某种事物。事实上我应该说，使不可分辨的事物的同一性成为分析的，是我正在提出的这种理论的主要优点。

现在让我们回过头来寻找一组性质或一组性质群，它们拥有构造时间序列所需的那些特性。我认为不考虑经验法则就无法做到这一点，所以我们不可能确定无疑地做到。但是，只要我们不去寻找逻辑的确定性，通过我们先前所拒绝的方法，比如记忆和热力学第二定律，我们就能获得经验上充分的东西。并非我们所熟悉的所有因果法则都是可逆的，而那些不可逆的因果法则提供确定日期的方法。容易构造这样的一只时钟，该时钟除了显示时、分之外，还将每天展示一个数字，而且这个数字的值比前一天显示的数字大一。通过这样的方法，我们能够确保拥有一个不会再现——至少在我们的文明持续期间不会再现——的性质复合物。我们无法知道得比这更多，尽管我们可以找到理由认为一种大规模的精确再现是非常不可能的。

我的结论是：单有性质就足够了，我们无须假设它们拥有实例。顺带说一句，我们已经把时间的和空间的关系的某些特性降低到经验层次上来了，而这些关系曾经扬言是先天综合的一般真理。

从知识论的立场看，在我们的理论可以被认为是确定的以前，还有一个问题有待回答。它是关于概念的精确性与感觉的模糊性之间的关系的这个更大问题的一部分。所有科学都使用概念；这些概念在理论上是精确的，但在实践上或多或少是模糊的。“一米”曾经被法国大革命政府极其精细地加以定义：它是在一定温度条件下某根杆子上的两个标记之间的距离。但是，这里有两个困难：这些标记并不是点，而且温度不可能精确地加以测定。或者以时间的确定为例，比如说，1900年12月31日结束时的格林尼治午夜时间。(英国人曾经认为这是十九世纪的终了，但是他们应该用伯利恒子
104 午线代替格林尼治子午线。)午夜只能通过对(比如说)计时仪的观察加以测定。但是，任何观察都不是精确的。也就是说，存在一个有限的时间段，并且在此时间段内，任何给定的计时仪似乎都将指向午夜；而且，任何计时仪都不是完全准确的。因此没有人能够确切地知道十九世纪在何时结束。对于这种情况，可以持两种看法：首先，在这个世纪结束时，有一个精确的瞬间；其次，精确性是幻觉，而且精确的日期界定甚至在概念上也是不可能的。

让我们把类似的考虑应用于关于颜色的情况。颜色问题更直接地与我们当前的问题有关。我已假定，每一种色度都应该给予一个专名。但是，一种色度与一个精确的日期或者长度准确的一米拥有同样的精确性，并且在实践中绝不可能得到测定。

在有些情况下，我们从感官给予的某种事物出发，寻求获得一种具有精确性的概念，而此精确性并非材料的一部分。有一种形式的步骤，可以应用于所有这样的情况。这是一种从不可分辨性过渡到同一性的方法。令 S 代表“不可分辨性”。那么，给定两块色片，我们可以看到，一块色片的色度与另一块色片的色度之间拥有关系 S。然而，我们能够证明 S 并不蕴含同一性，因为同一性是传递的，而 S 不是传递的。也就是说，给定三种色度的颜色 x、y、z，并且它们存在于三块可见的色片上，我们可以拥有 xSy 和 ySz，但是没有 xSz。因此 x 并不与 z 同一，而且 y 也因此既不可能与

x 同一,也不可能与 z 同一,尽管它与 x、z 是不可分辨的。我们只能说:假如 xSz 总是蕴含 ySz,那么 x 与 y 同一,而且反过来也这样。颜色 x 的精确色度现在可以定义为所有 y 色片所共同具有的那种颜色,并且对于所有的 y 来说,任何在颜色上与 x 不可分辨的东西,也与 y 在颜色上不可分辨,而且反过来也一样,以致每一块色片要么既可以同 x 也可以同 y 分辨开来,要么既不可以同 x 也不可以同 y 分辨开来。

这就把对某块给定色片的精确色度的测定转变为对许多材料的收集,而这些材料中的每一种在原则上都可以从观察中获得。105
现在,困难并不涉及任何一种必需的材料,而是与它们在数量上的众多性有关。在"以致"之后的文字中,我们的定义假定,每一块 z 色片都可以和每一块与 x 无法分辨的 y 色片进行比较。这在实践中是不可能的,因为它要求对过去、现在和未来的可见宇宙进行一番完全的观测。我们绝不可能知道两块色片 x 和 y 拥有同一种色度,因为尽管我们观察到的每一个 z 要么既和 x 也和 y 拥有关系 S,要么既不和 x 也不和 y 拥有关系 S,但是一个不具有这种性质的新的 z 总有可能在后来被发现。因此,假如"C"是一个具有精确色度的颜色的名称,那么任何一个形如"C 存在于这里"的命题都不可能在某个时候被认识,除非"C"被定义为"存在于这里的这个色度"。

应该看到,同一类困难存在于所有经验概念上面。例如,以"人"这个概念为例。假如现代人进化的所有阶段全都展开在我们面前,那么就会有一些标本,并且对于这些标本,我们应该毫不犹豫地说"这是人"。也会有另外一些标本,对于它们,我们应该毫不犹豫地说“这不是人”。但是会有一些中间形态的标本;而对于它们,我们就拿不准了。从理论上说,我们能够做到的使我们的概念更加精确的任何事情,都不可能避免这种不确定性。事实上,在进化的某些阶段,可能发生过某种巨大而突然的变化,以致我们正当地把“人”这个名称给予了此后出现的事物,而没有给予此前出现的事物。但是,假如是这样的,这只是一个幸运的偶然事件,而且我们仍然可以想象某些中间的形式。简言之,每一个经验概念都具有这种模糊性,而这种模糊性明显地出现于诸如“高个子的”或者“秃头的”这样的例子中。有些人当然是高个子,另外一些人当然不是高个子。但是,对于那些居于这两部分人之间的那些人,我们应该说“高个子?是的,我想是这样的”,或者说“不,我不想称他为高个子”。在每一种经验性质中,这种情形都可以在或大或小的程度上被发现。

科学在很大程度上是由一些发明概念的方法组成的,而这些概念比日常生活中的概念具有更高程度的精确性。一个概念所拥有的精确性的程度,可以得到确切的数量上的定义。令“P(x)”表
106 示“x 具有谓词 P”。让我们考察一下可能被期待着拥有谓词 P 的那类事物所有已知的实例。假设这类事物的数目是 n,并且假设在其中的 m 个实例中,我们能够确定地断言“并非 P(x)”,那么 m/n 就是关于我们的概念 P 的精确性的一种测量。比如,举测量为例:除了在占比例很小的一部分情况下,科学方法能够表明这样的陈述即“这个杆子的长度超过或不足一米”是真的;然而,一些粗糙但尚可用的方法所留下的难以确定的情况在比例上则要大得多。现在考虑“这个杆子的长度是一米”这个例子。这一点是绝不

可能被证实的，而且在我们先前的命题不能得到证实的情况下，它也不可能被否证。因而我们给予一个概念的精确性越高，它就越时常地能被证明为不可应用的，而且它也就越少能被证明为可应用的。当它是完全精确的时，它就绝不可能被证明为可应用的。

假如打算让“米”成为一个精确的概念，我们必须把长度分为三类：(1)那些确实少于一米的长度；(2)那些确实多于一米的长度；(3)那些不属于前两类的长度。然而，我们可以认为，更可取的做法是使“米”成为一个不精确的概念。那么，它将意味着“通过目前的科学方法无法将其与标准米的长度区分开来的任何一种长度”。既然如此，我们有时就能够说，“这根杆子的长度是一米”。但我们所说的这句话之为真，现在是相对于现存的技术而言的；测量工具的改进可以使我们所说的话成为假的。

我们一直在说的所有关于长度的话，在细节上作必要的修改之后，适用于色度。假如颜色是通过波长来定义的，那么这种主张可以一字不变地适用于它。显然，基本的经验概念自始至终就是不可分辨性。技术手段能够减少但不能完全消除这种不精确性。它对这个概念来说是本质性的。

我们会说：这块特定的色片的颜色被约定称之为“C”。于是，所有其他色片的颜色都分为两类：(1)我们知道它们不是“C”的那些色片；(2)我们不知道它们不是“C”的那些色片。精确方法的全 107
部目的就在于使第二类的范围尽可能地变小。但是我们绝不能达到这样的地步，即我们知道第二类的一个成员必定与 C 同一；我们所能做的一切，就在于使第二类由越来越像 C 的颜色组成。

因而，我们作出如下的陈述：我把名称“C”给予我在视觉位置

(θ,ϕ)看到的色度，并把名称“C’”给予我在视觉位置(θ',ϕ')看到的色度。也许C与C’是可分辨的，那么它们就确实是不同的。也许会是这样：它们是不可分辨的，但是存在一个颜色C”，它与一个是可分辨的，与另一个是不可分辨的。若是如此，C与C’当然也是不同的。最后，情况也许是：我所知道的每种颜色要么与二者都可分辨，要么与二者都不可分辨。既然这样，C与C’可以是同一的，也就是说，“C”与“C’”可以是同一个事物的两个名称。但是，由于我绝不可能知道我已经考察了所有颜色，所以我绝不可能确定C与C’是同一的。

这回答了关于概念的精确性与感觉的模糊性之间的关系的问题。

然而，尚待考察对于我们的理论可能提出的反对意见，这些可能的反对意见来自我所说的“自我中心殊相词”。这将在下一章完成。

第七章　自我中心殊相词 108

在本章中，我所关心的是那些其所指是相对于说话者的语词。这、那、我、你、这里、那里、现在、然后、过去、目前和将来都是这样的语词。动词的时态也必须包括在内。“我热”和“琼斯热”都拥有一种仅当我们知道这个陈述被作出的时间时才能确定的意义。同样的说法也适用于“琼斯曾经(was)热”，它表明“琼斯的热先于目前”；因而，它随着目前的改变而改变其意义。

所有自我中心词都可以用“这”来定义。因此，“我”意指“这所属于的这种自身经历”(the biography to which this belong)；“这里”意指“这的这个地点”(the place of this)；“现在”意指“这的这个时间”(the time of this)；等等。因此我们可以只研究“这”。把某个其他的自我中心词作为基本词，并用它来定义“这”，似乎并不是同样可行的。也许，假如我们把一个名称给予和“然后的我”(I-then)相对的“现在的我”(I-now)，这个名称能够代替“这”；但是，日常语言中似乎没有任何词能够代替它。

在解决更困难的问题以前，让我们明白任何自我中心殊相词都不能出现在物理学语言中。物理学把时空看成是客观的，人们设想上帝也许就是这样看待时空的；像在知觉中一样，并不存在一个特别温暖、怡人、明亮且四周被逐渐变深的黑暗所包围的区域。

一个物理学家不会说“我曾看到一张桌子”，而是会像纽拉特[①]或者尤利乌斯·恺撒那样，说“奥托曾看到一张桌子”。他不会说“一颗流星现在是可见的”，而会说“在格林尼治时间 8 时 43 分一颗流
109 星曾是可见的”，而且人们希望在这个陈述中“曾是”(was)是没有时态的。毫无疑问，非精神的世界在不使用自我中心词的情况下可以得到完全的描述。当然，心理学家所要说的许多话也都可以省缺它们。那么，究竟还有必要拥有这些语词吗？或者说，任何事物都可以在不使用它们的情况下而得以表达吗？这个问题并不是容易的。

在我们可以考察这个问题之前，我们必须确定——假如我们能够确定的话——“这”这个词的意义是什么，以及为什么人们发现自我中心词在使用上是方便的。

“这”这个词只是称呼一个对象，而并未在任何程度上描述它；在这种意义上，它似乎具有专名的特性。人们也许认为它把引起人们当前的注意这样的属性归属于一个对象。但是，这是错误的，因为在许多场合都有许多对象引起人们当前的注意，但在每一场合下只有一个对象是这。我们可以说“这”意指“这个注意行为的对象”，但这显然不是一个定义。“这”是一个我们将其给予我们正在注意的那个对象的名称，但是我们不能把“这”定义为“我现在注意的这个对象”，因为“我”和“现在”都包含着“这”。[②]“这”这个词并不意味着“相继被称为‘这’的所有对象共同具有的东西”，因为

① 参见第六章。

② 或者，如果我们把“现在的我”作为基本词，那么它也会出现一些问题，而这些问题恰好就是当不以它为基本词时“这”所出现的问题。

在每一种使用“这”的场合，都仅有一个该词所适用的对象。“这”显然是一个专名，在其被使用时每换一个场合都应用于不同的对象，然而它绝不是模糊不清的。它与“史密斯”这个名称不同，后者适用于许多对象，但始终适用于其中的每一个。“这”这个名称在一个时间仅仅适应于一个对象，而且当它开始适用于新的对象时，它就不再适用于原来的那个对象了。

我们可以把我们的问题陈述如下。“这”这个词在某种意义上拥有一种恒定的意义。但假如我们仅仅把它当成一个名称，它在任何意义上都不可能拥有恒定的意义，因为一个名称仅仅意指它所称呼的东西，而被“这”所称呼的对象是连续变化着的。另一方面，假如我们把“这”当成一个伪装的摹状词，比如说“注意的这个 110
对象”(the object of attention)，那么它将总会适用于只要是一个“这”的一切事物，而事实上它在一个时间绝不能应用于一个以上的事物。为了避免这种不受欢迎的一般性而作的任何尝试，都将以隐蔽的方式再一次将“这”引入用来定义的语词之中。

(还有另外一个关于“这”的问题；它与专名问题相关联，而且初看起来，它使人们对前一章的结论产生了怀疑。假如我们同时看到两块特定色度的色片，我们会说：“这和那在颜色上是完全类似的。”我们会毫不怀疑其中的一个是这，另一个是那；而且任何事物不能使我们相信这两块色片是一个东西。然而，这个困难容易解决。我们所看到的东西不仅仅是一块色片，而且是出现在特定视觉方位上的一块色片。假如“这”意指“这样的方位上的一块色片”，并且“那”意指“另一个这样的方位上的一块色片”，那么这两个复合物是不同的，而且没有理由推断这种单纯的颜色是双重的。)

“这”是一个名称、一个摹状词,还是一个一般概念呢?对这个问题所作的任何回答,都会有反对意见。

假如我说“这”是一个名称,那么我就要面临这样的问题,即解释我们是根据什么原理来确定它在不同场合所命名的东西的。有许多人都被称为“史密斯”,但是他们并不共同拥有某种史密斯性(Smithness)这样的特性;在每一种情况下,人们拥有那个名称都只是一种任意的习惯。(确实,名字通常是从前人那里继承来的;但是它可以通过单方执行的约定被人接受。从法律上说,一个人的名字可以是他公开宣布他希望人们用来称呼他的任何东西。)但是,当我们确实把一个事物称为“这”时,或者,当我们在随后不得不提到它的场合不再称其为“这”时,并非一种任意的习惯引导着我们这样做。在这方面,“这”不同于通常的专名。

如果我说“这”是一个摹状词,也会出现同样的困难。它当然能够意指“现在的我正在注意的东西”,但那仅仅是把麻烦转移到“现在的我”上了。我们已经同意把“这”作为基本的自我中心殊相词,而且任何其他的决定都给我们留下了完全同样的问题。任何
111 不包含某个自我中心殊相词的摹状词都不可能拥有“这”的这种特殊的属性,即在每一个被使用的场合仅仅应用于一个事物,而在不同的场合应用于不同的事物。

同一种反对意见也完全适用于把“这”定义为一般概念的企图。假如它是一个一般概念,那么它就拥有一些实例,而且每个实例都始终是它的实例,而并非仅仅在某一时刻才是它的实例。显然,有一个一般概念即“注意的对象”包含于其中。但是,为了

保证"这"在时间上的唯一性，我们需要超出这个一般概念的某种东西。

人们也许会认为，在一个纯粹物理的世界中，明显不存在自我中心殊相词。然而，这种看法并未完全表达真实的情况，这部分地是因为在纯粹物理世界中根本没有语词。真实的情况是，"这"依赖于语词使用者与该词所涉及的那个对象之间的关系。我不想引入"心灵"。可以构造一台正确使用"这"这个词的机器：它可以在适当的场合说"这是红的"，"这是蓝的"或者"这是一个警察"。就这样的机器来说，语词"这是"对于随后的那个词或那些词来说是一种不必要的附加；我们也满可以让这台机器说"咒文红的"或"咒文蓝的"。假如我们的机器以后说"那曾是红的"，那么它就正在变得更接近于人类的言语能力。

让我们假设我们的机器拥有这种更高的能力。我们将设想，当红灯照射我们的机器时，红灯会使一种机械装置运转起来，并且该装置使得这台机器首先说"这是红的"，然后，即当各种不同的内部过程被完成后，说"那曾是红的"。我们能够描述这台机器在其中说"这"的那些情况，也能够描述它在其中说"那"的那些情况。当外部的原因首先在它上面起作用时，它说"这"，并且当第一次结果在这台机器上导致一些其他的现象时，它说"那"。我见过一些自动机器为了得到一枚硬币而打高尔夫球；这枚硬币启动了一个持续了某种长度的时间的过程。以这种机器说"这是一便士"作为 112
这个过程的开始，并以它说"那曾是一便士"作为该过程的结束，显然是可能的。我认为，对这种高明的玩物的思考，可以使我们消除一些不相关的问题。

这种机器所做的事情，使我们能够描述人们在其中说出“这是”或者“那曾是”的那些情况。对一种刺激所做的语词上的反应可能是当下的，也可能是延迟的。若这种反应是当下的，传入流将进入大脑，并沿着传出神经继续前进，直到它影响了相关的肌肉并产生一个以“这是”开头的句子。若这种反应是延迟的，传入的神经冲动将以某种方式储藏起来，并且在对某种新的刺激做出反应时，才会产生一种传出的神经冲动；既然如此，该传出冲动完全不是前一种情况下的传出冲动，而且会产生一个稍稍不同的，即一个以“那是”开头的句子。

这里，我们回到了最低限度的及其他的一些因果链条。在这方面，一个最低限度的因果链条，就是从来自大脑外部的刺激到语词反应的那个最短的可能的链条。其他的因果链条总是包含了某种另外的刺激，它们使得先前的刺激所储藏的结果得以释放，并产生一种延迟的语词反应。在最低限度的因果链条中，我们说“这是”；而在更长一些的因果链条中，我们说“那曾是”。当然，这种解释是过分纲要性的，以致不能算作实际的心理学。但这似乎足以解决关于自我中心殊相词的一些原则性的困难。

让我们详细说明这种看法。每当我发出“猫”这个词时，我之所以这样做，一般说来乃是因为一只猫被我或曾经被我感知。（这种看法的限制条件可以忽略。）假如我这么做的原因在于这只猫曾被我感知，那么这个过去的事实显然不是我说出“猫”的全部原因，一定还有某种当前的刺激。因而，对“猫”这个词的知觉的和回忆的使用并不是完全类似的原因的两种结果。在一个以适当方式确立了某些语言习惯的人的身上，这些结果也不可能是完全类似的。

知觉的结果以“这是”这些语词开始，而回忆的结果以“那曾是”这些语词开始。

因而，在一个以“这是”开头的句子和以一个“那曾是”开头的 113
句子之间所存在的差别，并不在它们的意义上，而在说出它们的原因上。由我们说出的“《独立宣言》发表于(was in)1776年”，和可能是由杰弗逊说出的“《独立宣言》发表于(is in)1776年”这两句话完全拥有相同的意义，但是前者蕴含着说出它的原因是间接的，而后者蕴含着说出它的原因是直接的，或者是尽可能直接的。

人们也许会反对说，关于目前的许多陈述，完全与关于过去的陈述一样地直接。假如我说“芬兰正在被入侵”，我之所以这么说，首先是因为我记得我在报纸上读到的东西，其次是因为我作出了这样的推断，即这次侵略不太可能在最近的几小时之内结束。但是，这是对“是”[①]这个词的一种被引申的和推论性的使用，它包含着关于现在的知识由之从关于过去的知识中获得的某些因果法则。所包含的“目前”并不是心理学意义上的“目前”；它不是某种被呈现的东西。它是物理学意义上的“目前”，即在物理学的时间中与心理学意义上的“目前”同时出现的某种东西。就它们包含着在说话者与其所提及的东西之间的不同因果关系而言，“目前”和“过去”主要地是心理学的术语。它们的其他用法全都可以根据这种主要的用法加以定义。

上述理论解释“我”这个词的用法了吗？在本章开始时我们说

① 前一句中“芬兰正在被入侵”的英文原文是“Finland is being invaded”。这里所说的“是”是指原文中的“is”。——译注

过，“我”可以根据“这”来定义：“我”是“这”所属于的这个自身经历。但是，尽管我们解释了语词“这”的用法，我们是通过剥夺该词自身在孤立状态下的所有意义而做到这一点的。因此，我们无法肯定，我们能够主张上述关于“我”的定义。

假如我们关于“这”的理论是正确的，那么在对世界进行完全描述时它就不是必需的。我们希望证明，就“我”以及其他一些自我中心词来说，同样的结论也是成立的。

“我”这个词，由于应用于在某个时间段内始终持续的某种事
114 物，因而是从“现在的我”中产生的。它是通过某些因果关系与“现在的我”关联起来的事件系列。要考虑的短语是“我是”，它可以被“现在的我是”所代替，而这里的“是”可以被看作是无时间性的。

“现在的我”和“这”之间的联系，显然是非常密切的。“现在的我”指称一个现象的集合，即此刻在我身上发生的所有那些现象所构成的集合。“这”指称这些现象中的某一个。与“现在的我”相对的“我”，可以通过与“这”的因果关系而得到定义，就像它可以通过与“现在的我”之间的因果关系而得到定义一样。这是因为，我通过“这”仅能指称我正在经验的某种东西。

由于在以后诸章中更充分展露出来的一些原因，我认为“我是”这个短语可以始终用“这是”这个短语来代替，而且反过来也是可以的。在这两个短语中我们应该使用其中的哪一个，取决于偶然因素或者我们的偏好。假如我们是从运动中感到热的，而不是因为周围的气温而感到热的，那么我们说“我热”，而不说“这是热性”。但是，当我们进入一艘轮船的发动机房时，我们会说“啊！这里热”，这句话（大致）等于“这是热性”。我们说“这是一只猫”，并

有意作出一个关于并非仅是我们自身经历的一个部分的陈述。但是，假如语词“这”应用于并且它也应该应用于我们直接经验的某种东西，它就不能应用于作为外部世界之对象的这只猫，而仅能应用于我们自己的关于一只猫的知觉对象。因而我们必不能说“这只是一只猫”，而必须说“这是一种我们将其和猫联系起来的知觉”，或者说“这是一种关于猫的知觉对象”。这个短语反过来又可以用“我在以猫的方式知觉着”来代替。“我在以猫的方式知觉着”断言了我自己的一种状态，而且恰恰是在我试图(仓促地)说出“这是一只猫”的那些同样的场合，和在我可以正当地说“这是一种关于猫的知觉对象”的那些同样的场合，它才是真的。当我们说“这是一只猫”时，我们直接知道的东西，就像觉得热一样，是我们自己的一种状态。

因而，在包含“这”的每个陈述中，我们都可以代之以“现在的我所注意的东西”，而且在每个包含“现在的我”的陈述中，我们也都可以代之以“与这共同出现的东西”。

因此，关于“这”所说的话同样适应于“现在的我”。把“现在的我”与一个专名区分开来的东西，并不是含有“现在的我”的句子所陈述的东西的一部分，而仅仅是被陈述者与对它的陈述之间的因 115
果关系的一种表达。

“你”这个词也包含了某些困难，它们不同于关于自我中心殊相词所特有的那些困难。它们将在以后诸章中得到考虑。就我们目前的问题而言，注意到下述之点就足够了：“你”总是通过与某个当前的知觉对象相关联而得以确定的，并且这个当前的知觉对象就是此刻的“这”。因而，就这种困难也是关于自我中心殊相词的困难而言,对“这”所作的解释也解释了“你”。

在我看来,这就解决了关于自我中心殊相词的问题,而且也表明在对世界——无论是物理的世界还是精神的世界——所作的任何一部分描述中,它们都不是必要的。

说明:赖欣巴赫教授友好地允许我参阅他尚未发表的一篇关于“自我中心殊相词”问题的论述。他以某种不同的方式处理这个问题,但我认为他的理论与我的理论是一致的,并相互完善了对方的理论。

第八章　知觉与知识 116

“知觉”一词是哲学家们在早期多少有些未加批判地从常识中借用来的。当苏格拉底要求塞阿提特斯特给出一个“知识”的定义时，后者提出知识就是知觉。苏格拉底劝说他放弃这个定义，这主要是因为知觉是无常的，而真正的知识必定是关于某种永恒的东西的；但是他并不怀疑被构想为主体与对象之间的关系的知觉现象。对常识来说，似乎显而易见，我们至少是用视觉和触觉的感官感知着“事物”。有时，就像关于麦克佩斯[①]的匕首那样，视觉可能会误导人，但是触觉绝不会。从词源学上来说，一个“对象”就是被丢在路上妨碍我行走的某种东西：假如我在黑暗中撞到了一根柱子，那么我相信我感知到了一个“对象”，而并非只是拥有一种以自我为中心的经验。这是蕴含在约翰逊博士对贝克莱的反驳之中的观点。

从各种各样的观点来看，这种知觉的常识理论已经引起了人们的怀疑。笛卡尔否认心灵与物质之间的相互作用，因而他不会承认，当我的身体撞到一根柱子时，这个事件就是被称之为“感知这根柱子”的精神现象的原因。从这样的一种理论过渡到下述这

① 莎士比亚的一部悲剧中的主人公。——译注

些东西是自然而然的：身心平行论；或者马勒伯朗士的理论，即我们在神之中认识一切事物；或者莱布尼茨的那些全都同时经历着某些类似的但却有系统性差别的幻觉的单子，这种幻觉则被称为“反映着宇宙”。然而，在所有这些体系中，都可以感觉到某种想象出来的东西，并且唯有受过长期的荒唐训练的哲学家才会真正相信它们。

117 对知觉的常识理论的一种比这严重得多的攻击，经由研究感觉的原因而来自科学。这种攻击对哲学家们的看法所产生的最初的影响，催生了洛克的学说：第二性质是主观的。贝克莱对物质的否定部分地——虽然不是主要地——来自关于光和声的科学理论。在后来的英国经验论者那里，对知觉的常识学说进行科学的改造逐渐变得重要起来。J. S. 穆勒的“物质”定义，即物质是“感觉的恒久可能性”，就是来自科学与贝克莱的结合。唯物论者的学说，即“物质”是“感觉的原因”，也是这样；由于列宁的权威，这个学说在整个苏联都被奉若神明。

为了弄清科学在这个问题上所不得不说的话，首先忘掉贝克莱的形而上学是重要的；人们或是希望或是害怕——且不问人们做得对不对——这种论证会导致它的产生。要记住，我们从开始就区分了两种类型的知识论：一种是由笛卡尔的怀疑和对确定性的寻求所促成的，另一种仅仅是科学的一个分支。在后一种中，由于接受科学似乎确立的任何东西，我们试图定义那些被称为认识结果的事件，以及与使其成为那样的事件的其他事件之间的关系。现在，让我们接受第二种知识论，并且检查一下被常识当作各种“感知行为”的那些事件。作出这种检查，是为了确定它们是否是认识的结果，并且假如它们不是，它们又是如何与我们关于事实的经验知识相关联的。在这种探究中，我们假定世界就是它在科学中所显现出来的那个样子，而且我们眼下不问自己这种假定是否正当。

让我们从一个天文学的对象开始，比如说从太阳开始。我们有许多被称为“看见太阳”的经验。根据天文学，也存在着一大团热的物质；它就是太阳。这团物质与被称为“看见太阳”的一种现象之间的关系是什么呢？这种因果关系如下所述：太阳上每时每刻都有大量原子以光波或者光子的形式发出辐射能。这些光波或
光子在大约八分钟的过程中穿越太阳和我的眼睛之间的空间。当 118
它们达到我的眼睛时，它们的能量转变成了一些新的种类的东西：在视杆和视锥上发生了一些事情，然后一种干扰沿着视觉神经移动；再往后，大脑的适当部位发生了某种事情（没人知道它是什么）；最后，我“看见了太阳”。这就是对太阳和“看见太阳”之间的因果关系的描述。但是，我们想要知道的东西是太阳和“看见太阳”之间的那种相似性——假如存在着相似性的话；这是因为，正是仅就存在着相似性而言，后者才能成为关于前者的知识的来源。

由于坚持非批判地接受科学，我们发现，在太阳和“看见太阳”之间存在着某些重要的相似之处。首先，太阳看起来是圆的，而且是圆的。确实，这种相似不可能像它听起来的那样接近，因为太阳在我的视觉空间中看起来是圆的，而在物理空间中是圆的。不过，这种相似还是能够清晰地加以陈述。一个空间中的圆的定义与另一个空间中的圆的定义是相同的；而且某些关系——值得注意的是接近性——是物理的和视觉的空间所共同具有的。

还有，假如我们看见了太阳黑子，那么就存在着太阳黑子。在刚刚解释的意义上，天文学太阳上的黑子与视觉太阳上的黑子大致说来具有相同的形状。而且，太阳感觉起来是热的；而与周边的物理空间的区域相对照，天文学太阳也拥有相应的特性。

然而，在视觉的太阳和天文学的太阳之间所存在的类似性是有限度的。在发生日偏食时，太阳看起来像一轮新月；但是，它就像平时一样，依然是圆的。如果我们眯着眼睛看，我们可以看到两个太阳，但是我们不能创造两个“实在”的太阳。然而，所有这些问题都能得到细致的处理，而且不会产生原则性的困难。

我之所以从天文学的对象开始，是因为它们具有一种简单性，这种简单性则源自它们只可以被一种感官感觉到。现在让我们考虑一下通常的地球上的对象。贝克莱考虑了一棵树，而且这将与
119 任何其他对象一样是合适的。就视觉感官而言，刚才关于太阳所说的一切都同样适用于这棵树，只不过我们因之而看见树的光线是反射光，以致要不是当它暴露于来自太阳的光线或者闪电或者某种人工照明时，它就是不可见的。但是树也能被摸到、听到、闻到和尝到。当我“摸到”这棵树时，为了产生猛烈的斥力，我手指上的某些电子充分接近树上的某些电子。这些情况导致了一种沿着神经从我的手指移向大脑的干扰。在大脑中，它们拥有一种具有未知性质的效果，而这种效果最终产生了一种触觉。这里，我们又一次不得不问自己：在我的触觉与我错误地想象我的手指与之接触的树的那个部分之间，有什么样的相似之处呢？

存在某些触觉的性质：硬的、软的、粗糙的和光滑的。这些性质对应于所触到的对象的性质。通过摸一个对象，我们能够推断

它的形状，就像我们能够通过看它而断定它的形状一样。对于一个看到这个对象的人，和对于一个仅仅摸到这个对象的盲人来说，被推论出来的“真实”的形状是同样的，而且当我说“同样的”时，我严格地意指同一种东西：除了在精确性的程度方面，从触觉中推论出来的物理空间和从视觉中推论出来的物理空间之间，没有任何差别。

除了形状以外，还有位置。被触到但未被看到的对象可能在我的头上方，或者在我的脚边，或者处在任何一种中间的高度；它可能离我有一臂之远，或者触及我的脸，或者处在相对于我的身体的许多其他位置中的任何一个。在所有这些方面，我的感觉与该物理对象的特性之间都存在着一种类似。

没有必要考虑听、闻和尝，因为完全相似的考虑也适用于它们。

以上的解释依赖于对物理学和生理学一种教条式的接受。在我们放弃这种令人舒适的教条之前，有某些要点需要补充。由外部对象引起的感觉是像其他任何事件一样的事件，而且它们不具有我们将其与“认识”这个词联系在一起的那些特征。这个事实必
须与常识的观点相联系；此处的常识观点指的是：存在一些被称为 120
“感知行为”的现象，并且我们是在这些“感知行为”中意识到对象的。我们应该完全放弃这种常识的观点呢，还是应该通过使知觉对象变成某种完全不同于（除了上面所提到的相似性）物理对象的东西而保留它呢？在讨论这个问题之前，我们必须考察“感觉”和“知觉”之间的心理学差别。这里，“知觉”依然只是产生于一个刺激物的某类事件，而且不假定它拥有任何认识的地位。

在对我们的感官刺激做出反应时，存在两种从理论上讲可以区分开来的成分：首先是仅仅由这种刺激所产生的成分；其次是由它的习惯伴随物所产生的成分。一种视觉绝不可能是纯粹的，其他感官也会通过习惯法则而被刺激。当我们看见一只猫时，我们期待着它发出猫叫的声音，摸起来是柔和的，并且以类似猫的方式走动。假如它发出狗吠的声音，或者摸起来像一块石头，或者像一只熊那样走动，我们应该经验到一种强烈的震惊。这类事情与我们看见了“对象”这种信念有关，而且并不只是拥有视觉。假如我们考虑动物心理学，而不是仅仅考虑人的心理学，那么把这种扩张完全归属于习惯是不安全的；其中的某种东西似乎具有天生的本能反应的特点。比如，这种情况在鸡啄食谷物的力量中就得以显示：鸡在啄食谷物时，无须首先学习一种“嘴-眼”的协作能力。然而在这方面，这究竟是习惯还是无条件反射的问题并不非常重要。重要的是，对它们的通常伴随物的自发想象或者期待，使感觉变得丰满了。

当我们拥有我们称之为“看见一只猫”的经验时，存在一种先行的因果链条，该链条类似于我们考虑过的与“看见太阳”有关的那种链条。当这种经验是真实的时，这个链条会在向后过程中的某个点上到达一只猫那里。（我依然独断地假定物理学的真实
121 性。）但是，显而易见，假如在这个链条的某个点上，通常在猫身上有其起源的那些事件（光波、视杆和视锥的震动，或者视觉神经或大脑的被干扰）能以别的方式产生出来，那么我们同样也会拥有被称为“看见一只猫”的经验，并且无须任何猫出现在那里。我请求读者记住，我是在谈论科学，而非哲学。我在思考类似镜中影像这

样的事物，即在使一个人看星星时他的眼睛遭受打击所产生的效果，或者大脑所受的可能导致我在梦中“看见一只猫”的那些干扰（不管它们是什么）。

我们可以把这个问题纲要式地表述如下：某个经验 E（比如这样的经验，即在我们称之为“看见一只猫”的东西中的视觉核心）在我以前的历史中通常被某些其他经验紧密地伴随。因此，通过习惯法则，经验 E 现在被休谟称之为“观念”的东西所伴随。但是，我更愿意将这些“观念”称为“期待”，它们可能纯粹是身体的状态。不管怎么说，我们以后开始分析信念时会发现，这些期待应该称为“信念”。因而，尽管感觉核心不属于认识，其作为信念的联想伴随物必须归类于认识（包括涵盖在此题目之下的可能错误的信念）。假如这种观点显得奇怪，那是因为我们倾向于以过分唯理智论的方式思考信念。

我不喜欢使用“知觉”这个词来代表由期待所补充了的感觉核心所组成的完全经验，因为这个词过强地暗示着它所包含的信念是真的。因此，我将使用“知觉经验”这个词。因而，每当我认为我看到一只猫时，我就拥有了“看见一只猫”这样的知觉经验，即便在这个场合并未出现物理的猫。

由于把感觉扩展为一种知觉经验是一种习惯，因此在我的以往经历中，这种知觉经验所假定的那些协作通常已经存在了。简单地说（现在依然假定着物理学是真的）：迄今为止，每当我“看见一只猫”时，通常总是有一只猫被看见，因为若不如此，我就不会获得我现在所拥有的这种习惯。因此，对于主张（在常识的基础上）当我“看见一只猫”时，就可能存在着一只猫，我们有归纳的根据。

122 我们不可能超越“可能”，因为我们知道人们有时看见了并不存在的猫，比如在梦中就是这样。起因于感官刺激的知觉经验的可能性完全依赖于这个事实，即我们生活在一个对象拥有某种稳定性并且也与自然种类相符合的世界中。这些事物依赖于温度。毫无疑问，生命的可能性也是如此。当然，“经验”依赖于我们拥有一个或多或少具有稳定性的身体。词源学意义上的“精神”——即运动中的气体——不可能拥有经验或者习惯的形成所需要的那种物理的稳定性。

总结一下我们这一部分的讨论：在我们的环境中，经常会出现这样的情况，即事件以能把猫和另一种对象区分开来的成束的方式(in bundles)一起出现。我们的任一感官都能被产生于所说的这束性质的某种特征的刺激所影响。让我们假定刺激是视觉的。那么物理学允许我们推断，某些频率的光从对象出发，到达了我们的眼睛。归纳允许我们推断，我们设想其看起来像一只猫的这种类型的光，可能来自这只猫的其他那些性质也随同出现的一个区域。在一定程度上，我们能够通过实验来检验这个假设：我们可以触摸这只猫，并且可以把它的尾巴提起来，看看它是否会咪喵咪喵地叫。这种实验通常是会成功的。当它不成功时，它的失败也容易在不修改物理学规律的前提下得到解释。(正是在这方面，物理学优越于无知的常识。)但是，所有这种精致的归纳工作，就其属于常识而不属于科学而言，可以自发地由习惯来完成；在这里，习惯把纯粹的感觉转变成了一种知觉经验。一般说来，一种知觉经验就在于教条式地相信物理学和归纳表明为可能的那些东西。就其教条式的做法而言，它是错误的；而就其内容

而言，它通常是正确的。

由以上所述可以断定，在任何一种知觉经验中，感觉核心都比其余部分具有更高的推论价值。我可以看见一只猫，或者听到它发出咪喵的声音，或者在黑暗中摸到它的毛。在所有这些情况下，我都拥有关于一只猫的知觉经验；但是，在第一种情况下是视觉经验，在第二种情况下是听觉经验，而在第三种情况下是触觉经验。为了从我的视觉经验中推断这只猫的表面的光线的频率，我只需 123
要(假如我不是在做梦并且我的视力是正常的)物理学定律。但是，为了推断猫的其他特征，我还需要这种经验，即拥有这种颜色的形状的对象更易于发出猫叫的声音而不是发现犬吠的声音。因而，尽管来自知觉经验的推断没有一个是确定的，但是从感觉核心作出的那些推断比从该知觉经验的其他部分作出的那些推断，具有更大程度的可能性。这一点只能被那些愿意否定物理学或心理学的人所否定。

现在我转向一个稍微不同的题目，即知觉经验与我们关于事实的知识之间的关系。从(一方面)关于被经验的过去与现在的知识和(另一方面)关于未来和未被经验的过去与现在的知识之间所存在的差别来看，显然存在着这样的一种关系。我们知道恺撒被谋杀了，但直到它发生，这个事件才被人知道。目击者知道这件事，因为他们感知了它；我们知道这件事，因为我们感知了历史文献中的某些陈述。我们有时知道未来的事实，比如关于即将到来的日食的日期；但是，这样的知识是从直接基于知觉对象的知识中归纳地推论出来的，并且与它基于其上的这种知识相比，是不太确定的。我们所有关于事实的知识，即所有与时间位置有关联的知识，都因果地依赖于知觉经验，并且至少包含一个涉及现在或过去的命题。但是，尽管这是明显的，经验知识与知觉经验之间的那种逻辑关系，绝不容易加以清楚地陈述。

有些哲学学派，比较著名的是黑格尔派和工具论者，他们全然否认材料与推论之间的区分。他们认为，在我们的所有知识中都有一种推论的成分，知识是一个有机的整体，并且真理的其余部分与其说与“事实”符合，还不如说与“事实”相融贯。我不否认在这种观点中有一种真理的成分。但是，我认为，如果把它当作全部的
124 真理，那么它就使得知觉在知识中所起的作用变得无法解释了。每一种知觉经验，假如我愿意注意它的话，或者为我提供了一种我以前不能加以推断的新知识，或者至少是像关于日食那样，为我提供了比我以前通过推论而获得的程度更高的确定性。对于这一点，工具论回答说，任何关于获自知觉的新知识的陈述，都总是以被接受的那些理论为基础的一种解释，并且假如这些理论被证明是不合适的，以后可能需要对它加以修正。例如，假如我说“瞧！出现月食了”，那么我就使用我的天文学知识解释了我看见的东西。根据工具论者的看法，不体现理论或假说的语词是不存在的，而且天然的知觉事实因而永远是不可表达的。

我认为，这种观点低估了分析的力量。不可否认，我们对知觉经验的日常解释，甚至我们的所有日常语词，都体现了理论。但是，削减这种解释的成分，或者甚至发明一种包含最少量理论的人工语言，不是不可能的。通过这些方法，我们能够逐步地接近纯粹的材料。我认为，一定存在一种纯粹的材料，是知觉产生新的知识这个事实在逻辑上不可反驳的结果。比如，假设我迄今为止一直

持有某组理论，但我现在感觉到在这些理论的某个地方有一个错误。既然如此，必然有某种无法从先前理论中演绎出来的东西，而且这种东西对我关于事实的知识而言就是一种新的材料，因为我们只是用“材料”意指一项不是演绎出来的新知识。在我看来，在这种意义上否认材料，只是对于一种黑格尔式的泛逻辑主义来说才是可能的。

材料问题，就像我所认为的那样，一直错误地与确定性问题混为一谈。材料的本质特征在于它不是推论出来的。它可能不是真的，并且我们可能没有把握肯定它是真的。我们知道记忆是可错的，但是有很多我们仅仅根据记忆就去相信的事物，尽管它们并不 125
拥有完全的可靠性。另外一个例子来源于微弱的知觉。假设你在听一种渐渐远去的声音，比如一架正在远行的飞机。在一个时间，你确信你听到了它；在后来的一个时间，你确信你没有听到它。在某些中间的时间点上，你认为你仍然听到了它，但是不能肯定。在这些时间中，你就拥有了某种不确定的材料。我打算承认，所有材料都有某种不确定性，而且因而应该——假如可能的话——由其他材料来证实。但是，除非这些其他材料独立地拥有某种程度的可信性，它们不可能证实那些原始材料。

然而，这里还要作出一个区分。尽管我认为并非任何一个用语词表达的陈述都是完全不可怀疑的，但是定义一些由确实全都为真的陈述所组成的类是可能的。既然如此，可以怀疑的东西是，一个给定的陈述是否属于这些类中的一个。对于许多目的来说，定义由前提所组成的那个类以便使所有的陈述都是真的，是一种方便的做法。但是，假如我们这样做了，我们绝不能肯定一个给定的陈述属于这个由前提组成的类。

由于有一些其证据并非全都来自与其他命题的逻辑关系的那些命题,因此我今后假定存在着材料。我将不假定我们所能获得的实际材料在任何时候都是完全确定的,然而也不假定作为材料的命题不可能同时是已被接受的那些其他命题的推论。每当我们看到一次被预言了的日食时,这后一种情况就出现了。但是,当一个包含特殊事实的命题被推论出来时,在前提中一定存在着通过归纳从中获得某种一般法则的某些其他事实。因此,我们的所有关于事实的知识不可能都是推论的。

这个问题,即怎样从知觉经验中获得作为经验知识之前提的命题,是困难而复杂的,但对于任何关于经验的知识理论来说又是基本的。

126 我们必须考察一个极端重要的问题,即关于自我中心殊相词在知觉判断中所起的作用的问题。我们可以首先将这个问题的性质陈述如下:我们在第七章中发现,驱除自我中心殊相词是科学的理想,而且从我们那一章的讨论中,似乎看得出这种理想是可以实现的。假如它是可以实现的,就可能存在非个人的经验的知识,而且两个都相信(比如说)氢是最轻的元素的人可能都会相信同一个命题。另一方面,假如所有经验语词严格说来都可以根据自我中心殊相词而加以定义,那么,由于两个人不可能把同一种意义归于同一个自我中心殊相词,所以任何两个人都不可能把同一种意义归于任何一个经验语词,而且没有任何经验命题是两个不同的人都能够相信的。然而,这个令人不快的结论还有许多支持它的话要说。我们的经验词汇是以拥有实指定义的语词为基础的,并且一个实指定义是由一系列产生习惯的知觉对象构成的。当这种词汇既被掌握时，正是知觉为我们提供了作为科学之基础的关于事实的基本知识，而且乍看上去，知觉知识在其语词表达式中是需要自我中心殊相词的。这个论证现在必须加以仔细检查。

让我们从“意义”开始，而且为了举例说明，让我们以“热的”这个词为例。我将在我由之学习儿童时期的语词的意义的某些经验中假定一种纲要式的简单性：在我的儿童室里有一盆火，并且我每次走近它时就有人说“热的”；而当我在某个夏日流汗时，和当我意外地把滚烫的茶水溅到自己身上时，他们会说出同一个词。结果，每当我注意到某一类型的感觉时，我就说出了“热的”这个词。就此而言，我们没有任何超出因果律的东西：某种类型的身体状态导致某种类型的声音。造一台这样的机器是很容易的：每当它达到一定温度时，它就会说“热的”。然而，这一点对我们来说并不重要。对我们来说，重要的是，关于“热的”这个词的基本用法具有明
显的自我中心殊相词的特征，也就是说（引用第七章）它“依赖于这 127
个词的使用者与该词所涉及的对象之间的关系”。在我们关于对象词的整个讨论中，我们都认为，就其最基本的用法而言，它们是知觉判断：我们最初用“热的！”这一个词所表达的东西，就是我们后来用“这是热的”或者“我热”所表达的东西。换句话说，在其基本的用法中，每一个对象词都具有一种含蓄的自我中心性，而语言的随后发展使这种性质变得明晰了。

但是，当我们已经达到能够清晰地考虑词的意义的地步时，我们发现这种自我中心性并不是“热的”这个词的意义的一部分，如同它存在于一种高级语言中那样。“热的”这个词仅仅意味着某些

现象中的一种性质;而假如这些现象适当地与我相关,那种性质将使它们成为我说出“热的”这个词的原因。在从“热的!”过渡到“这是热的”时,我实现了一种分析:“热的”这种性质摆脱了自我中心性,而且先前的含蓄的自我中心成分已经被“这是”这些词明晰地表达出来了。因而在一种高级语言中,像“热的”、“红的”、“光滑的”这样的对象词,并不是自我中心的。

然而,这并没有解决知觉判断中自我中心成分的问题。问题在于:在不使用“这”或者“现在的我”的情况下,我们能够表达当我们作出这类判断时我们所知道的东西吗?假如我们不能,第六章所提出的专名理论就必须放弃。

表面看来,知觉判断分为两种类型。在看一堆火时,我们可以说:“这是热的”和“这是明亮的”;这些是第一种类型的知觉判断。但是我们也可以说“热性和明亮性是共同出现的”;这是第二种类型的知觉判断。每当我们可以说“这是A,这是B,这是C,等等”,并且“A”、“B”、“C”……是性质的名称时,我们也可以说“A、B、C……是共同出现的”。但在后面这种判断中,“这”所拥有的空间的和时间的唯一性就丧失了;我们不再提及这个场合,而且就我们的知觉判断所表明的东西来看,A、B、C……可能在许多场合都是共同出现的。

128 假如我们保留第六章的理论,我们不得不说,“这”是一束共同出现的性质的名称(在第七章所解释的限度内);而且我们还要说,假如我们的性质是适当地挑选出来的,或者在数量上是充足的,那么它们将不会再次出现,也就是说,它们不会与其自身之间拥有任何一种类如“在……以前”、“在……之上”和“在……的右边”这样的空间和时间关系；我们认为这些关系蕴含着差异性。假如可以坚持这种理论，那么在像“这是热的”这样的命题中所存在的自我中心性，并不在于被知道的东西，而在于我们的知识的起因和我们用于表达我们的知识的语词。“这”这个词可以用某种严格说来作为一个名称的东西所代替，而这个名称，比如说“W”，指谓着那个作为整体的性质复合物，该复合物则是我现在正在经验到的一切。那么，当我说“这是热的”时我所断言的这种非个人的真理，就可以翻译成“热性是 W 的一部分”这样的文字。通过这种形式，我从知觉中所习得的东西，就容易融入不带个人主观成分的科学中了。

无论我们接受还是拒绝这种观点，我们都面临着严重的困难。让我们先来考察由于接受了这种观点而出现的那些困难。

首先，存在某些关于时空的困难。这些困难曾在第六章中得到了考虑，而且我将假定它们在那儿得到了令人满意的处理。

更严重的困难在于这个似是而非的结论，即所有知觉判断都是分析的。假如“W”是由一束性质构成的一个全体的名称，并且“这是热的”仅仅是说热性是构成 W 的那些性质之一，那么一旦“W”被定义，“这是热的”这个命题就类似于“有理性的动物是动物”或者“六边形是一种多边形”这样的命题。但这是荒唐的：它确实取消了经验知识与逻辑知识之间的区别，并且使经验在经验知识中所起的作用变得无法解释。

唯一的答案在于说，尽管“W”事实上是某束性质的名称，但是当我们给出这个名称时，我们并不知道哪些性质构成了 W。换句话说，我们必须假定，我们可以在不知道一个全体的构成成分的前提下，感知、命名并认识这个全体。既然如此，知觉判断中作为主

129 词出现的材料，就是一个我们并非必然地感知其复合性的复合全体。一个知觉判断总是一个关于分析的判断，但并非一个分析判断。它说的是，“全体 W 和性质 Q 是以全体-和-部分的方式关联起来的”；在这里，W 和 Q 都是独立地被给予的。它们是被“给予”的这个事实，构成了我们所知道的东西的原因的一部分，而且假如我们使用语词“这”，它就进入了其语词的陈述；但是，在“Q 是 W 的一部分”这种形式中，它并未进入其语词的陈述。

以上的理论拥有这样的逻辑的推论：如果没有关于复合物全体的名称，我们就不能表达我们的知识，而且在不知道它们是由哪些成分构成的时，我们可以亲知复合物全体。我将在第二十四章回到这个问题上来；在那一章中，我将给出接受这种关于我们当前的理论所需的某些全体的观点的理由。

我暂时断定，关于接受我们当前的理论而产生的困难并不是不可克服的。

让我们现在来考察因为拒绝接受这种理论而产生的困难。

假如我们拒绝我们的理论，我们要么把“这”，要么把“现在的我”作为知觉判断的一个必要成分接受下来。我将假定，我们赞同接受“这”。无论我们选择哪一个，我们的论证都将是一样的。

这里所出现的困难并不是关于自我中心殊相词的，而是关于“实体”的。假如我承认“这是热的”这种形式的命题，并且认为这里的“这”并不称呼一束性质，那么“这”就变成了某种东西的一个名称，而这某种东西仅仅是某些谓词的主词，其唯一的用途是让谓词“寄居”于自身内。所有“这是热的”这种形式的命题都被设想为综合的，以致当其所有谓词都被列举出来时，“这”仍然没有得到定义。假如真是如此，那么它就是多余的，而且我们可以重新回到这种理论，即“这”指谓一束性质（这些性质从句法上讲不再是谓词）。因此，我们必须认为，这和那拥有完全相同的谓词是可能的。不可区分者的同一性，假如是真的，将是一种侥幸的偶然，而且“同一性”将是一种难以清楚描述的东西。还有，可能发生这样的情况，即这和那并不是同一的，尽管无法想象这方面的证据。计数将是 130
不可能的，因为假如 a 和 b 是不可分辨的，我将把同一个名字给予它们，而且任何一种我在其中数到它们之一的行为，也将必然是我在其中数到另一个的行为。因此，毫无疑问，假如有一个同一性概念，它允许不可区分者不是同一的，那么这样的一个概念绝不能得到应用，并且可以与我们的知识毫无关系。因此，我们应该倾向于一种不需要这种同一性的理论。

我因此断定，第六章中所确立的专名理论要坚持下去，而且通过自我中心殊相词所陈述的所有知识，都可以在不使用它们的情况下而得到陈述。

131 # 第九章　认识论的前提

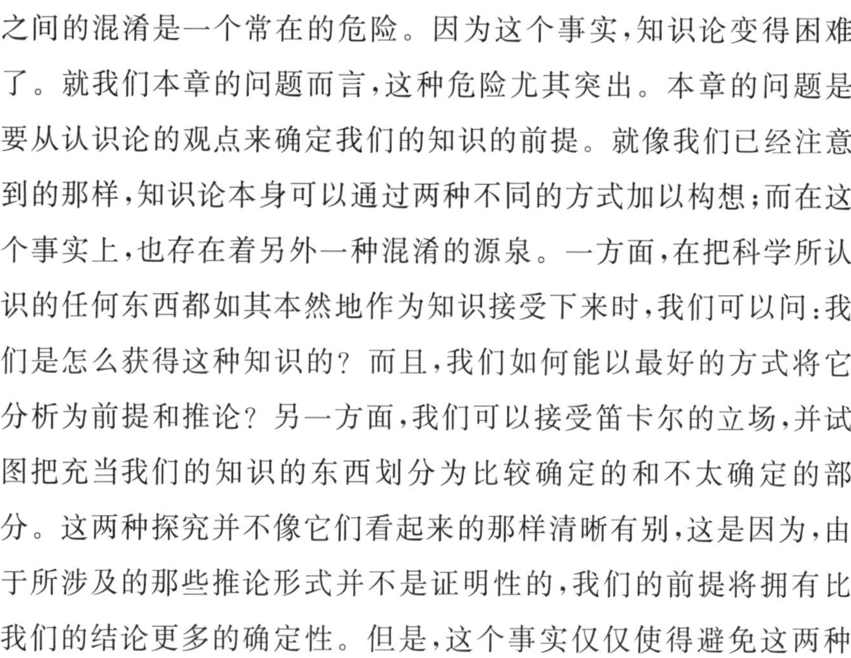

知识论涉及心理学、逻辑学以及各门自然科学，以致不同观点之间的混淆是一个常在的危险。因为这个事实，知识论变得困难了。就我们本章的问题而言，这种危险尤其突出。本章的问题是要从认识论的观点来确定我们的知识的前提。就像我们已经注意到的那样，知识论本身可以通过两种不同的方式加以构想；而在这个事实上，也存在着另外一种混淆的源泉。一方面，在把科学所认识的任何东西都如其本然地作为知识接受下来时，我们可以问：我们是怎么获得这种知识的？而且，我们如何能以最好的方式将它分析为前提和推论？另一方面，我们可以接受笛卡尔的立场，并试图把充当我们的知识的东西划分为比较确定的和不太确定的部分。这两种探究并不像它们看起来的那样清晰有别，这是因为，由于所涉及的那些推论形式并不是证明性的，我们的前提将拥有比我们的结论更多的确定性。但是，这个事实仅仅使得避免这两种探究之间的混淆，成为更加困难的事情。

我们现在要试图定义的一个知识论的前提，必须拥有三个特征。它必须是(a)一个逻辑的前提，(b)一个心理学的前提，以及(c)就我们能够作出断定而言，是真的。对于这三个特征中的每一个，都有某种东西必须要说。

(a)如果给定了任何一个体系式的命题集,比如说一个包含在拥有一些一般法则的某门科学中的命题集,那么通常有可能以数量上不确定的方式挑选出某些命题作为前提,并演绎出其余的部分。例如,在牛顿关于太阳系的理论中,我们可以把万有引力定律 132
以及在某一给定时刻行星的位置与速度作为前提。选择任何其他时刻也是可以的,而且我们可以用开普勒三定律代替万有引力定律。在进行这些分析时,逻辑学家,就其作为逻辑学家而言,是不关心所涉及的这组命题的真或假的,只要它们是相互融贯的就行(假如它们不是这样,他将同它们毫无瓜葛)。例如,他同样愿意考虑一个假想的行星系和一个不同于平方反比律的引力法则。他也没有声称,他的前提为相信他们的结论提供了根据,甚至当二者都是真的时也是这样。当我们考虑信念的根据时,万有引力定律是一个推论,而非一个前提。

逻辑学家在寻找前提时有一个目的,即他寻求一组数量上最少的前提,而认识论者则显然没有这样的目的。假如,一个给定的命题集中的所有命题都能从一组前提的全体而非部分中演绎出来,那么,相对于该给定的命题集,这组前提就是数量上最少的一组前提。通常存在着许多组数量上最少的前提,逻辑学家更喜欢最简短的那些;而在那些同样简短的各组前提中,他更喜欢最简单的那一组。但是,这些偏好仅仅是美学意义上的。

(b)一个心理学的前提,可以定义为并非由任何一个或任何一些其他信念所引起的一个信念。从心理学上说,一个信念可以被认为是推论出来的,当它是由其他一些信念引起的时,不管这种推论对于逻辑学来说可能是多么无效。在并非由其他信念所引起的信念中，最明显的一类是那些直接产生于知觉的信念。然而，这些信念并不是仅有的作为心理学的前提的信念。在演绎论证中，需要其他一些信念来产生我们的信念。从心理学上讲，归纳可能也是以基本信念作为基础的。我目前不打算探究可能存在什么样的其他信念。

(c)由于我们所关心的是关于知识的理论，而不只是关于信念的理论，所以我们不可能把所有心理学前提都作为认识论前提接受下来，因为两个心理学的前提可能是相互矛盾的，因此也就不可
133 能都是真的。例如，我可以认为"有一个人正在往楼下走"，并且过后我可能意识到那是我在镜子里的影像。由于这样的原因，在作为知识论的前提被接受下来时，心理学的前提必须经受分析。在这种分析中，我们尽可能地远离怀疑状态。我们假定知觉能够产生知识，尽管它可能产生错误——假如我们在逻辑上是粗心的。没有这种基本的假定，我们在经验世界方面就会沦落为完全的怀疑论。必须承认，怀疑论是一种可能的哲学，而且无论是支持它，还是反对它，都找不到逻辑上可能的论证。然而，它过于浅薄、过于天真，因而是无趣的。因此，无须多加啰嗦，我将直接提出相反的假说；而根据这种假说，由知觉引起的信念将被接受，除非存在正面的拒绝它们的根据。

由于我们绝不可能完全肯定任何给定的命题都是真的，所以我们绝不能完全肯定它是一个认识论的前提，即使它拥有另外两种用来定义的属性且对我们来说似乎是真的。我们将把不同的"权重"(使用赖欣巴赫教授所用的一个术语)给予我们所相信的不同的命题，并且假如这些命题是真的，它们就是认识论的前提：最

高的权重将被给予我们最能肯定的那些命题，而且最低的权重将被给予我们最不能肯定的那些命题。在存在逻辑冲突的地方，我们会牺牲我们不太能肯定的那些命题，除非大量的这类命题都与数量很少的我们更能肯定的命题相对立。

由于缺少确定性，我们将不会像逻辑学家那样，把我们的前提减少到最低数量；相反，当许多相互支持的命题全都可以作为认识论的前提被接受时，我们会感到高兴，因为这提高了所有这些命题的可能性。（我不是在考虑逻辑的可推论性，而是归纳的相容性。）

根据它们是当下的、个人的或社会的，认识论的前提分为不同的类型。让我们举例说明。我相信 $16^2 = 256$；此刻，我是根据记 134
忆而相信这一点的。但是，很可能我在某个时候做过这道算术题，而且我已经确信人们普遍接受的那些乘法规则来自逻辑的前提。因此，如果把我的生活经历作为一个整体，$16^2 = 256$ 就是从逻辑中而非从记忆中推论出来的。既然如此，假如我的逻辑是正确的，在个体的和社会的前提之间就不存在某种差别。

但是，现在让我们以麦哲伦海峡的存在为例。我当下的认识论前提还是记忆。但是，我在各种不同的时间拥有若干很好的理由：地图、旅游资料，等等。我的理由一直就是其他人的断言，并且我相信他们消息灵通，且为人诚实。他们的理由，如果往回追溯的话，就回到了知觉对象：当不是雾天时，麦哲伦①以及待在所涉及的这个地区的人，看到了被他们当成陆地和海洋的东西，并凭借各

① 麦哲伦，葡萄牙航海家，1519 年率领西班牙船队首次作环球旅行，后来发现以他的名字命名的麦哲伦海峡。——译注

种系统化了的推论而绘制了地图。因为把人类的知识视为一个整体，所以正是麦哲伦和其他的旅行者的知觉对象，为相信麦哲伦海峡的存在提供了认识论的前提。对作为一种社会现象的知识感兴趣的那些作者，倾向于关注社会的认识论前提。对于某些目的来说，这是合理的；但对于其他一些目的来说，这是不合理的。在决定是把公共资金用来研制望远镜还是用来调查特罗布里恩群岛[①]的居民这个问题上，社会的认识论前提是重要的。实验室的实验瞄准于确立一些可以融入为人们普遍接受的人类知识体系之中的新的事实前提。但是对于哲学家来说，有两个先在的问题：我有什么样的理由（假如有的话）相信他人的存在？而且，我现在有什么样的理由（假如有的话）相信我在过去的某些时间存在过，或者更一般地说，相信我当前的与过去时间有关的那些信念或多或少是正确的？现在对我来说，只有当下的认识论前提才确实是认识论前提，而其他的东西在某种意义上一定是被推论出来的。对我来说，与对其他人不同，我的个人的前提就是前提，但是他人的知觉则不是。有些人在某种神秘的意义上把人类当作一个单个的存在
135 体，并认为它拥有一个单个的持存的心灵；唯有这些人才有权力把他们的认识论限定于对社会的认识论前提的考虑。

根据这些区分，让我们考虑关于经验论的可能的定义。我认为，绝大多数经验论者都是社会的经验论者，少数的几个人是个体的经验论者，而几乎没有人是当下的经验论者。所有经验论者的

① 特罗布里恩群岛（Trobriand Islands）是位于新几内亚的一个由八个小岛组成的群岛。——译注

共同之处，在于他们对知觉前提的强调。我们现在要寻求关于这个术语的一个定义，而眼下我仅仅说几句初步性的话。

从心理学上说，一个“知觉前提”可以定义为一个尽可能当下地被一种知觉对象所引起的信念。假如我之所以相信将有一次日食，是因为天文学家是这么说的，那么我的信念并不是一个知觉前提。假如我之所以相信有一次日食，是因为我看见了它，那么我的信念就是一个知觉前提。但是，困难立即出现了。天文学家称作一次日食的东西是一个公共事件，而我正在看到的东西可能是因为我的眼睛或望远镜的某种缺陷所致。因此，尽管“有一次日食”这个信念可能无须有意识的推论就会在我身上产生，但是这个信念并非仅仅是对我看到的东西的表达。因而在认识论上，我们被迫以一种比在心理学中所必要的东西更狭窄的方式来定义“知觉前提”。我们被迫这样做，是因为我们想使“知觉前提”成为绝无合适理由可以认为其不真实的某种东西，或者相当于同一种事物的某种东西，即某种被如此定义以至于两个知觉前提不可能相互矛盾的东西。

在假定“知觉前提”得到了充分的定义之后，让我们回到“经验论”的定义上来。我当下的知识大部分是由记忆组成的，而且我的个人知识大部分是由证据组成的。但是记忆，当它是真的时，是相对于一个先前的知觉前提的；而证据，当它是真的时，是相对于某个其他的人的知觉前提的。社会的经验论把其他时间或其他人的这些知觉前提就当作关于现已为人所接受的东西的全部(*the*)经验前提，因而也就回避了与记忆和证据有关的那些问题。这显然是不合理的，因为我们有理由相信记忆和证据二者有时都会欺骗 136

人。现在,我只能通过来自记忆和证据的推论获得其他时间和其他人的知觉前提。假如我现在确有某种理由相信我昨天在百科全书上看到的东西,我现在必须找到某种理由去信任我的记忆,并在适当的情况下相信我以证据形式所得到的东西。换句话说,我必须从当下的认识论前提出发。做其他任何事情就是在回避某些问题,而考虑这些问题是认识论的工作的一部分。

从以上的考虑可以看出,认识论不能说:"知识全部起源于知觉前提,连同关于证明的和可能的推论的原理。"至少,记忆前提必须被加到知觉前提中去。为了使证据成为合理的,必须补充什么样的前提(假如有这样的前提的话),是一个困难的问题;这一点必须铭记在心,但目前无须加以讨论。在任何一种站得住脚的经验论的形式中,知觉的首要价值是因果的。记忆,当它是真的时,因果地依赖于先前的知觉;证据,当它是真的时,因果地依赖于某个其他人的知觉。因此,我们可以说:"人类所有关于事实的知识部分说来都是由知觉产生的。"但是一个这种类型的原理,显然是通过推论才能被认识的;它不可能是认识论中的一个前提。相当明显,我之相信麦哲伦海峡存在的部分原因是某些人看到了它们,但这不是我的信念的根据,因为我必须证明这些人拥有这些知觉对象,或者宁可说,我必须使这一点成为可能。对我来说,他们的知觉对象是推论,而非前提。

第十章　基本命题 137

“基本命题”，就像我希望使用这个术语的那样，是认识论前提即那些尽可能直接地由知觉经验引起的命题的一个子类。这不包括用于推论的那些前提，无论它们是确定性的还是可能性的。它也不包括任何用于推论的超逻辑的前提，假如存在这样的命题——例如，“红的东西不是蓝的”、“假如A早于B，则B不早于A”。这样的命题需要仔细地加以讨论。但是，不管它们是不是前提，在上述意义上它们无论如何不是“基本的”。

我从A.J.艾耶尔先生那里借用了“基本命题”这个术语。A.J.艾耶尔把它用作逻辑实证主义者所使用的德语的*Protokollsatz*（记录句）的等价物。也许，我不会在与艾耶尔完全相同的意义上使用它。但是，我会在导致艾耶尔与逻辑实证主义者需要这样一个术语的同一个问题上使用它。

许多知识论的作者认为，从一个单个的现象中学不到任何东西。他们认为，所有知识都是对大量或多或少类似的经验的归纳。就我来说，我认为，这种观点使得历史成为不可能的，并使得记忆成为不可理解的。我认为，从一个人所注意到的任何现象中，他都能够获得知识，而且假如他的语言习惯是适当的，他就能用句子表达这种知识。当然，他的语言习惯是由过去的经验产生的，但是这

些习惯只是决定了他所使用的语词。给定了他的语词的意义，并
138 加以足够的小心，他所说的东西的真理性可以完全依赖于他所注意的一个现象的特征。当情况是这样的时，他正在断言的东西就是我称之为一个“基本命题”的东西。

关于基本命题的讨论有两个部分。首先，作为对对立的意见的反驳，有必要证明存在着基本命题。其次，有必要确定它们刚好能够断言哪类事物，并表明它们所断言的那类东西，通常要比常识在所说的这些基本命题可以从认识论上得到证明的那些场合所断言的东西要少得多。

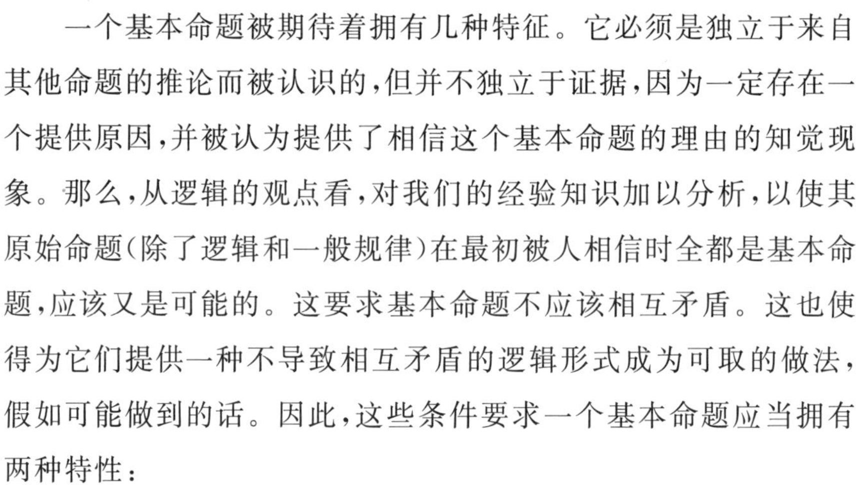

一个基本命题被期待着拥有几种特征。它必须是独立于来自其他命题的推论而被认识的，但并不独立于证据，因为一定存在一个提供原因，并被认为提供了相信这个基本命题的理由的知觉现象。那么，从逻辑的观点看，对我们的经验知识加以分析，以使其原始命题(除了逻辑和一般规律)在最初被人相信时全都是基本命题，应该又是可能的。这要求基本命题不应该相互矛盾。这也使得为它们提供一种不导致相互矛盾的逻辑形式成为可取的做法，假如可能做到的话。因此，这些条件要求一个基本命题应当拥有两种特性：

(1)它必须是由某个可感现象引起的；

(2)任何其他命题必须不能与它相矛盾。

关于(1)：我不想坚持使用“引起”这个词，但是信念必须产生于某个可感现象的场合，而且假如有人表示怀疑，它必须通过这个

理由即“嗨,我看到了它”或者某种类似的东西而得到辩护。这个信念指向某个时间,而相信它的理由在此前并不存在。假如所说的事件在先前已经推论出来或被期待着,那么先前的证据不同于知觉所提供的证据,并且通常会被认为不太具有决定性。知觉为信念提供被认为可能性最强的那个证据,而非语词的证据。 139

关于(2):常识在知觉基础上建立的判断,比如“有一条狗”,通常超出了当前的材料,而且因此可能会被随后的证据所反驳。单从知觉来看,我们不能知道关于其他时间或者关于他人知觉的任何事情,也不能知道关于在非个人意义上被理解的物体的任何事情。这就是我们在寻找材料时被迫进行分析的原因:我们寻求一个逻辑上独立于其他现象的核心的东西。当你认为你看见一条狗时,在知觉中真正给予的东西可以用“有一块犬科动物的色片”这些语词加以表达。先前的或随后的现象以及他人的经验,都不能证明这个命题是假的。确实,在我们推断日食的意义上,可能存在着反对当前知觉判断的证据;但是这个证据是归纳的,而且仅仅是可能的,它无法反对“这些感官的证据”。当我们以这种方式分析一个知觉判断时,我们就被给予了某种无法证明为错误的东西。

于是,我们可以把一个“基本命题”定义如下:它是一个出现于知觉场合的命题,该知觉则是使其为真的证据;并且,它拥有某种特定的形式,以致拥有这种形式的任何两个其他命题,假如起源于不同的知觉对象,不可能是相互矛盾的。

“我热”、“那是红的”和“多么难闻的味道!”都是这样的例子。上述意义上的所有基本命题都是个人的,因为任何其他人都不可能和我共同拥有我的知觉对象,而且它们是暂时性的,因为片刻之后它们就被记忆所取代。

我们能够接受一种逻辑的定义以取代上述定义。我们可以考虑经验知识的全体,并把“基本命题”定义为这个全体中在逻辑上不可证明的那些命题,而且这些不可证明的命题自身是经验的命题,即断言某个时间中的现象的命题。我认为,从外延上说,这个定义等同于上述的认识论定义。

140 某些逻辑实证主义者,比较著名的是纽拉特和亨普尔,否认任何一组命题能够作为“基本的”命题而被挑选出来,或者说在任何重要的意义上作为其余命题的前提而被挑选出来。他们的观点是,“真”是一个句法的而非语义的概念:一个命题在一个特定系统中是“真的”,假如它与该系统中的其余命题之间是融贯的;但是可能存在一些与第一个系统不相容的其他系统,而在这些系统中该命题将是“假的”。根据他们的看法,不存在一个可以把一个命题的真从某种非语词的现象中引申出来的过程:语词世界是一个封闭的自足的世界,哲学家无须烦神于在其之外的任何事情。

在逻辑和数学中,“真”是一个句法的概念这种观点是正确的,因为正是句法保证了重言式的真。在这个范围内,通过研究所涉及的这个命题的形式,可以发现真;无须走到外面去寻找这个命题所“意指”或“断言”的某种事物。所提到的这两位作者使经验真理类同于逻辑真理,因而不自觉地到回到了斯宾诺莎、莱布尼茨和黑格尔的传统。在拒绝他们的观点——我认为我们必须这么做——时,我们是在提出这样的看法,即经验材料中的“真”和逻辑与数学中的“真”拥有不同的意义。

我刚才说过,真理的融贯论是黑格尔提出的理论。约阿希姆在他的《真理的性质》一书中，根据一种黑格尔式的观点对它进行了解释；而我在《哲学论文》(1910 年)一书中根据符合论的观点对它进行了批评。然而，黑格尔的理论不同于纽拉特的理论，因为它认为只有一组相互融贯的命题才是可能的，因此每个命题依然明确地是真的或假的。相反，纽拉特坚持皮兰德娄的观点："如果你是如此认为的，那么它就如此。"

纽拉特和亨普尔的理论是在发表于《认识》与《分析》的某些文章中阐述的。以下是他们所写的文字的一些引文或段落。

当我们能够将其纳入(*eingliedern*)时，一个断言就被称作正确的。

断言与断言相比较，而不是与"经验"(*Erlebnissen*)相比较。 141

不存在原始的记录语句或者无须证明的命题。

所有记录语句都应该转换为如下形式："奥托在 3 点 17 分的记录：{奥托在 3 点 16 分的语词-思想(在 3 点 15 分奥托在此房间里感知到一张桌子)}。"

这里，重复使用"奥托"这个词来代替"我"是必要的。

尽管，根据以上所述，若非物理学作出关于这个物理世界的某些断言，似乎不允许我们知道关于它的任何事物，可是纽拉特本人仍然提出了这样的看法，即句子是"一摊摊墨水或者各种光波系统"(载《认识》杂志第四期第 209 页)。他没有告诉我们他是如何发现这个事实的；大概他仅仅意味着物理学断言了它。

纽拉特在《极端的物理主义与实在世界》(载 1934 年《认识》杂志第四期第 5 页)这篇文章中，坚持下述这些主张：

1. 包括记录语句在内的所有事实语句，都是判定的结果而挑选出来的，并能够加以改变。

2.我们称一个事实语句是假的，当它不能融入科学大厦时。

3.对某些事实语句的检验在于它同某些记录语句的协调一致：我们所得到的不是实在，而是许多互不相容但内部融贯的一组组命题，在它们之间作出选择“不是逻辑上优先的事情”。

纽拉特说，生活实践迅速减少了模糊性，而且周围人的看法影响着我们。

卡尔·G.亨普尔在《论逻辑实证主义的真理理论》(载1935年1月《分析》杂志第二期第4页)一文中，阐述了逻辑实证主义关于记录语句的观点的演变。他说，该理论是一步一步地从一种符合论发展为一种克制的融贯论的。他说，纽拉特否认我们始终能把实在与命题相比较，而卡尔纳普则赞同这一点。

142 他说，我们是从维特根斯坦的原子命题出发的。这些原子命题被记录语句所取代，而且乍一想，后者表达了观察的结果。但是，记录语句不再是观察的结果，于是也就没有哪一类陈述作为基本的东西为人所承认。

卡尔纳普(亨普尔也接着)说，对科学来说，没有绝对的最先的陈述；甚至对于记录语句，也需要进一步的证明。不过：

“卡尔纳普和纽拉特绝非想说：‘不存在事实，只存在命题’；相反，在一个观察者的记录中或者在一本科学文献中的某些陈述的出现，可以看作一个经验事实，而所出现的那些命题可以看作经验对象。由于卡尔纳普在实质的和形式的说话方式之间所作出的区分，这些作者确实想说的话可以得到更精确的表达……

“通过这种形式的说话方式，即通过一种粗糙的表述，可以把真理概念刻画为在由人们公认的记录语句所组成的系统与可以从这个陈述和已被接纳的其他陈述中演绎出来的逻辑结论之间所存在的一种充分的一致……

“说经验陈述‘表达事实’，并且真理因而就在于陈述与它们所表达的‘事实’之间的某种符合，是一种典型的实质的说话方式。”(第54页)[即“真理”是句法的，而非语义的。]

“为了拥有一种程度相对较高的确定性，人们将回到那些可信赖的观察者的记录语句。”[两个问题出现了：A. 我们如何知道谁是值得信赖的？B. 我们如何知道他们说了什么？]

“我们称其为真的记录语句系统……仅能通过这样的历史事实而得到刻画：人类所实际接受的，尤其是我们文化圈子里的科学家们所实际接受的，正是这个系统。

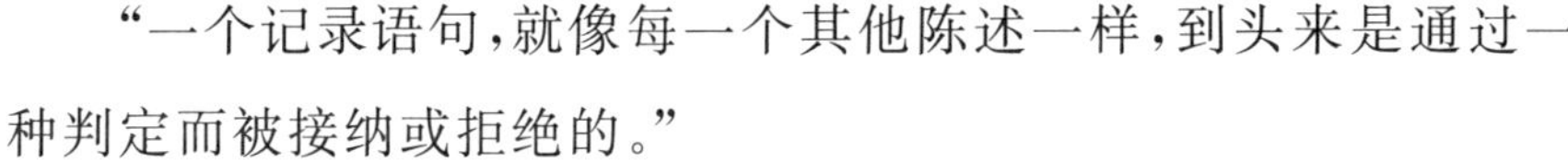

“一个记录语句，就像每一个其他陈述一样，到头来是通过一种判定而被接纳或拒绝的。”

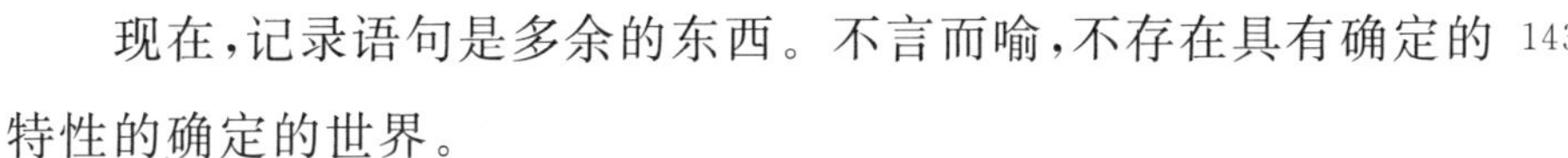

现在，记录语句是多余的东西。不言而喻，不存在具有确定的 143
特性的确定的世界。

我认为，就他们的问题即构造一部知识大全而言，纽拉特和亨普尔可能或多或少是正确的。他们想要公共的、非个人的，且被并入公共科学的命题。但是，公共知识是一种构造，它包含的东西比私人知识的总和要少。

人们并不期待构造知识大全的那个人自己去做实验。他被期待着去对那些最优秀的权威者的意见进行比较，并在其所能做到的范围内制定出他那个时代的标准的科学的意见。因而，在处理科学问题时，他的材料是意见，而非对主题的直接观察。科学中那些作为个体的人的意见是知识大全编撰者的前提，然而他们并非仅仅自己去比较其他研究者的意见：他们作出观察，并进行实验，而且他们打算据此拒绝——假如有必要的话——先前那些无异议的意见。观察或实验的目的在于产生新的知觉经验，并且知觉者因之拥有了新的知识，而这种知识首先是纯粹个人的和私人的知识。其他人可以重复这个实验，而且到头来这个结果将成为公共知识的一部分。但是，这种公共知识仅仅是各种私人知识的一种抽象或缩影。

全部知识论都必须从“*我*知道什么”开始，而非从“人类知道什么”开始，因为我怎么能说出人类所知道的东西呢？唯有通过两种方式才能做到：(a)个人对人类在其书籍中所说的东西进行观察，(b)权衡支持人类书籍中所说的东西是真的这种观点的证据。假如我是哥白尼，我会反对这些书籍中的结论；假如我是一个研究楔形文字的人，我可能会断定，大流士并未说过人们所设想的他关于他的那些战役所说过的话。

有一种忘记笛卡尔和贝克莱的论证的倾向。这种倾向并不限于纽拉特和亨普尔，而弥漫于许多现代哲学中。笛卡尔和贝克莱
144 的这些论证也许可以被驳倒，尽管就我们当前的问题而言，我并不认为它们能被驳倒。但是无论如何，它们太有影响了，以至于不能只是对它们略而不论。在当前的这个方面，关键之处在于，*我*的关于实际事情的知识必须建立在*我*的知觉经验基础上，而且单单通过这些经验，我就能够确定作为公共知识被接收的东西是什么。

这尤其适用于在书本中所发现的知识。这一点，即卡尔纳普的那些书说出了它们确实说出的任何东西，就是那类通常会作为公共知识而被接受的事情。

但是，我知道什么呢？

(1)当我看它们时，我看到了什么？

(2)当其他人大声朗读它们时，我听到了什么？

(3)当其他人在文字中引用它们时，我看到了什么？

(4)当我对两本相同的书进行比较时，我看到了什么？

因此，通过复杂的和可疑的推论，我过渡到了公共知识。

按照纽拉特的观点，语言与非语言现象之间没有任何关系，但是这就使得许多日常经验成为无法解释的。例如：1901 年我从海上航行达到了墨西拿，并发现那里的旗子都往下降了一半。经过打听，我了解到，麦金利被刺杀了。假如语言与非语言现象之间没有关系，这整个的过程都是无意义的。

就像我们看到的那样，纽拉特说，一个记录的语句的适当形式 167
是："奥托在 3 点 17 分的记录：{奥托在 3 点 16 分的语词-思想(在 3 点 15 分奥托在此房间里感知到一张桌子)}。"

在我看来，在把这种形式给予记录的语句时，纽拉特表明自己远比那个说"有一条狗"的人值得信赖。在里面的那个括号里，他感知到一张桌子，而这恰恰和感知到一条狗一样地糟糕。在外面那个括号里，他发现了代表他所感知到的东西的语词，而他所感知到的东西指的是"在 3 点 15 分奥托在此房间里感知到一张桌子"。而且一分钟以后，他写下了他所写出的那些语词。最后这个阶段包含了记忆以及自我的连续性。第二阶段也包含了记忆，另外还包含反省。

让我们来充分地领会这个问题。

我们从里面的括号开始:“在3点15分奥托在此房间里感知到一张桌子。”我们可以认为,“在此房间里”这些词仅仅意味着这张桌子有一个知觉背景,而且在那种意义上,我们不再过多纠缠。“在3点15分”这些词意味着奥托正在看他的表以及这张桌子,而且他的表是准的。假如加以认真地对待,这些都是严重的问题。让我们假设:我们不说“在3点15分”,而说“有一次”;我们不说“在3点16分”,而说“过了一小会儿”;我们也不说“在3点17分”,而说“又过了一小会儿”。这就消除了时间测量上的这些困难,而这些困难也确实不可能是纽拉特打算引进的。我们现在来看“有一张桌子”这些词。根据与“有一条狗”的同样的理由,这些是可以加以反对的。它可能不是一张桌子,而是一面镜子中的影像;或者也许像麦克佩斯的匕首一样,它是在桌子上实施谋杀的意图使人想起的一种幻觉;或者,它也许是由桌子的一个瞬间表象所引起的一组按很不同寻常的方式排列起来的量子现象,并在下一个时刻就将消失。可以认为最后这个假设是不可能的,可以认为纽拉特博士也不是那类想着去谋杀某人的人,而且可以认为他的房间很可能没有一面大到足以照射处于某个地方的一张桌子的镜子。但是在与记录语句有关的地方,这些考虑应该是不必要的。

我现在讨论一个还要更严重的问题。我们被告知,不仅有一张桌子,而且有一张“被奥托感知到”的桌子。最后这个陈述是一个社会陈述,它来自社会生活的经验,而且它绝不是原始的陈述。就存在着相信它的理由而言,它是建立在论证的基础上的。奥托感知到这张桌子,或者不如说,奥托感知到一个平板状的令人满意的外观(appearance);但是就算这样吧,他没有感知到奥托感知到它。何谓“奥托”？就其自己或者别人知道他而言，他是一系列的现象。这些现象中的一个现象，就是他仓促地称之为一个人的那种视觉外观。借助于交谈，他得出这样的结论：人们提到的这些现象形成了若干束状物，每一束都是一个人，而且这张桌子的外观属 146
于和后来的语词-思想以及更后来的书写行为相同的束状物。但是，所有这些复杂的东西都不是视觉材料的一部分。假如他总是一个人生活，他绝不会区分“有一张桌子”和“我看见一张桌子”。事实上，他总会使用前面那个说法，假如人们可以设想他确实在使用言语的话。“我”这个词是一个限制性的词，它意味着“我，不是你”。它绝不是任何原始材料的一部分，而且当纽拉特不说“我”而说“奥托”时，这就越发明显了。

至此，我们只是关心在 3 点 15 分所发生的事情。现在该考虑在 3 点 16 分所发生的事情了。

在 3 点 16 分，奥托把在 3 点 15 分发生的事情用语词表达了出来。现在我愿意承认，他所使用的这些言词，就是一个对某些陷阱不加警惕的人很可能会使用的那些语词。因此，在这个阶段，需要批评的东西比较少。他所想到的东西可能不是真的，但我完全愿意承认他想到了它，假如他这么说了。

在 3 点 17 分，奥托实施了一次反省行为，并断定，一分钟以前某种言语在他的思想中，但是这种言语并不只是作为一句言语，而是作为一个关于他在 3 点 16 分仍然记得的先前的知觉的断言。正是仅仅发生在 3 点 17 分的事情被实际地断言了。因而，根据纽拉特，经验科学的材料全都是下述形式的：

“某个人（这个人碰巧是我自己，但是我们被告知，这是无关紧要的)在某个时间意识到,一小会儿以前他相信一句言语,而这句言语断言了在那个时间之前的一小会儿他看见了一张桌子。”

这就是说,所有经验知识都是以对先前的场合所用的语词的回忆为基础的。为什么回忆比知觉更应该得到偏爱?并且,为什么除了关于思想-语词之外,任何回忆都不能得到承认?这些问题
147 都没有得到解释。纽拉特试图保证材料中的公共性,但是他错误地获得了一种最主观的知识形式,即对过去思想的回忆。对于相信材料可以是公共的那些人,这个结果并不令人鼓舞。

纽拉特给予记录的句子的这种特殊形式,并不是其学说的一个实质部分。因此,让我们在更一般的意义上对它进行考察。

让我们重述某些引文。[1]“陈述与陈述相比较,而不与经验相比较。”(N)“一个记录语句,就像每一个其他陈述一样,到头来是通过一种判定而被接纳或拒绝的。”(N)“我们称其为真的记录语句系统……仅能通过这样的历史事实而得到刻画:人类所实际接受的,尤其是我们文化圈子里的科学家们所实际接受的,正是这个系统。”(H)“我们所得到的不是实在,而是许多互不相容但内部融贯的一组组命题,在它们之间作出选择“不是逻辑上优先的事情(*logisch ausgezeichnet*)。”(N)

使语言世界成为自足的这种企图容易招致很多反对意见。首先举关于语词的经验陈述的必然性为例,比如“纽拉特如此这般地说”。我怎么能知道这一点呢?通过在一片白色的背景中看到某些黑色的标记而知道的。但是,根据纽拉特和亨普尔的看法,不应

---

① 在以下所述中,“N”代表“纽拉特”,“H”代表“亨普尔”。

当使这个经验成为我断言“纽拉特如此这般地说”的根据。在我可以断言这一点以前，我必须弄清人类，尤其是我的文化圈子里的人，对于纽拉特所说的话持什么样的意见。但是，我将如何弄清它呢？我走访我的文化圈子里的所有科学家，并问：“纽拉特在第364页上说了什么？”在他们答复时，我听到了某些声音，但这是一种经验，因而不可能为关于他们所言之物的看法提供某种根据。当A回答时，我必须走访B、C、D以及我的文化圈子里的其余人，以便弄清他们认为A说了什么。如此等等，构成了一个无穷后退。假如耳目不能使我知道纽拉特说了什么，那么任何一群科学家，不管他们多么杰出，也不能使我知道。假如纽拉特是正确的，那么，我不是通过他的著述知道他的意见的，而是通过我的以及我 148
的文化圈子里的科学家们的决定而知道的。如果我们愿意把一些完全不同于他事实上所拥有的那些意见归属于他，那么他要去反驳或证明自己著述中的某些记录是没有用处的。因为通过这样的行为，他只会让我们拥有经验，而这些经验绝不是陈述的根据。

确实，亨普尔否认他的学说所带来的这些后果。他说：“卡尔纳普和纽拉特确实丝毫也不想说：‘没有事实，只有命题’；相反，在一个观察者的记录或一本科学文献中某些陈述的出现被看作一个经验事实，而且所出现的命题被看作经验对象。”但是，这使整个理论变得空洞无物；因为，什么是一个“经验事实”呢？根据纽拉特和亨普尔的看法，说“A是一个经验事实”就是说“‘A出现’这个命题与某组已被接受的命题是融贯的”。在一个不同的文化圈子里，人们可能接受另一组命题。由于这个事实，纽拉特是一个被流放者。他自己说道，实际的生活很快减少了模糊性，而且我们受周围人的意见所影响。换言之，经验真理可以由警察机关来确定。显然，这种学说是对经验论的完全放弃；经验论的真正本质在于，唯有经验才能决定非重言式命题的真或假。

如果加以认真地领会，纽拉特的学说剥夺了经验命题的所有意义。当我说“太阳在照耀”时，我并不意味着这是许多互不矛盾的句子中的一个；我意指某种并非语词的东西，而且为了表达这种东西，像“太阳”、“照耀”这样的语词被发明了出来。语词的目的就在于论述不同于语词的事实，尽管哲学家们似乎忘记了这个简单的事实。假如我走进旅馆，并订了餐，那么我并不是想要我的语词与其他语词融入一个系统中，而是为了导致食物的出现。通过取我想要的东西，我本可以不使用语词而设法做到这一点，但这样不
149 太方便。某些现代哲学家中那些咬文嚼字者的理论，忘记了日常语词的这种简单的用于实践的目的，并沉湎于一种新新柏拉图式的神秘主义。我似乎听到他们在说“太初有言”，而非“太初有语词所意指的东西”。值得注意的是，这种回到古代形而上学的做法本该出现在那种成为超经验的事物的企图中。

第十一章　事实的前提 150

如果假定存在着基本命题，那么在我看来，对于知识论而言，“基本命题”或者可以定义为“经过仔细检查之后，在无需任何对其有利的外部证据的情况下，我们依然相信的那些关于特殊现象的命题”。从今以后，我将假定存在基本命题。

让我们考虑这个定义中的具体内容，并让我们从这一部分即“对其有利的外部证据”开始。可能存在有利于一个基本命题的证据，但是并非单单这个证据就能产生我们的信念。你可能会在早晨醒来，并发现天亮了，而且看一下你的手表，你也可以明白现在一定是白天。但是，即使你的手表指向午夜，你也不会怀疑现在是白天。在任何一种科学体系中，基于观察的许多命题都是相互支持的，但是每个这样的命题都能依靠自身的力量而值得人们相信。此外，只有以某种理论为基础，基本命题之间的相互支持才是可能的。

然而，在有些情况下，尽管我们的信念不是推论的，但它们或多或少是不确定的。这些情况主要出现在与记忆有关的场合。在这些情况下，一个由这些信念构成的体系，比起其中的任何单个的信念，更容易得到人们的接受。我想起 Z 先生在星期二邀请我吃饭；我查了一下日记，发现其中一篇日记就是这么记载的。我的记忆和我的日记都是可错的，但是当它们一致时，我认为它们都错是不太可能的。以后我还将回来讨论这种情况；目前，我希望把它们排除在我的考虑之外。同时，要看到，一个非推论的信念无须要么是确定的，要么是不容置疑的。

151 现在接下来的是关于仔细审查的问题，它是一个难以处理的问题。你说“有一条狗”，而且相当确信你的陈述是真的。我不假设你的信念受到贝克莱主教的攻击，但受到了他的一位现代商业助手的攻击。制片人走过来对你说：“哎呀！我希望你会认为它是一条狗，但事实上它是根据一种新的彩色电影方法录制而成的，这种方法为电影带来了革命性的变革。”也许，未来的生理学家能以一种看见一条狗所必需的方式刺激视觉神经。从关于布尔道格·德拉蒙德[①]的作品中，我猜想，拳头与眼睛的接触能使人们看到繁星满布的天空和道德律。而且，我们全都知道施行催眠术的人能够做些什么；我们也知道情感的激动可以制造像麦克佩斯的匕首这样的现象。根据这些全都来自常识而非哲学的理由，一个头脑谨慎的人会避免包含在“有一条狗”这种说法中的草率的轻信。

但是，这样的一个人在这样的一个场合又会说些什么呢？由于接受了不适当的教育，他会有一种他不得不抑制的说出“狗”的冲动。他会说：“有一块犬科动物的色片。”现在设想，由于他对笛卡尔的怀疑方法留下了很深的印象，他试图使自己连这一点也不相信。他能发现什么理由不相信它呢？它不可能被他可以见到或

---

① 布尔道格·德拉蒙德(Bulldog Drummond)是英国侦探作品中的主人公，奉命抓捕利用美色杀人的罪犯。——译注

听到的任何事物所否证，而且他不可能有更好的理由相信其他的视觉或声音而不相信这一个。如果他怀疑到这种地步，他甚至不可能知道他说出了“狗”，假如他确实这么说了的话。

我们应该注意到，基本命题，当应用于睡梦时，必定正如当它应用于清醒状态时一样，也是真的，因为梦境毕竟确实发生。这是区分基本的东西与解释的东西的一个标准。

我们因而获得了作为我们的经验中最不成问题的事物的当下知觉对象，而且它因而也可以作为所有其他种种确定性和伪确定性的标准与试金石。

但是对于知识论来说，我们感知到某物是不够的，我们必须用
语词表达我们感知到的东西。现在，绝大多数对象词都是压缩了 152
的归纳；我们已经有机会注意到，“狗”这个词也是这样的归纳。假如我们仅仅希望记录我们所感知到的东西，我们必须避免这样的语词。做到这一点是非常困难的，并且需要一种特殊的词汇。我们已经看到，这种词汇包含了像“红的”这样的谓词性的词，以及像“先于”这样的关系词，但不包括人的名称、物理对象的名称，以及由这样的项所组成的类的名称。

我们已经考虑过“基本命题”或者说记录语句这个问题，并试图表明，如果没有它们，经验知识是不可能的。要记住，我们是用两个特征来定义“基本命题”的：

(1)它是因为一种知觉的出现而产生的，并且这个知觉是其为真的证据；

(2)它拥有这样的一种形式，以致任何拥有这种形式的两个命题都不可能互相矛盾，假如它们起源于不同的知觉对象的话。

一个具有这两个特征的命题不可能被否证；但是，说它一定是真的则是草率的。

也许，任何实际的命题都不能相当严格地满足这个定义。但是，纯粹的知觉命题有一种我们可以逐步接近的极限，而且我们越是接近这个极限，出错的危险就越小。

然而，除了纯粹的知觉命题以外，经验知识需要断言事实的其他前提。我将把"事实的前提"这个名称给予任何断言了拥有一个日期的某种事物的非推论命题，而且经过仔细的审查之后，我也相信这些推论命题。我并不意味着这个日期是这种断言的一部分，而仅仅意味着某种具有时间性的现象是包含在该断言的真理中的东西。

对于经验知识来说，单有事实前提还不够，因为绝大部分经验知识都是推论出来的。除此之外，我们还需要演绎所必需的那些前提，以及科学所依赖的那些非证明性推论所必需的某些其他前提——不管它们可能是什么。很可能也有一些一般命题，比如"假
153 如 A 先于 B，并且 B 先于 C，那么 A 先于 C"，和"黄与绿比黄与蓝更相似"。然而，就像已经提到的那样，这样的命题需要进行深入的讨论。眼下，我只关心那些与特殊现象有关的我们的经验知识的前提，即我称之为"事实的前提"的那些命题。依我看，这些命题有四种：

Ⅰ. 知觉命题；

Ⅱ. 记忆命题；

Ⅲ. 否定的基本命题；

Ⅳ. 涉及当前的命题态度的基本命题，即涉及我所相信、怀疑

或愿望等等的东西的基本命题。

Ⅰ. 知觉命题。像在前面的一章中那样，假设我们在一个蓝色的圆框中看见了一个红色的方形。我们可以说“在一个圆中有一个方框”、“在一个蓝色的图形中有一个红色的图形”和“在一个蓝色的圆中有一个红色的方框”。所有这些都是知觉判断。知觉材料总是承认许多命题，它们全都表达了这种材料的某个方面。这些命题势必比材料更抽象，因为语词起着给事物分类的作用。但是，在说明的精确性上并不存在一个理论的极限，而且在知觉材料中也没有本质上不能用语词表达的东西。

真理符合论，当应用于知觉判断时，可能会以某种错误的方式得到解释。认为与每一个真的知觉判断相对应，都有一个单独的事实，是一种错误的想法。因而，在以上关于圆和方的例子中，存在一个拥有某种颜色以及某些角度标注的圆，而且在其内部，存在一个拥有另外某种颜色以及另外某些角度标注的方框。所有这一切都只是一种材料，多种多样的知觉判断能够产生于这种材料。在语言之外，并不存在一个事实即“在一个圆中有一个方框”，以及另一个事实即“在一个蓝色的图形中有一个红色的图形”。不存在若干“如此这般”这样的事实。存在若干我们通过分析从中获得 154
“如此这般”这样的命题的知觉对象。但是，只要明白了这一点，把知觉对象叫做“事实”就将是无害的。

Ⅱ. 记忆命题。关于这类基本命题，存在一些显著的困难。首先因为记忆是可错的，以致在任何特定的情况下，都难以发现它们与知觉判断具有相同程度的确定性;其次,任何记忆命题严格说来都是不可证实的,因为当前或将来没有任何事物可以使得任何关于过去的命题成为必然的;但是,第三,要怀疑过去存在某些事件或者相信这个世界只是刚刚开始是不可能的。这第三方面的考虑表明一定存在某些关于过去的事实前提,尽管第一方面和第二方面的考虑使得我们很难说清它们是什么。

首先,我认为,我们必须把我们关于当下的(*immediate*)过去所知道的东西从记忆这一范畴中排除出去。比如,当我们看到一次快速的运动时,我们知道相关的对象先是在一个位置,现在又在另外一个位置。但是,这是将要包含在知觉中的所有东西,而且不能算作一次记忆。这一点由这个事实所表明:看到一次运动不同于看到某一事物先在一个位置,然后又在另一个位置。[①]

在记忆与习惯之间作出区分绝不是容易的。在日常言语中,在涉及文字习惯的地方,这种区分被人忽视了。据说,假如一个儿童有正确的文字习惯,他会“记得”乘法运算表,尽管这张运算表从未出现过,而且他可能并不记得他学习这张运算表的任何场合。我们关于过去事件的记忆有时属于同一种类型:我们拥有一种关于叙述的文字习惯,但没有其他的东西。这种情况尤其与人们经常陈述的事件一起发生。但是,关于人们至今从未回忆过的或者至少长久未被回忆过的那些过去事件又如何呢?甚至这样,记忆
155 也可能被联想——即习惯的一种形式——所唤起。屠格涅夫的小

① 啊!就像钟的指针从数字旁边轻轻溜过,美也会悄无声息地离开。(莎士比亚,《十四行诗》第104首)

说《烟》开篇就写到了天芥菜花的味道，后者使人想起了一次久远的风流韵事。[1] 这里，记忆是不自愿的；然而，也有故意的回忆，比如说，写自传时的回忆。我认为，在这里，联想依然是主要的力量。我们从某件容易记住的突出事情开始，并且联想逐渐地把我们引至我们长时间没有想到的事情上。通常，这种突出的事情自身依然是突出的，因为它与当前之间具有许多联想性关联。显然，我们并非总是记住我们能够记住的一切事情，而且使我们在一个特定时刻记得一个特定事件的东西，就是与当前某种事物之间的某种关联。因而，联想确实是一次回忆现象中的关键因素。但是，这依然让我们无法确定记忆的认识论地位。

首先，以我们知道过去意味着什么这个事实为例。如果没有记忆，这是可能的吗？人们也许会说，尽管我们对将来没有记忆，但是我们知道将来意味着什么。然而，我认为将来是相对于过去而得到定义的：它是“现在的当前已经过去之后的那个时间”。时间的流逝，在某种程度上，可以从似是而非的现在中得到理解：当一个人说出一个短句比如“晚餐摆好了”时，我们知道在第一个词与最后一个词之间有一种时间的流逝，尽管整个的句子出现在似是而非的当前之内。但是，在真实的记忆中，有一种完全不同的过去性，这是联想与其没有关系的某种东西。比如说你遇见了一位二十年来未曾谋面的人：联想将解释与你可以想起的以往会面相联系的某些语词或意象的出现，但解释不了这些语词或意向与过

① 该小说描写了主人公利特维诺夫在一次偶然的机会与已成为贵妇人的初恋情人伊琳娜邂逅，并又产生了热烈的爱情的故事。——译注

去的关联。你可能发现把它们归属于现在是不可能的，但是你为什么不把它们仅仅当作某些虚构的幻想呢？你没有这么做，而是以为它们指称了确实发生过的某种东西。因此，仅仅这个事实，即我们能够理解“过去”这个词，似乎就蕴含着我们知道某种事情在
156 过去发生过。由于我们关于过去的绝大部分基本知识几乎不可能指称一个模糊的“某物”，因此一定存在某些将作为基本命题而被接受的更确定的记忆。

让我们以某种很难加以怀疑的回忆为例。设想你收到一份电报，说你在澳大利亚的叔叔给你留下了百万英镑，而且你上楼告诉你的妻子。当你到你的妻子面前时，你对电报内容的首次阅读已经成了记忆，但是你几乎不会怀疑它发生过。或者，以一些更通常的事件为例：在一天结束时，你能回忆起自你起床后所做的许多事情，而且至少关于其中的某些事情，你觉得有一种很高程度的确定性。设想你开始尽可能地多去记住这些事情。有些事情，你之所以知道它们，是因为它们总是发生：你穿衣、吃饭，等等。但是，即便关于它们，在知道它们一定发生过与记得它们之间也存在着一种非常清晰的区别。依我看，在真实的记忆中，我们拥有一些我们对之说“是”或“否”的意象。在某些情况下，我们以一种强调的语气说“是”，而且毫不犹豫。在另外一些情况下，我们在部分程度上依赖于相关的背景。就我们的目的来说，那些被强调的情况就是重要的情况。在我看来，意象以三种方式出现：仅仅作为想象的东西而出现，或者带着一种是的感觉出现，或者带着一种否的感觉出现。当它们带着一种是的感觉出现，但却与当前并不一致时，人们认为它们与过去相关联。（我的意思并不是说，这是对发生于记忆

中的东西的一种完全的解释。)因而,所有记忆都包含命题态度、意义和外部的指称。在这方面,它不同于知觉判断。

没有任何记忆是不可怀疑的。我在梦中拥有一些记忆;正如处于清醒状态下的最好记忆一样,它们也是确定的,但却全是不真实的。有一次在梦中,我记得怀特海和我在一个月前谋杀了劳合·乔治。知觉判断,当应用于睡梦时,正像当它应用于清醒状态时一样,也是真的。确实,这是正确解释知觉判断的一个标准。但是,梦中的记忆判断是错误的,除非它们是在记住这个梦的先前的一部分或者清醒状态下的一个真实事件。

由于记忆并不是不可怀疑的,我们寻求各种方式来巩固它们。157
我们作出同步的记录,或者我们从其他证人那里寻求证实,或者我们寻找倾向于表明我们所回忆的东西就是我们所期待的东西的理由。通过这些方式,我们能够增加任何一种给定的记忆之为正确的可能性。但是,我们无法使自己不依赖于一般记忆。关于其他证人的证据,这一点是显然的。关于同步的记录,它们很少在严格意义上是同步的,而且假如它们是这样的话,那么除非通过作出记录的那个人的记忆,它不可能在随后被人知道。设想你在 11 月 8 日记得你前一天晚上看到了一颗非常明亮的流星,而且你在你的书桌上发现一张你自己用手写的便条,上面写着“在 11 月 7 日 20 点32 分,我发现了武仙座中一颗非常明亮的流星。便条写于格林尼治时间 20 点 33 分”。你可能记得你写过这个便条;假如这样的话,关于流星的记忆和关于便条的记忆便相互印证。但是,如果你不把记忆当作知识的一种来源,你将不知道便条是怎么出现在那儿的。它可能是一位伪造者写的,或者是你自己把它作为实际

的玩笑写出来的。作为一个逻辑的事实，下述这一点是相当明显的：从目前在纸上看到的一组形状到昨晚在天上看到的一种明亮的光线之间，不可能存在任何证明性推论。因此，情况似乎是这样的：在涉及过去的地方，我们部分地依赖于证据之间的彼此融贯，部分地依赖于我们对于所说的那种特殊记忆的信念的力量。但是，我们对于通常的记忆的过分信任，使得我们不可能拥有过去的事情完全是一种幻觉这样的假设。

要记住，在以前的一章中，我们断定记忆命题时常需要语词“有的”。我们说：“我知道我在某个地方看到了那本书”，或者“我知道他说过某种非常机智的话”。也许我们能够记得甚至比这更模糊的事情，比如“我知道昨天发生了某件事情”。我们也许甚至记得“存在一些过去事件”，而且我们刚刚还拒绝承认它是一个事实前提。我认为，把这作为事实前提接受下来就太离谱了，但是确实（在某个给定时刻）存在一些包含“有的”的非推论的记忆命题。

158 这些命题可以在逻辑上从不包含“有的”并且在先前的某个时间中作为当前知觉之表达的命题中演绎出来。有一天你自言自语地说“噢，我丢失了那封信”，而且第二天你又说“我知道我昨天在某个地方看到了那封信”。这是存在于记忆与知觉之间的一种重要的逻辑上的差别，因为知觉绝不可能是一般的或者模糊的。当我们说它是模糊的时，那只是意味着，它并不承认某种其他知觉可以承认的那么多的推论。但是，意象，在其表象能力方面，可能是模糊的，而且以它们为基础的知识可能包含“有的”这个词。值得注意的是，这个词可能出现在一个事实前提中。

在承认记忆命题属于事实前提时，我们允许我们的前提可以是可疑的，而且有时可以是错误的。我们有时愿意承认与我们认为我们记得的东西相冲突的证据。记忆带着不同程度的主观的确定性出现在我们的面前。在有些记忆中，与一个当前的知觉对象相比，几乎不存在更多的怀疑；而在另外一些记忆中，犹豫不定的成分可能非常巨大。在实践中，记忆通过尽可能具有因果性的推论而得到加强，但是这样的推论绝不是论证性的。假如我们可以省缺记忆前提，或者假如我们无法省缺它们，但我们能够区分两种类型的记忆，而且其中一种是不可错的，那将是一种极大的简化。让我们来考察这些可能性。

在试图省缺记忆时，我们将依然承认关于任何一种属于似是而非的当前事物的知识；因而，我们将依然意识到时间顺序。我们将知道“A 早于 B”是什么意思。我们因此可以把“过去”定义为“早于似是而非的当前的东西”。我们将通过因果律构造我们关于过去的知识；这就如同我们在地质学中所做的那样，而在地质学中记忆是不起作用的。我们将看到，我们拥有记录因某种原因对我们来说是重要的事件的习惯，而记录的方式或者是写下来，或者是在我们自己身上产生一种言语上的习惯。比如说，假如当我们被介绍给一个人时，我们反复地向自己重复他的名字，那么我们所做的就是后者。我们可以经常这么做，以致当我们下一次碰到他时，我们立即就想起了他的名字。那么，据说我们就——用普通的语 159
言来说——“记住”了他的名字，但是我们却不必回忆起某个过去的事件。以这种方式，即通过记录或单单通过语词习惯，来建立我们关于过去的知识，是可能的吗？按照这种观点，假如我看到了一个人，并且知道他的名字叫琼斯，那么我将推断我在以前的某个场

合一定遇到过他，这正像假如他的脸蛋是隐约熟悉的，我也会这么做一样。当我看到一份记录时，我无须唤起回忆就能知道它是我写的，因为我现在能够重抄这份记录，并进行比较。于是，我就能够继续推断，这份记录讲述了曾经发生在我身上的某件事情。在理论上，这种包含在似是而非的当前时间中的短而有限的时间段，对于发现因果律来说是足够的；而通过因果律，我们能够在不必求助于记忆的情况下推断过去。

我不准备主张，上述理论在逻辑上是站不住脚的。毫无疑问，在不求助于记忆的情况下，我们能够知道关于过去的某种事情。但是我认为，事实上我们关于过去所知道的东西显然比能够以这种方式解释的东西更多；而且，尽管我们必须承认，对于我们认为我们记得的东西，我们有时会弄错，但是有些回忆几乎是不可置疑的，以致即便产生了许多相反的证据，它们依然要求我们相信它们。因此，我看不出我们能有什么理由拒绝把记忆作为我们关于事件过程的知识的来源之一。

尚待研究是否存在两种类型的记忆，即一种是可错的，一种是不可错的。我们或许会这么主张，同时又不认为我们可以确凿地知道一种特定的回忆属于哪一种；那么我们应当依然有理由认为，在每一种特殊情况下都有某种程度的不确定性。但是，我们至少应当有理由认为有的记忆是正确的。因此，这个理论是值得考察的。

我不会认真地考虑存在两种类型的记忆——其中一种是不可错的——的可能性，若不是因为我听到 G. E. 摩尔在讨论中为之辩护的这种理论。他那时并没有详尽地阐述这种理论，而且我并

不知道他如何坚定地主张它。因此，我将独立地尝试着尽力为其 160
提供更多的合理性根据。

根据逻辑的理由，我们必须认为，任何现象都没有为支持人们相信任何其他现象提供证明性根据。但是，我们时常不能不承认这些根据提供了实际的确定性。我们发现，如果我们在一个红的知觉对象出现时作出“那是红的”这个命题，我们不可能有理由不相信该命题。然而，必须承认，当并未出现一个红的知觉对象时，相信这个命题从逻辑上说也是可能的。用于设想这种情况并未发生的那些根据，来源于关于语言现象的因果法则。然而，关于像“那是红的”这样的知觉判断，我们在理论上能区分两种情况：一种情况出现于它由它所断言的东西引起时，另一种情况出现于语词或意象构成其原因的一部分时。在前一种情况下，它一定是真的；在后一种情况下，它一定不是真的。

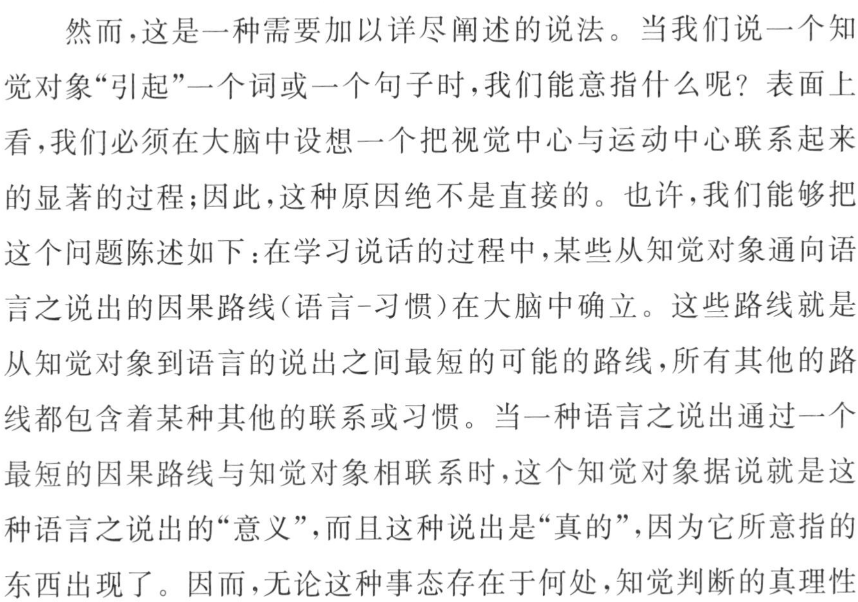

然而，这是一种需要加以详尽阐述的说法。当我们说一个知觉对象“引起”一个词或一个句子时，我们能意指什么呢？表面上看，我们必须在大脑中设想一个把视觉中心与运动中心联系起来的显著的过程；因此，这种原因绝不是直接的。也许，我们能够把这个问题陈述如下：在学习说话的过程中，某些从知觉对象通向语言之说出的因果路线（语言-习惯）在大脑中确立。这些路线就是从知觉对象到语言的说出之间最短的可能的路线，所有其他的路线都包含着某种其他的联系或习惯。当一种语言之说出通过一个最短的因果路线与知觉对象相联系时，这个知觉对象据说就是这种语言之说出的“意义”，而且这种说出是“真的”，因为它所意指的东西出现了。因而，无论这种事态存在于何处，知觉判断的真理性都从逻辑上得到了保证。

我们必须研究，就记忆而言，某种类似的东西是否可能。

刺激人们作出一个回忆判断的东西，显然绝不是被回忆的事件，因为该事件并不属于当下的过去。这种刺激物可以是一个知
161 觉对象，或者可以是一种“思想”。让我们把前一种情况视为更简单的。让我们设想，你发现自己处于曾经发生一场有趣对话的某个地方，而且你记得这场对话。所涉及的脑机制迄今为止还是假设性的，但是我们可以设想它非常类似于从一个知觉对象到一个“意指”它的语词之间的通道所涉及的脑机制。当两个知觉对象A与B共同出现时，一个极其类似于A的知觉对象在未来的一个场合的出现，可以导致一个极其类似于B的意象的出现。可以认为，仅当A和B作为知觉对象已经在先前的一个场合共同出现时，一个类似A的知觉对象和一个类似B的意象之间的某种类型的联系才会出现，而且从那个类似A的知觉对象中产生的回忆因此一定是正确的。可以说，当错误的记忆发生时，所涉及的联系的因果链条一定比在正确记忆的情况中所涉及的因果链条更长。也许，在这方面，关于记忆的问题可以比作关于知觉的问题。

然而，上述类型的论证，尽管从其自身的角度看可能是正确的，但是对关于事实前提的问题不可能有直接的意义，因为它是以关于脑的详尽知识为前提的，而这种知识显然只能通过包含回忆在内的事实前提才能建立。

必须承认，一个事实前提甚至在主观上也无须是不可怀疑的；它仅需要某种程度的可信性。它因此总是能够得到加强，假如人们发现它与其他事实前提相一致。刻画一个事实前提的东西不是

不可怀疑性,而是这个事实:它要求一种依靠自身力量而产生的或高或低程度的信念,并且这种信念不依赖于它和其他命题之间的某些关系。因而,我们被引导至自明性与融贯性的一种结合:有时,一种因素比另一种因素重要得多,但在理论中,融贯性总是起着某种作用。然而,严格说来,所要求的这种融贯性并不是严格的逻辑意义上的,因为事实前提能够而且应该被陈述为演绎上相互独立的。所涉及的这种融贯性是我在以后的一个阶段将要加以考虑的一个问题。

Ⅲ.否定的基本命题。我们已经有机会考虑了否定的经验命 162
题,但是我现在要重新考虑它们自身本来就是事实前提,还是起源于若干不相容性命题。

要考虑的问题是:我们是如何知道类似“橱柜里没有奶酪”或者“爱尔兰岛上没有蛇”这样的否定的经验命题的?当我们在以前的一章中考虑这个问题时,我们坚持这样的假设,即这样的命题是从包含像“哪里有红色,哪里就没有黄色”或者“摸起来硬的东西摸起来不是软的”这类命题的那些前提中推论出来的。我现在要重新考察关于否定的经验知识的全部问题。

首先,显而易见,可感性质分属于某些种类。存在着颜色,存在着声音,存在着气味和味道,存在着各种各样的触觉,存在着与温度有关的感觉。关于这些,有一些事情需要注意。我们可以同时看到两种颜色,但不是在同一个地点。我们可以同时听到两种声音,而且在其来源方向上无须存在某种可以被发现的差别。除了在鼻子中,气味是没有位置的,而且两种气味并非必然是不相容的。触觉拥有某些性质，而且我们可以注意到其中的两类：一类是占有一定位置的性质，它取决于被接触的身体的部位；一类是具有或大或小的压力的性质。在每一种内部，不同性质之间都拥有颜色之间所具有的那类不相容性；也就是说，它们可以同时被经验到，但不是在身体表面的同一个部位被同时经验到。同样的说法也适用于温度。

因而，就不相容性而言，在属于不同感官的性质之间显然存在某些差别。但是关于否定的判断，不存在这样的差别。假如有人在黑暗中把你带到一块熟的戈尔根朱勒干酪附近，并说“难道你没有闻到玫瑰吗？”你将回答说是的。当你听到雾角时，你知道它不是云雀的叫声；而且，当你什么也没有闻到，或者什么也没有听到时，你能够意识到这个事实。我们似乎必须得出结论说，纯粹的否

163 定命题无须推论就可以从经验上被知道。“注意！你听到某种东西了吗？”“没有。”关于这种对话，并不存在任何深奥难解的东西。当你在这种情况下说“没有”时，你是在给出一种推论的结果，还是在说出一个基本命题呢？我认为这种知识没有受到它应该受到的关注。假如你的“没有”说出了一个基本命题（它显然一定是经验的），那么这样的命题不仅可以是经验的，而且显然可以是全称的；这是因为，假如你相信逻辑，那么你的“没有”可以这样加以表达：“所有的声音现在都没有被我听到。”①因而，关于一般经验知识的这些逻辑困难将在很大程度上得到减轻。另一方面，假如你的“没有”表达一种推论，那么它一定使用了某个一般的前提，因为要不

① 我以后将证明，知识论无须接受这种逻辑的解释。

然任何一般结论都不可能被推论出来;而且我们因而还必须承认,不属于逻辑的某些基本命题是全称的。

当一个人说“听”,而然后你并未听到任何声音时,假如此时真的存在一种声音,那么你就有能力注意到这种声音。但是这一点并非适用于所有情况。“难道你没有听到就餐的铃声吗?”“是的,我正在工作。”这里,你有一个否定的记忆判断以及一种赋予该判断真理性的原因(并非一种根据),而且在这种情况下,你确信这个否定的判断,尽管你那时并未在听。

这个结论似乎是不可抗拒的:一个知觉对象或者一种记忆既可以产生一个肯定的事实前提,也同样可以产生一个否定的事实前提。但是,存在一种重要的差别:在关于一个肯定的基本命题的情况下,知觉对象可以引起语词的出现;而在关于一个否定的情况下,语词或者相应的意象一定是独立于知觉对象而出现的。一个否定的基本命题因而需要一种命题态度,而在这种命题态度中,所涉及的这个命题在知觉的基础上被否定了。因此我们可以说,尽管一个肯定的基本命题只是由一个知觉对象所引起的(在给定了我们的语言习惯的前提下),但是一个否定的基本命题是由这个知觉对象和先前的一种命题态度所引起的。依然存在一种不相容性,但是它出现在想象与知觉之间。表达这种事态的最简单方式 164
在于说,因为知觉的缘故,你知道某个命题是错误的。一句话:在某种意义上,注意到不存在的东西与注意到存在的东西都是可能的。这个结论是重要的,假如它是真的。

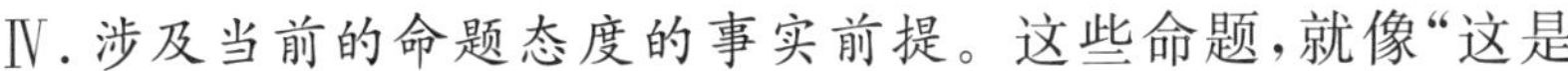

Ⅳ.涉及当前的命题态度的事实前提。这些命题,就像“这是

红的”一样，报告一个当前的现象，但是它们在其逻辑形式上不同于第一类中的基本命题：它们的逻辑形式包含了对一个命题的提及。就它们可以在独立于推论的情况下被知道而言，这些命题是断言某种事物被相信、被怀疑或者被愿望等等的命题。这种被相信、被怀疑或者被愿望的事物，只能通过一个从属的命题才能得以表达。显然，就像我们能够直接意识到我们所看到的一块红的色片一样，我们能够同样直接地意识到相信着或者愿望着某种事物。让我们设想：有人问“今天是星期三吗？”并且你回答说“我想是的。”你的陈述“我想是的”至少部分地表达了关于你的看法的一个事实前提。对这个命题的分析提出了某些困难，但是我看不出如何能否认它至少包含一个表达某种材料的核心要素。

要看到，这类命题通常是——假如并非总是——心理学的。我不能肯定我们不能使用这个事实来定义“心理学”。也许有人会说，梦属于心理学，而且涉及梦中的知觉对象的基本命题完全与涉及知觉对象的其他基本命题处于同一个层次。但是，对此可以这样答复：唯有当我们醒着时，对于梦的科学研究才是可能的，而且对于任何一种可能的梦的科学来说，所有材料因此都是记忆。关于知觉心理学，也可以作出类似的回答。

不管情况可能如何，在知识中确实有一个重要的部分可以用这个事实即有些基本命题包含着从属命题来刻画。

165 以上讨论中所考虑的事实前提全都拥有某种共同的特征，即它们每一个都涉及一小段时间，而且在这段时间中，它们（或者它们从中演绎出来的其他命题）首次成为前提。在关于回忆的情况下，假如它们是真实的，那么它们或者等同于在这些回忆所指向的那些时间所作出的知觉判断，或者在逻辑上可以从这类知觉判断中推论出来。我们所拥有的关于现在和关于过去的知识部分地是由知觉命题构成的，而我们关于将来的知识完全——很可能除了某些当下的期待——是由推论构成的。

一种“经验材料”也许可以定义为一个指向某个具体时间，并且在其所指向的那个时间开始为人所知道的命题。然而，这个定义是不充分的，因为我们在进行感知以前就可以推论目前正在发生的事情。知识(在某种意义上)是由被人知道的东西所产生的，这对于经验材料的概念是基本的。然而，我不希望私下引入产生这个概念，而且我目前因此将不考虑经验知识的这个方面。

在我们的知识的前提中，一定存在一些不指称具体事件的命题。逻辑的前提，包括演绎的和归纳的，一般说来都得到了人们的公认；但是，存在其他一些前提似乎也是可能的。两种不同的颜色不可能在视野的同一个部分，很可能就是这样的一个前提。关于这类命题的问题是困难的，而且对于它们，我将不发表任何独断的言论。

然而，我将发现，作为一种知识论，经验论是自我反驳的。这是因为，无论它可能得到什么样的表述，它一定包含着关于知识对于经验的依赖的某个一般命题；而且，任何这样的命题，假如是真的，一定拥有这样一种后果，即它自身不能被知道。因此，尽管经验论可以是真的，但是假如是真的，它就不能被知道是真的。然而，这是一个很大的问题。

166 第十二章　对涉及命题的问题的分析

本章的目的是陈述一些问题，而非解决它们。解决这些问题的尝试将会在随后的几章中作出。

第一个问题是：逻辑或知识论既需要“命题”也需要“语句”吗？这里，我们可以启发式地把一个“命题”定义为“一个句子所意味的东西”。有些句子是有含义的，另外一些句子是没有含义的。我们可以设想：当一个句子是有含义的时，就存在某种作为其含义的东西。这样的设想是自然的，尽管可能是错误的。假如存在着这样的某种事物，它就是我用“命题”这个词所意指的东西。由于“拥有同一种含义”是确实能够存在于两个句子——例如“布鲁特杀死恺撒”和“恺撒被布鲁特杀死”——之间的一种关系，我们能够通过下述说法弄清“命题”这个词的某种意义：假如我们没有发现它的其他意义，它将意指“与一个特定的句子拥有同一种含义的所有句子所组成的那个类”。

不管是否存在一个名词性的“含义”，确实存在一个形容词“有含义的”。我把这个形容词应用于任何并非作为胡说的句子。我把“有含义的”和“含义”这两个词应用于句子，而我把“意义”这个词应用于单个的语词。这种区分并没有语言用法上的根据，但它是方便的。当一个句子不是有含义的时，我称它为“无意义的”。

任何一种普通语言都不包含禁止人们构造无意义之语句的句法规则，比如“四重性喝了拖延”就不是语法学家可以谴责的句子。然而，似乎清楚的是，构造一种具有下述两种特性的语言一定是可 167
能的：

(1)根据句法规则从有意义的语词中构造出来的句子是有含义的；

(2)每一个有含义的句子都是由有意义的且根据句法规则被置于一起的语词组成的。

应该注意到，除了关于对象词以外，词的意义和句子的含义是交织在一起的。其他的词通过它们出现于其中的最简单的句子的含义而得到定义。

尽管在一种适当的语言中，给出决定一个句子何时有含义的句法规则应该是可能的，但是一定不要设想“含义”是一个句法概念；恰恰相反，一个非重言式的句子是通过它与其使用者的某些状态之间的某种关系而变得有含义的。这些状态就是种种“相信”行为，并且是该语句所“表达”的同一种信念的诸实例。在定义语句与信念(信念一般是非文字性的)之间的关系时，我们必须记住，假的句子与真的句子一样是有含义的。而且当这种关系既被定义时，我们就必须表明，我们关于含义的句法规则是通过这种关系而得到证明的。

对作为相信者的一种状态的信念的分析，并不涉及“真的”与“假的”这些概念；尽管我们关心主观方面的信念，但是我们仅需考虑“表达”其使用者的状态的句子。但是，“指示”通常并非语句说出者的状态的一个或多个事实，是陈述句的目的的一部分。一旦我们考虑句子的这个方面，我们就关心起真与假了，因为只有真的句子才成功地作出了陈述。语句所“指示”的东西在第十五章中得到考虑，而且我们从这点出发，关心与“真”和“假”有关的问题。

我所谓的“命题态度”就是例如相信、怀疑、愿望之类的现象，
168 它们自然地由包含从句的句子来描述，例如“我认为天要下雨”。在分析这些命题态度时，我们拥有一个由经验问题和句法问题构成的复杂的混合物。表面上看，“A 相信 p”这种句法形式的特殊性就在于这个事实，即它包含着一个从句“p”。使得“A 相信 p”为真的那种现象，似乎是一个包含一个从属复合物的复合物，而我们必须探究是否存在某种方式来避免对信念进行这样的描述。

乍一看，命题态度使人们对数理逻辑学家所假定的两个原则，即外延性原则与原子性原则，产生了怀疑。

外延性原则有两个部分：

Ⅰ. 任何命题函项的真值都唯一地依赖于自变量的真值；也就是说，假如 p 和 q 都是真的或者都是假的，那么在任何一个包含 p 的句子中，当用 q 代替 p 时，视具体情况的不同，该句子依然是真的或假的。

Ⅱ. 任何关于一个函项的函项的真值都唯一地依赖于该函项的外延；也就是说，假如只要 ϕx 是真的，ψx 就是真的，并且反过来也一样，那么在任何一个关于函项 ϕ 的句子中，当用 ψ 来代替 ϕ 时，视具体情况的不同，该命题依然是真的或假的。

在外延性原则的这两个方面中，好像没有一个适用于命题态度。一个人可以相信一个真实的命题，而无须同时相信另一个。他可以相信有些无毛两足动物不是人，而无须同时相信有些人不

是人。因此，在我们试图解决一个看起来像是纯粹逻辑的问题时，我们就卷入了对信念和其他命题态度的分析之中。

原子性原则由维特根斯坦陈述如下(《逻辑哲学论》，2.0201)：“每一个关于复合物的陈述，都可以分析为一个关于它们的各构成部分的陈述，并且可以分析为完全描述了这些复合物的那些命题。”这个原则，假如是真的，就意味着，在“A 相信 p”中，p 并没有作为一个单元出现，而只有其构成成分出现了。

在以上形式中，原子性原则的含义并不是非常清晰的。但是，这个原则有一种技术形式。这种技术形式也许并不严格等值于维特根斯坦的形式，但更易于讨论、更明确，而且因此(我认为)也更 169
重要。在这种形式中，该原则指出，我们所希望说的每一件事情都能通过“原子层”中的句子说出来；这里所谓的“原子层”，将在第十三章第三节中得到定义。对于逻辑来说，重要的是要知道，在这种技术形式中，该原则是否是真的。这个原则是“真的”这一说法意味着，构造一种具有下述两个特点的语言是可能的：(a)这种语言中的每一个句子都是依据该原则构造出来的；(b)任何语言中的每一个有含义的句子都可以翻译成我们的这种被构造出来的语言。

因而，我们必须按照下述顺序讨论下述问题：

Ⅰ.一个句子的“含义”是什么，并且我们能给出什么样的句法规则来决定一个句子何时是有含义的？

Ⅱ.我们在某种程度上需要与“语句”相对的“命题”吗？

Ⅲ.什么是对“A 相信 p”的正确分析，并且在何种意义——假如存在某种意义的话——上，“p”出现在“A 相信 p”中？(关于信念所说的话可以推广到其他命题态度上。)

Ⅳ.我们能够构造一种外延性原则在其中成立的充分的语言吗?如果任何语言中的任何有含义的句子都可以翻译成某种语言,那么这种语言就是我所说的“充分”的语言。

Ⅴ.我们能够构造一种原子性原则在其中成立的充分的语言吗?

第十三章　句子的含义 170

一、通论

各种各样的疑难使得我们不得不考虑这一问题，即什么东西使得一个句子是有含义的。

首先，在日常语言中存在着被认识到的句法规则。“苏格拉底是一个人”就是根据这些规则构造的，并且是有含义的；但是，“是一个人”，虽然被认为是一个完整的句子，然而却违反了这些规则，并且是无意义的。（我使用“无意义的”[nonsensical①]作为“有含义的”一词的反面。）日常语言中的句法规则显然意在避免无意义的话，但它们没有完全达到其目的。我们已经注意到，“四重性喝耽搁”就是无意义的，但是它没有违反英语的任何句法规则。构造更好的句法规则显然必须成为我们当前的问题的一部分，而这种规则将自动避免无意义的语言。在我们的讨论的早期阶段，关于什么东西是有含义的这一问题，我们接受这种仅有的感觉的指导，

① 英文“nonsensical”的本意是胡言乱语、没有含义的话、不合逻辑的话以及废话等等。——译注

但我们希望在终了时获得某种更好的东西。

“可能性”这个词有一种与我们当前的问题相联系的意义。我们可以说，一个有含义的句子所断言的任何东西都有某种可能性。我将把这定义为“句法”的可能性。它可能比逻辑的可能性更狭窄，但确实要比物理的可能性更宽广。“月亮是由绿色的奶酪做成的”在句法上是可能的，但在物理上是不可能的。难以给出某种既是不可反驳的又非句法上可能的逻辑可能性的例子；也许“这既是红的也是蓝的”是一个例子，而且“长号的声音是蓝的”或许也是一个例子。

171 目前，我不打算问，就一个有含义的假的句子来说，这种可能的东西是什么。它不会是这个句子，因为那是实际的；它也不会是“这个句子是真的”，因为这只不过是另外一个假的句子。因此，存在一个问题，但我目前将不去探询它。

“含义”问题是困难的，并且在某种程度上是错综复杂的。提纲挈领式地把我将要作出的结论陈述如下，可能有助于使这种讨论变得清楚。

一个断言有两个方面，即主观的和客观的。从主观方面来看，它“表达”了说话者的一种状态，这可以称为一个“信念”，它可以无需语词而存在，甚至可以存在于不拥有语言的动物和婴儿身上。从客观方面来看，该断言，如果是真的，就“指示”了一个事实；如果是假的，它试图“指示”一个事实，但却没有成功。存在着一些断言，即那些断言了说话者所注意到的他自己的目前状态的断言。在这些断言中，被“表达”的东西和被“指示”的东西是相同的。但是，一般说来，这两者是不同的。一个语句的“含义”就是它所“表达”的。因而，真句子和假句子是同样有含义的，但是不能表达说话者的任何状态的一串文字是无意义的。

在接下来的讨论中，上述理论，在我看来，将逐渐地表明它是仅有的一种为所呈现出来的那些问题提供了清晰的解决方案的理论。

含义问题与其说可以与说出的句子发生联系，不如说与听到的句子发生联系。听到一个有含义的句子会产生某些效果，这些效果依赖于该陈述的性质而非它的真或假。听到被认作无意义的句子就没有这样的效果。确实，实际上无意义的句子可以拥有某些只有有含义的句子才会拥有的效果；但在那种情况下，听者通常想象一种意思，而这种意思严格说来是这些语词所不可能拥有的。一般说来，我们可以说，一个听到的陈述，当被听者解释为有含义的时，能够具有明显无意义的语言所不可能具有的效果。这是我们在寻求“含义”的定义时必须记在心间的要点之一。

悖论已经表明了关于含义的这个题目比它表面上看起来更困 172
难。毫无疑问，所有悖论都产生于这种行为，即把含义归属于事实上无意义的句子。为了排除无意义的句子，在我们系统阐述句法规则时，悖论必须得到考虑。

排中律问题也与我们当前的问题有关。习惯上说每一个命题都是真的或假的，但我们不能说每一个句子都是真的或假的，因为无意义的句子既不真也不假。假如我们把排中律应用到句子上，我们必须首先知道哪些句子是有含义的，因为这个定律只适用于它们。它是否适用于所有有含义的句子，是我在关于命题态度的讨论有了结论之后将要加以考虑的一个问题。

我将首先考虑形容词“有含义的”，然后考察这个问题，即当一个句子是有含义的时，是否存在它所“意味”的某种东西。“恺撒”这个词意指恺撒；关于句子，是否也存在某种类似的东西呢？从技术上看，假如“p”是一个句子，那么就像我们能够在“恺撒”和恺撒之间作出区分一样，我们也能够在“p”和 p 之间作出区分吗？

带着这些初步的问题，让我们开始进行深入的讨论。

句子分为三类：真的、假的和无意义的。因而，当应用于句子时，“假的”不是“并非真的”的同义词，因为一个无意义的句子不是真的，但也不是假的。因此，假如“p”是一个无意义的句子，我们必须区分“p 是假的”和“‘p 是真的’是假的”。后者将是真的，但前者不是真的。假定“并非 p”意指“p 是假的”，那么如果 p 是无意义的，我们将有“并非（p 是真的）”，但是我们没有“并非 p”。我们将说，当“p”是没有意义的时，“并非 p”也是如此。

因而，假如“p”是一句话语，而且我们并未确定它是否有含义，那么情况将如下所述：

从“p 是真的”，我们可以推出“p”，而且反过来也这样；

从“p 是假的”，我们可以推出“p 不是真的”，但是反过来不行；

173 从“‘p 是假的’是真的”，我们可以推出“‘p 是真的’是假的”，但是反过来不行；

从“‘p 是假的’是假的”，我们只能推出“p 是假的或无意义的”；但是从“‘p 不是真的’不是真的”，我们可以推出“p 是真的”。

让我们通过一个例子来加以阐述。我们将从“这是红的”这个句子开始，这里的“这”是一个专名。让我们把这个句子称为“p”。现在考虑“p 是红的”这个句子。这似乎显然是无意义的。但是，假如我们用“p”来意指一份文书或一种印刷体的句子形态，它就不是无意义的，因为这种东西可以是红的。假如我们接受在作为句子的“p”和作为该句子所意味的命题 p 之间所作出的区分，这就容易理解了；这是因为“p”可以是红的，但“p 是红的”是无意义的话。目前，我们可以认为 p 是一种思想，而“p”是这种思想在其中得以表达的话语。既然如此，“p 是红的”是没有意义的。假如我们能够在“p”和 p 之间作出区分，那么整个问题就变得清楚了。让我们把专名“P”给予“这是红的”这个句子的说出。那么我们说 P 意味 p，p 是真的，而且 P 意味一种真。让我们把“Q”这个名称给予“p 是红的”这个句子的说出。既然如此，任何“Q 意味 q”形式的陈述都不是真的，而且 Q 既不意味真，也不意味假。继续假定在“p”和 p 之间有一种区别，那么我更愿意说“p”意味（signifes）p，而不说“p”意指（means）p，因为“意义”（meaning）这个词最好留给单个的语词。既然如此，我们会说，一个“命题”（假如存在这样的东西）就是某句话语所“意味”的某种事物。在这种情况下，剩下的问题就是确定哪些话语意味某种事物，以及这种事物是什么。

但是，所有这一切都假定了，我们能够反驳用来否定“p”和 p 之间的区分的任何理由，或者我们至少能够作出不受那些理由影响的某种相关的区分。我现在就回到这个问题上来。

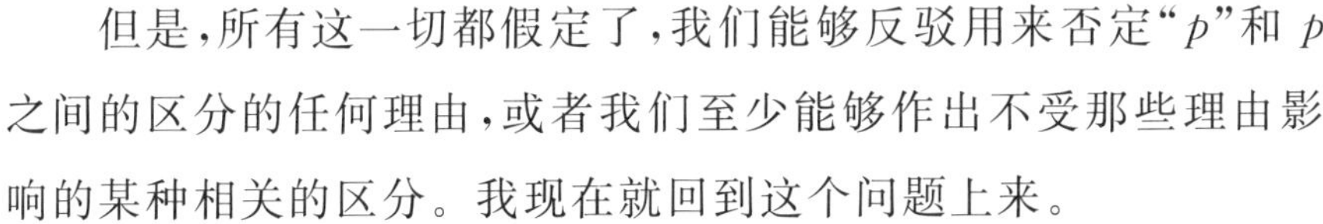

在许多情况下，在意味某种事物的语词串与不意味某种事物的语词串之间的区分是完全清晰的。“苏格拉底是一个人”意味某种事物，但是“是一个人”并不意味某种事物。“苏格拉底饮了毒物之后，向他的朋友道别”意味某种事物，但是“饮了毒物，道别”并不 174
意味任何事物。在这些例子中，因为其中所含的语词太少，以至于

整个语词串变得无意义。但是，也有因为存在过多语词而导致句子无意义的情况；比如"'苏格拉底是一个人'是一个人"就不意味任何事物。"排中律是黄色的"也是一种类似的无意义的句子。有时会有一些我们拿不准的情况，比如类似"长号的声音是蓝色的"这样的情况。悖论产生于似乎意味某种事物，但事实上并不意味某种事物的句子。在这些句子中，最简单的是"我在撒谎"。这个句子可以拥有无穷多的意思，但是没有一种意思是我们本想要去表达的。假如我们意指"我说出了初阶语言中的一个假命题"，那么我们就是在撒谎，因为这是二阶语言中的一个命题。这种主张——即假如我们是在撒谎，我们就是在说真话——是不成立的，因为我们的假陈述是属于二阶的，而且我们本来是说我们正在说出一阶语言中的一个假命题。类似地，如果我们意指"我说出了 n 阶中的一个假命题"，那么情况也一样。假如我试图说"我说出一阶语言中的一个假命题，并以同样的方式说出二阶、三阶、四阶……以至无穷阶中的一个命题"，那么我就同时断言了（假如这是可能的）无穷多的命题，并且在这些命题中，第一、第三、第五个命题……将是假的，而第二、第四、第六个命题……将是真的。

因而，一种语词形式是否意味某种事物这个问题并非总是容易的。但是，毫无疑问，某些语词形式意味某种事物，而另外某些语词形式不意味某种事物，而且在那些意味某种事物的语词形式中，某些形式意味真的东西，而另外某些形式意味假的东西。因此，我们必须发现某种方式，来定义无意义的语词串和意味某种事物的语词串之间的差别；而且就意味某种事物的句子来说，我们必须探究这种事物是否必须不同于这个句子，或者说，含义是否仅仅可以是形容词性的。

假如一种语词形式意味一个命题，我将把这个命题称作这种语词形式的“含义”。现在，我假定存在一个有含义的句子所意味的命题。

由此产生了两个问题：(1)一种语词形式的“含义”是什么？ 175
(2)我们能给出什么样的句法规则，以便使得一种语词形式成为有含义的？

一种语词形式的“含义”意指什么？这里，我在一种严格的意义上使用“含义”这个词。所说的这种含义一定是命题式的。比如，“英国国王”是一个短语，在一种意义上它拥有意义，但在我所关心的那种意义上却没有“含义”。就我们当前的目的来说，这个短语所意味的东西一定是某种真的或假的东西。为了与其他类型的含义相区分，我称之为“含义”的东西也许可以叫作“命题式的含义”。但是，为了简洁起见，我将省略“命题式的”这个词。

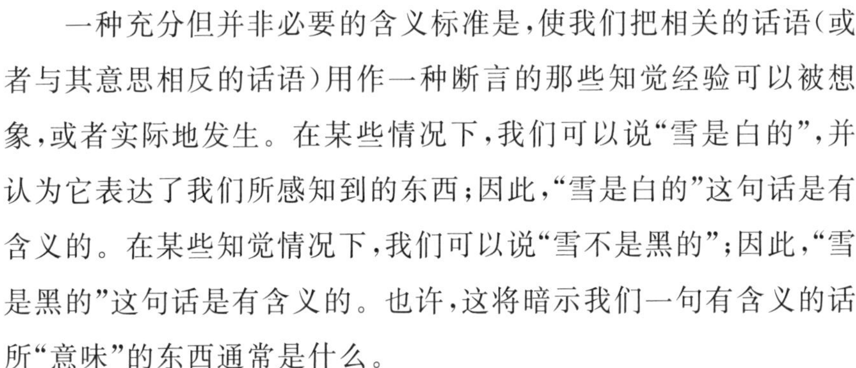

一种充分但并非必要的含义标准是，使我们把相关的话语(或者与其意思相反的话语)用作一种断言的那些知觉经验可以被想象，或者实际地发生。在某些情况下，我们可以说“雪是白的”，并认为它表达了我们所感知到的东西；因此，“雪是白的”这句话是有含义的。在某些知觉情况下，我们可以说“雪不是黑的”；因此，“雪是黑的”这句话是有含义的。也许，这将暗示我们一句有含义的话所“意味”的东西通常是什么。

当我说“雪是白的”时，使得我的陈述为真的是一件事，而我所表达的是另一件事。使得我的陈述为真的是一个与雪有关的物理学的事实；但是，我是在表达一种心灵状态，即某种信念；或者，如果允许我撒谎的话，那么我是在表达一种愿望，即希望其他人拥有某种信念。我们可以忽略这种复杂性，并且假定，在断言这些语词时，我表达一种信念。但是，我并未断言我拥有一种信念；我是在断言这个信念的对象。那么，是否存在一个信念的对象即“雪是白的”这句话所断言的东西呢？某些经验使我们相信雪是白的；假如这个信念有一个对象，我们可以说我表达了这个事实，即我通过断言这个对象而相信某种东西（即雪是白的）。我并没有断言我相信这个对象；那将是一个不同的断言，而且即便雪是黑的，这个断言
176 也可以是真的。我们的问题是：是否有某种当我相信雪是白的时我所相信的东西？而且，如果有，那么这种东西是什么？

再则：假如你说“雪是白的吗？”那么你所问的是什么？让我们设想你是在埃塞俄比亚长大的，但是在一次空袭中你被捕了，并被蒙上眼睛送往北极圈；你在那里摸到了、尝到了并闻到了雪，并知道“雪”就是以这种方式向你的三种感官展现出来的那种物质的名称。那么你也许会问：“雪是白的吗？”你并不是在问关于“雪”这个词和“白的”这个词，而是关于知觉对象的。你的意思可能是：那些未被蒙上眼睛的人，当他们拥有我知道与“雪”这个词有联系的这些触觉和嗅觉时，看到白这种性质了吗？但是，甚至连这种解释也过于文字化了。假如你此时在触摸雪、闻雪，你的意思可能是“这种东西通常和白这种性质联系在一起吗？”而且假如你在想象白这种性质，那么你头脑里的思想可能是“这种东西通常和那种东西有联系吗？”这里所说的这种东西指的是触觉和嗅觉的对象，并且那种东西指的是白这种性质的意象。但是，“那种东西”一定不能解释为这个意象本身；它更意指类似于这个意象的一个知觉对象。

然而，这一点是很难弄清楚的，因为意象似乎以与语词相同的方式“意指”着一个知觉对象。

显而易见，假如信念拥有对象，那么当我相信雪是白的时我所相信的东西，与当我问“雪是不是白的？”时我所怀疑的东西是同一种事物。根据这个假设，不管这种事物是什么，它都是“雪是白的”这个句子的含义。假如这个句子的这种含义是真的，那么它之为真是因为某些现象，而这些现象既不是语词，也不是意象。假如它被知道是真的，那么这些现象必定是或者已经是知觉对象。假如它是假的，那么同样的说法在细节上作必要的修改之后也是成立的。真和假依赖于句子的含义和既非语词也非意象的某种东西之间的一种关系（除非这个句子谈的就是语词或意象）。

假如我们能够确定一个句子的“含义”是什么，我们将会说，正是这种含义被称为一个“命题”，而且它要么是真的，要么是假的。
一个句子可以意味一种真，或者意味一种假，或者什么也不意味。177
但是假如一个句子意味某种事物，那么它所意味的东西必定要么是真的，要么是假的。

为了试图发现一个句子的“含义”意指什么，让我们把一个有含义的句子与一个没有含义的句子作一比较。以“苏格拉底饮毒物”和“四重性饮耽搁”为例。在两个例子中，前一个在逻辑上可能是——而且曾经是——一个知觉判断。当它不是一个知觉判断时，它能使人想起一个复合的意象，而且该意象与那句话拥有同一种含义，或者说，它就是那句话的含义。但是，我们不能形成一个关于四重性正在饮用某物的意象。当我们试图这么做的时候，我们只是在想象我们为了逗乐而称其为“四重性”的某个人。让我们自问:像“四重性”这样的一个词如何能指称某种被经验的事物?设想你正在经历一次军事训练,并且不停地听到“排成四人一列”这个命令。假如你喜欢抽象语词,那么你可能会想到“四重性在训练中是显著的”。这意指:“在训练中,有许多现象,在对它们进行文字描述时使用‘四’这个词是自然的。”我们可以把“四重性”定义为“一个命题函项所具有的那种特性,即对于变项的四个值来说该函项恰好都是真的”。因而,我们不得不问:我们如何知道设想一个命题函项的一种特性能饮用某物是无意义的?难以构造具有下述特点的句法规则:当给予那些孤立的语词以意义时,这些规则将确保遵守它们的每一种语词组合都是有含义的,而且每一种有含义的语词组合也将遵守它们。但是,做到这一点也不是非常困难的。这项工作事实上已经由逻辑学家来做了;也许他们没有完全做得到,但还是相当充分的。麻烦在于,在这项工作中,他们就像普通人一样,至少部分地为感觉所引导。我们不可能满足于我们的含义规则,除非我们能够发现关于它们的某种理由,而且这需要我们确定当一种语词形式有含义时它所意味的东西是什么。

178 我们可以通过这种形式来表述这个问题:“当我们相信某物时,我们相信什么?”让我们举例说明。在一些大的采石厂,每天十二点有一次大的爆炸作业。警报器发出信号,强行要求周围的人离开;也可能有一些人手里拿着红色的旗子,站在周围的大道和小道上。假如你问他们为什么站在那儿,他们将会说“因为即将有一次爆炸”。理解警报器的技工们、理解红色的旗子的周围人以及需要语词提醒的过路人,到头来全都相信同一个命题,即“即将有一次爆炸”这些文字所表达的命题。但是,很可能只有过路人和他们的信息提供者把这个信念转换成了文字。对于其他人来说，警报器和红色的旗子起到了语言所起的作用，并且无需任何文字媒介就产生了适当的行为。

警报器和旗子可以看作语言，因为它们的目的就在于传达信息。但是，一个正在逼近的炸药筒会传达非常类似的信息，尽管由于其目的不在于发出通知，所以它不是语言。炸药筒、警报器和旗子都能以类似的方式在不产生语词的情况下产生信念。当许多人全都相信即将有一次爆炸时，他们共同相信的东西是什么？这就是某种紧张的状态。当爆炸发生时，这种紧张的状态将被解除。但是，假如他们的信念是假的，这种状态将会持续一段时间，然后让位于一种惊讶的心理状态。这种紧张状态可以称作“期待”。但是，这里产生了一个困难。这个困难是关于这种情况与下述两种东西之间的关系的：(a)爆炸，或者爆炸没有发生；(b)为了模糊起见我们将称作关于这次爆炸的“观念”的某种东西。显然，期待一次爆炸是一件事情，而期待（比方说）火车的到来是另一件事情。它们共同拥有期待这种感觉，但是就把这种感觉变成沉默或者吃惊的那种事件而言，它们是有所不同的。因此，这种感觉不可能是构成期待某种事物的那个人的状态的唯一事物，因为假如这样的话，任何一个事件都会满足他的期待，而事实上只有某种类型的一个事件才能做到这一点。然而，整个事情也许都能从心理学上加以解释吗？每一个期待信号灯的人在眼睛中都有某些感觉，而且 179
对一次大的声音的期待包含着某种类似的与耳朵有关的事物。因此，也许可以说，对一个可感现象的期待就在于适当的感觉器官处于敏感性状态。但是，存在一些与这样的敏感性状态相联系的感

觉，而且可以认为这些感觉构成了一次期待的精神部分。

因此，对于许多一致相信由“即将有一次爆炸”这些文字所表达的东西的人，他们所共同拥有的东西，似乎就是一种与适当的感觉器官相联系的紧张状态、那些器官所具有的一种生理状况，以及伴随这样一种状况的那些感觉。对于“即将有一次信号灯的闪现”或者“即将闻到充满了白鼬的房间的味道”，我们可以说上述同样的话。但是，这些都是非常显著的现象，而且全都是发生在转瞬就到的将来。如果我相信某种不太令人激动的事物，比方说明天的《泰晤士报》将刊有天气预报，或者恺撒曾经越过罗宾逊河，那么我就无法在我身上发现任何这样的现象。假如你将告诉我“你一会儿就会被人谋杀”，我也许会被吓得头发直竖；但是，当你告诉我恺撒是在罗马历的三月十五日被谋杀的时，我的头发将和以前一样的不整齐，尽管有这样的事实，即我完全相信你所说的话。

然而，这种差别很可能仅仅是程度上的，除非所涉及的信念只是文字性的。当我提到一个信念“仅仅是文字性的”时，我并不仅仅意味着它是用文字表达的，而是说这些文字所意味的东西并不处于信念持有者的心灵中，他仅仅认为这些语词是正确的。我们知道“征服者威廉 1066”①是正确的，但是我们并不时常停下来去想这句话意味着什么。在这样的情况下，我们并不相信“p”，但是相信“‘p’意味着一种真”。受过教育的那些人的信念很大程度上

① 威廉一世(征服者)[William Ⅰ(the Conqueror)](1028？—1087)，法国诺曼底公爵，于1066年率军渡过英吉利海峡，打败当时的英国国王，夺得王位，从此成为英王威廉一世。——译注

就是这种类型的。但是，主要关涉我们的信念是那些并非纯粹文字性的信念。这是因为，只有在我们讨论了它们之后，我们才能解释"意味一种真"是什么意思。

当你期待着一次爆炸的时候，你的身体处于某种状态之中，而 180
且你的心灵也处于某种相应的状态。这可能使你想到"爆炸"一词，而且无论如何都会带有少量文字附加物的"爆炸"一词可以导致这种期待的状态。假如你被告知"刚刚发生过一次爆炸"，而且你极其相信你被告知的事情，那么在某种程度上，你的身心状态类似于在你当真的听到这次爆炸时它所表现出来的情况，尽管相比较而言你的身心此时不太紧张。假如有足够的力量，想象能够拥有一些类似于知觉所拥有的物理效果；而当人们相信被想象的东西已经发生时，情况尤其如此。在没有意象的情况下，通过联想，语词能够拥有这些效果。而且，在任何地方，只要存在着这样的物理效果，就存在着相伴随的精神效果。

也许我们现在能够把一个语句的"含义"解释如下。首先，一些句子意味着被观察到的事实。我们已经考虑了这种情况是如何发生的。其次，一些被观察到的事实是信念。在该信念持有者的身上，一个信念根本不涉及任何语词；但是，只要有适当的词汇，发现一个意味着被感知的事实——即我有如此这般的一个信念——的句子总是可能的。假如这个句子是以"我相信……"(I believe that...)开始的，那么在"我相信"(I believe that)这几个词的后面是意味着一个命题的句子，而且这个命题据说就是我所相信的东西。完全同样的说法也适用于怀疑、愿望等等。

根据这种观点，假如 p 是一个命题，那么"我相信 p"、"我愿望

p”、“我怀疑 p”等等都可以意味着被观察到的事实；也可能出现这样的情况，即“p”意味着一个被观察到的事实。在这后一种情况下，“p”可以单独出现，并表示一个知觉对象；但是，如其不然，单独的“p”不意味着任何被观察到的事实。或许单独的“p”确实意味着某种事物；或许，就像我们前面所提出的那样，它意味着一个作为某个命题态度的构成成分的从属的复合物。然而，既然如此，我们不得不解释，为什么这样的复合物除了作为命题态度的构成成分以外绝不出现。

上述理论有一些困难。一个困难在于解释当 p 是真的时 p 与这个事实之间的关系。比如，设想我看到了以这样顺序排列的两个

181 字母，即“AB”，并且我判断“A 在 B 的左边”。在这种情况下，我相信与一个事实有某种关系的一个命题 p。我们是在设想：p 并非文字的，而是某种非文字的东西。这种非文字的东西由“A 在 B 的左边”这样的文字所意味着，但它却不是这些文字由之而表达了一个真理的那个事实。也许有人会主张，我们必须把两种不同的用法给予这些文字，一种用法被用于当我们断言 p 的时候，另一种用法被用于当我们断言我们相信 p 的时候。这是因为，当我们断言 p（假定 p 是一个知觉判断）时，可以说表达“p”的这些语词指称一些对象；而当我们断言我们相信 p 时，这些语词必须有某种精神的意义。根据这种观点，当我说“苏格拉底是希腊人”时，所涉及的是苏格拉底其人；但是当我说“我相信苏格拉底是希腊人”时，所涉及的只是我关于苏格拉底的观念。这一点几乎是不可信的。

我认为这种反对意见是无效的。假设我看见一个红色的圆，并说“这是红的”。在使用这些语词时，我已离开了知觉对象；假如

我不用语词，而用意象，那么这些意象就和语词一样意指这个知觉对象，但它们是某种不同于知觉对象的东西。当我说“这是红的”时，或者当我有一个红色的意象并伴有一种肯定的感觉时，我拥有一种信念；假如我后来说“我相信那是红的”，那么所涉及的语词和意象可以恰好与当我作出一个知觉判断时它们所是的那个样子相同。眼见并不足信，而且一个知觉判断并非一种知觉。

我们当前的想法是，一个句子“p”是有含义的，假如“我相信p”或者“我怀疑p”或者类似的其他语句能够描述一个语词无须在其中出现的被感知的事实。存在着一些困难：“能够描述”是模糊的，而且“语词无须出现”也要加以解释。不过，也许能从我们的想法中引申出某种东西。

首先，我们必须解释语词无须出现这种说法。它们有时出现，有时不出现。在复杂的命题中，它们实际上是不可或缺的，尽管在没有它们的情况下我们使用更大的精神力量也许能达到目的。另一个问题是关于“能够描述一个被知觉的事物”所意指的东西的，而这个问题更困难。我们显然并不希望排除事实上并未进入命题态度的所有句子。我们想要发现句子的一种特征，这种特征使得我们感觉到相信它们或怀疑它们是可能的，并且直到发现了这个 182
特征之后，我们的问题才能解决。

我们也许会试图以一种更语言学的方式来定义含义。我们首先把词分为若干范畴，这些范畴和词性之间具有某些密切的关系。那么我们说：给定了任何知觉判断（它可以是“我相信p”这种形式），任何语词都可以被属于同一范畴的另一个语词所替换，同时却不会使这个句子失去含义；而且我们允许通过已经考虑过的那些方法形成分子命题和概括命题。于是，我们应该说，如此获得的这群句子就是有含义的句子的类。但是，为什么这么说？我不怀疑对有含义的句子的类所作出的某种语言学的定义——或是上述的定义，或是另外某个定义——是可能的，但是直到为我们的语言学规则找到了某种理由，我们才能满足。

假如我们为我们的语言学规则找到了一种理由，那么这种理由一定是由以某种方式与这些规则相关联的复合物的性质所构成的。在像“A 在 B 的左边”这样的命题中，当这是一个知觉判断时，我们就是在分析一个复合的知觉对象。在表达这样的一种分析的任何话语中，看来必定至少有一个关系词。我认为，这并不仅仅是语言的一种性质；我认为这种复合物具有一种对应的成分，即一种关系。我认为，当我们说一句话语是有含义的时，我们意指被该话语所描述的一个复合物是“可能的”；而当我们说由一句话语所描述的复合物是“可能的”时，我们的意思是，存在着一个通过用相同范畴的其他语词来替换该特定话语中的一个或多个语词而获得的某一话语所描述的复合物。因而，假如“A”和“B”是人的名称，那么“A 杀死 B”是可能的，因为布鲁图杀死了恺撒；而且假如“R”是在杀死所隶属的那个范畴中的一种关系的名称，那么，因为同样的原因，“A 对 B 具有关系 R”也是可能的。

在这点上，我们简略地提及了语言学和形而上学的关系。我将在以后的一章中讨论这个问题。

现在再提语句的“含义”是什么这个问题，我们将说，就原子形
183 式的语句来说，含义是信念持有者的一种状态，或者不如说是相互之间具有某些类似性的一组这样的状态。这种状态的一种可能的

形式是一个复杂的意象，或者不如说是诸多相似的复杂意象所构成的一个全体的集合。意象形成一种语言；但是，因为这个事实，即它不包含任何无意义的东西，所以这种语言不同于由语词所组成的语言。将“含义”的定义推广到原子语句以外，显然仅仅是一个逻辑的问题。

迄今为止，我一直假定，当一个句子是有含义的时，存在着某种它所意味的东西。由于一个有含义的句子可以是假的，一个句子的含义毫无疑问不可能是使其为真（或为假）的那个事实。因此，它一定是存在于相信该句子的那个人身上的某种东西，而不可能是存在于该句子所指称的那个对象中的某种东西。意象是自然而然地被人想到的。意象是在和语词非常相同的方式上“意指”某种东西的，但是意象具有这样的优势，即不存在与无意义的语句相对应的复杂意象。实际的图像具有相同的优点。我可以作一幅关于布鲁图杀死恺撒的图像，或者，如果我愿意，也可以作一幅关于恺撒杀死布鲁图的图像；但是我画不出一幅或是真实的或是想象的关于四重性杀死耽搁的图像。根据这种理论，从知觉判断中获得其他有含义的句子的句法规则，实际上是关于能够被想象的事物的心理学法则。

我认为，上述理论是一种可能的理论。然而，它在某些方面是令人不快的。对意象的使用要尽可能地加以避免；而且，奥康剃刀使我们希望避免作为有别于句子的某种东西的命题，假如我们能够做到这一点的话。因此，让我们尝试着构造一种理论，以便使得含义仅仅是句子的一个形容词。

最有希望的建议是通过其因果特性把有含义的句子与无意义

的句子区分开来。通过句子被说出的原因，我们能够在涉及知觉判断的地方区别真句子与假句子；但是，由于我们现在是在讨论真句子和假句子在其中处于同一个层次上的一个问题，所以我们必须考虑句子在听者身上所产生的效果，而不愿考虑它们在说者身上被说出的原因。

184 许多听到的句子都没有对听者的行为产生可观察的效果，但它们在适当的情况下总能具有一种效果。“恺撒死了”在我们身上产生的效果极其微弱，但是在该事件发生时却有极大的效果。无意义的句子，当被认识到是无意义的时，并不引发与其成分语词所意指的东西相关的任何行为；它们所能产生的东西至多是要求说话者保持沉默。因此，看来它们可以从原因上与有含义的句子区分开来。

然而，存在一些困难。兰姆(Lamb)[①]在与一个说下流话的泼妇争吵时，将她称作一个她-平行四边形，并且产生了一种强烈的效果；这种效果比他用任何其他的有含义的辱骂所能产生的效果更强烈。这是因为她不知道他的句子是无意义的。像“上帝是一”这样的句子在句法上是错的，而且逻辑学家一定认为它们严格说来是没有含义的，但是许多宗教人士都在很大程度上受这类句子的影响。(正确的说法是“仅仅只有一个上帝”。)因而，与定义含义有关的那位听者必须是一位在逻辑上受过训练的听者。这把我们带离了心理观察的范围，因为它建立了一个标准，而据此标准，一个听者较之另一个听者从逻辑上讲更合适。使他成为更合适的一定

① 兰姆，美国物理学家，曾获诺贝尔物理学奖。——译注

是某种逻辑上的东西，而非某种可以根据行为才得到定义的东西。

在1939年10月的《心灵》杂志中，有一篇有趣的论文。它是由卡普兰和科比洛维希所写的，题目是“必须有命题吗？”他们以否定的方式作出了回答。我打算先复述他们的论证，然后再作考察。

他们在一种很宽泛的意义上引入了“内隐行为”这个术语，并把它看成当一个有机体使用符号时对该有机体或者“在”该有机体身上所发生的任何事情。他们没有回答这样的问题，即内隐行为是通过行为主义的方式还是使用意象来描述。由一个符号载体所引起的内隐行为称作一个“解释”。与每一个符号载体相联系，都有一种解释规则，该规则陈述符号载体所引起的那种内隐行为。一个符号就是一个由拥有同一种解释规则的那些符号载体所构成的类；这个规则被称为该符号的解释项。对一个符号载体的解释是正确的，假如描述该解释的规则先前已作为这类符号载体的标准确立了起来。我们说O理解一个符号，当O在某些条件下正确 185
地解释了它的一个分子时。O相信一个符号载体，当O拥有一种对它的正确解释并伴有一种“肯定的态度”（暂时还未得到定义）时。相信一个符号是一种倾向。我们被告知：“据说一个有机体甚至可以在不涉及符号的地方拥有一种信念。当该有机体拥有这样一种内隐行为，以致当假如它是由一个符号载体引起的，它就构成了关于那个符号载体的一个信念时，情况就是这样。”

我们现在来探讨“适当的”这个词的定义：一个有机体O的内隐行为对于一种境况S是适当的，假如它是由S引起的，并且O认识到S。（出现在这里的“认识到”一词在这篇文章中没有得到

定义，而且先前也没有加以讨论。）由于解释是一种内隐行为，所以我们说，对一种符号的解释对 S 来说是适当的，假如当 S 出现且被认识到时，该内隐行为对 S 来说是适当的。因此，随之而来的是关于“真的”这个词的定义：

“一个语句式的符号是真的，当且仅当存在某种境况，以致对该符号的任何载体的正确解释对于这种境况来说都是适当的。”

在我们能够成功地检验这种理论的充分性以前，有一些必要的预备性工作要做。首先：“符号”这个词，或者毋宁说“符号载体”这个词，并未得到定义。为了定义它，我应当说，我们必须从上述那组定义的接近末尾的地方开始。一个事件仅仅通过其效果上的类似性而成为另一个事件的符号载体。我应该说：“对于一个有机体来说，一个由事件组成的类 S 是另一个由事件组成的类 E 的符号，如果 S 的一个分子在 O 身上所产生的那些效果，作为一种既得习惯的结果，就是（在某些方面和在某些限度内）该习惯被获得以前 E 的一个分子所具有的那些效果。”只要上面所提到的那些方面和限度未得到明确，这个定义就是不完全的；但这并不是一个致命的反对意见。而且，我不能肯定把符号限定于既得的习惯是正确的；也许，无条件反射也应该得到承认。然而，由于我们主要关心的是语言，把它们排除出去是合适的。

186 关于这个题目的困难很大程度上来自于科学术语与规范术语的混合。因而，我们在卡普兰和科比洛维希的定义系列中，发现了“正确的”和“适当的”这些语词。这些语词中的每一个都是通过一种并非规范的——至少在意图上是不规范的——方式得到定义的。让我们来更仔细地看看这些定义。

“对一个符号载体的解释是正确的，假如描述那种解释的规则先前已被当作那类（即关于那种声音或形状的）符号载体的标准。”“标准”这个词是模糊的。让我们使其精确化：一位杰出的生理学家可以在符号学的影响下描述自己对仅仅拥有一个实指定义的语词所产生的反应，让我们说“正确的”解释就是《牛津词典》所提供的并经由这种描述所补充了的解释。心理学家一经选定并且他的工作一旦完成之后，我们为“正确的”所下的定义现在就摆脱了所有伦理学的污点。但是，结果将是奇怪的。设想有一个人，他认为“猫”意指其他人称之为“狗”的那种动物。假如他看见了一只丹麦大狗，并说“有一只猫”，那么他是在相信一个真的命题，但是他说出了一个不正确的命题。因此，“正确的”似乎不能用来定义“真的”，因为“正确的”是一个社会概念，而“真的”不是。

也许这个困难能够克服。当我们的那个人说“有一只猫”时，通常被称之为他的“思想”的东西是真的，但他在听者身上所引起的“思想”不是真的。在他将会（比如说）期待这只动物发出狗吠而非猫叫的声音这一意义上，他的内隐行为将是适当的；但是在同样的意义上，听者的内隐行为将是不适当的。说者和听者使用了不同的语言（至少就“猫”和“狗”这些词而言）。我认为，在关于语言的基本讨论中，其社会的方面应该被忽略，并且应该始终设想一个人是在向自己说话，或者某种与此相同的东西，即设想他向一个与自己说完全相同的语言的人说话。这就消除了“正确性”概念。假如一个人能够解释自己在先前的一个场合所写下的笔记，那么剩下的事情是他自己在语词使用过程中的始终如一性：我们必须设 187
想他今天使用的语言就是他昨天使用的语言。事实上，在由“正确

性”概念所要完成的东西中，剩下的全部事情就是：说者和听者（或者作者和读者）必须使用同一种语言，即拥有相同的解释习惯。

我现在来讨论“适当的”这一术语。这里，我几乎没有发现可以批评的地方，除了在我看来，“适当的”一词的定义能够并入“符号载体”的定义。假如对于O来说，*s*是一个由事件构成的类E的一个符号载体，那就意味着O对*s*所作的反应对于E是“适当的”，即等同于（在适当的限度内）在E的一个分子出现的场合O向E的这样一个分子所作的反应。现在，让我们试图在不使用“正确的”这一概念的前提下重述上述关于“真的”的定义。我们也许会说：“呈现给有机体O的一个语句式的符号是真的，当它作为符号促发了一种行为，并且假若某种境况先前呈现给了该有机体，该行为本来会由这种存在的境况所促发时。”

我说“作为符号”，是因为我们必须把该符号靠自身所促发的行为排除在外；例如，它可能由于声音太大而使听者捂起耳朵。这样的行为是不相关的。我说“假若这种境况先前呈现给了该有机体”，这并非想说它现在没有出现，而仅仅是想顾及它现在没有出现这样的一种可能性。假如它现在出现了，我们无法把由该符号所引起的行为与由它所意味的东西所引起的行为区分开来。

对于上述关于“真的”的定义，需要作出一种或多或少形式上的修正。这种修正与“假若某种境况先前呈现给了该有机体，该行为本来会由这种存在的境况所促发”这句话有关。就一种事实上从未呈现给有机体的境况而言，这个定义将缺乏我们想要的那种含义。从形式上看，一个假命题蕴涵任何其他命题；既然如此，这个条件为任何一个语句式的符号所满足。我们因此必须通过下述的说法来修正我们的定义：在各式各样的场合，与给定的境况足够类似的那些境况，事实上促发了与该符号现在所促发的这种行为 188
足够类似的行为。所需的类似性的程度不可能用一般词项来定义，而且必然带有某种程度的模糊性。另外，所涉及的这种“境况”和这种“行为”必须都是一般的，而非特殊的，因为在修正后的定义中需要每个都能不止一次地出现。

对上述定义有一种严肃的反对意见，那就是它只从听者的立场来考虑句子，而没有从说者的立场加以考虑。关于真理的最明显的例子是由环境的某种特征所引起的惊呼，比如“着火啦！”或者“杀人啦！”而且正是通过年长者所作出的这样的惊呼，儿童的语言习惯才得以形成。

另外一种反对意见是，每当证实一个句子的境况并未出现在听者面前时，这个句子之为真一定只是通过随后的推论才被知道的。这样的推论的前提一定是通过句子及其所意味的东西的同时出现而被知道的。因此，这种知识一定典型地代表了其他类型的真理由之推导出来的那种最基本的真理。

但是，对于这个主要的问题，即“必须有命题吗？”我应当说，由卡普兰和科比洛维希所假定的“内隐行为”恰好就是我用“命题”所意指的东西。假如你对一个英国人说“There's a cat”，对一个法国人说“voilà un chat”，对一个德国人说“da ist eine Katze”，并对一个意大利人说“ecco un gatto”①，那么他们的内隐行为将是同一

① 英文“There's a cat”、法文“voilà un chat”、德文“da ist eine Katze”及意大利文“ecco un gatto”的意思都是“有一只猫”。——译注

种行为;这就是当我说他们全都相信同一个命题时所意指的东西,尽管他们相信完全不同的句子。而且,他们可以不使用语词而相信这个命题;我应该说,当一条狗因为闻到一只猫的气味而兴奋时,这条狗就是在相信这个命题。正是句子所拥有的促发这种"内隐行为"的能力使得它们变得重要了。当一个句子促发了这种内隐行为时,它对于听者来说是有含义的;当它由这种内隐行为所促发时,它对于说者来说是有含义的。某些关于什么样的句子拥有
189 含义的精确的句法规则在心理学上并不普遍适用的;它们类似于礼仪规则。当兰姆称那个泼妇为一个她-平行四边形时,这个句子对她来说是有含义的,并且意指"你是一个令人讨厌的女怪物"。为了支持逻辑学家自然提出的这些句法规则,除了礼仪之外,还可以这么说:一种遵守这些规则的语言,对于懂得该语言的人来说,具有这样的优点,即每个句子都表达了一个命题,而每个命题都可以由一个句子所表达(只要词汇是充分的)。它还具有这样的优点,即在句子与其所意味的东西之间所具有的关系比存在于日常口语中的这种关系更精确,并且更紧密。

从这种长篇讨论中,我断定:有必要区分命题与句子,但是命题无须是不可定义的。它们将被定义为某些种类的心理现象——复杂的意象、期待等等。这样的现象是由句子所"表达"的,但是句子"断言"某种其他的事物。当两个句子拥有同一种意义时,那是因为它们表达了同一个命题。语词对于命题并不是必要的。对于命题所作的精确的心理学的定义,对于逻辑和知识论来说是不相干的。对于我们的研究来说,唯一必要的事情是,句子意味着某种不同于它们自身的东西;而且当句子不同时,这种东西可以是相同

的。由于这个事实，即命题可以是错误的，这种东西显然一定是心理学（或者生理学）意义上的。

二、含义的心理分析

我们已经考虑了当单个语词作为对象词时其意义所具有的心理学特征。一个单个语词的意义是由导致它被使用的境况以及听到它时所产生的效果来定义的。一个句子的含义可以通过类似的方式得到定义。事实上，当以一种感叹的方式加以使用时，一个对象词就是一个句子。只要我们将自己限定于这些一般情况，关于句子的含义就不存在任何问题。当我们试图根据心理学来解释句
190
子的含义与其成分语词的意义之间的关系时，问题就出现了。对于逻辑学家来说，含义可以通过语词的意义和句法规则而得到定义。但是，从心理学上来说，句子是一个原因的统一体，并且其效果似乎并不是由孤立的语词所具有的孤立的效果复合而成的。我们能说“那不是奶酪”的效果是由“不是”的效果以及“奶酪”的效果复合而成的吗？假如我们这么说，我们将需要一种关于逻辑语词的理论，而这种理论要比通常的关于逻辑语词的理论所包含的心理学成分多得多，但是我不认为这是一个具有决定性的主张。

含义的句法理论是——尤其当它与一种人工的逻辑语言相联系时——伦理学的一个分支：它说“具有良好逻辑素养的人将会把含义与下述类型的句子连在一起”。但是也有一种纯粹心理学的含义理论。在这种理论中，一个被说出的句子是“有含义的”，假如它的原因是属于某种类型的；而且一个听到的句子是“有含义的”，

假如它的效果是属于某种类型的。含义的心理学理论就在于对这些类型作出定义。

我们断定,“信念”是心灵与身体的某种状况,而且它并不必然涉及语词。一个人A可能处于一种以“A相信即将有一声巨大的爆炸”这些语词所描述的状况之中。当A处于这状况中时,它可能导致他使用“A相信即将有一声巨大的爆炸”这些语词。一个句子“p”是有含义的,当能够有一种由“A相信p”这些语词所描述的心灵与身体的状态时。听到句子“p”是相信“p”这种状态的一个可能的原因。一个听到的句子是有含义的,当它能够成为这样的原因时。

以上,我们拥有“含义”的两种不同的定义。一个定义相对于一个说“A相信p”的人所拥有的语言习惯;另一个定义相对于一个听到A说出了“p”的人所拥有的语言习惯。

一个处于相信状态中的人可能说出一个句子“p”,并打算以此表达他的信念;但是,拥有其他语言习惯的人可能认为这种表达是不准确的。一个人A可以说“月亮看起来像一只汤盆那么大”,
191 B可以说“不,只有一张美元那么大”,C可以说“你们两人的句子都是不完全的;你必须说明从眼睛到这只汤盆或这张美元的距离”。C用“必须”意指什么?他的意思是说,A与B所说出的句子,尽管明显不一致,但并非真的像看起来的那样不一致,因为两个句子都未描述一种明确的事态。

每个对象词都有两种用途,这两种用途与休谟的“印象”和“观念”相对应。当直接由一个可感的现象引起时,语词在听者身上应用于一个印象。当被听到或者以叙述的方式被使用时,它不应用于印象，但依然是一个词，而非只是一种声音；它依然“意指”某种东西，并且它所“意指”的东西可以称为“观念”。同一种区分也适用于句子：一个说出的句子可以描述一种印象，但是一个听到的句子却不可以。“印象”和“观念”一定是非常密切地关联在一起的，因为要不然就不可能提供信息：在某种意义上，听者所理解的就是说者所表达的。[①]

我假定一个人 A 处于某种状态中，该状态可以用“A 相信即将有一声巨大的爆炸”这些词来描述，并且它在 A 身上无须涉及语词。但是，以一种相当不同的方式并通过某些紧张状态以及听觉刺激来描述 A 的状态一定是可能的。假如 A 处于某种状况中，并且如果他拥有与我相同的语言习惯且发现了说话的机会，这种状况就会导致他说出句子“p”，那么我将说“A 相信 p”。

当 A 在他的心灵中拥有句子“p”时，这个问题似乎更简单些。但是，这是一种错误。A 可以在他的心灵中拥有句子“p”，并接着说“我相信 p”或者只是断言 p，但不能由此推断他相信 p。他一定相信的东西是“‘p’是真的”。他可能完全没有意识到“p”意指什么；例如，听到希腊文《使徒圣经》的虔诚而又没有文化的信仰者，或者为了取悦老师而说“并且是一个联结词”的学童。

让我们试图列举“p”的各种用法。以“红灯亮了”这个句子为 192
例。我们称这个句子为“p”。我们设想，你正坐在一位粗心的驾驶员身旁。因为你看到了红灯，你才说出了这个句子；这可以称为“p”的感叹的用法。这里，“p”直接由它所“指示”的一个可感事实

① 这只是大体如此。其限度将在第十五、十六和十七章中加以考虑。

所引起，并且它通过该事实被“证实”了。但是，听到你的感叹的司机又如何呢？他做出某种行为，并且这种行为恰好就是当他自己看到红灯时他会做出的那种行为。在他身上有一种条件反射，并且这种条件反射使他对“红灯”这些语词作出反应，就像他对关于红灯的视觉作出反应一样。这就是当我们说他“理解”这些语词时我们所意指的东西。

至此，我们还不需要“观念”。你对一种视觉刺激作出反应，而司机对一种听觉刺激作出反应。和你的反应一样，司机的反应也是对一个当前的可感事实作出的。

但是现在假设，当看到红灯时你沉默不语，而片刻之后你说“所幸那里没有警察，因为你闯越了红灯”；对此，司机回答说“我不信你的话”。现在假设“p”是“刚才红灯亮了”。你断言 p，而司机说他不相信 p。

在这种情况下，似乎相当明显地需要“观念”。你和司机都不关心语词：你并非在说“‘刚才红灯亮了’这些语词表达了一种真理”，他也不是在否认这一点。两人都是在说关于这些语词所“意指”的东西。

就你而言，我们或许能够满足于和那台先说“这是一便士”、后来说“刚才那是一便士”的自动机器所作的类比。刚才看到一盏他此刻不再看到的红灯的人，与一个没有看到红灯的人相比，毫无疑问处于一种不同的状态。这种状态可能导致对“刚才红灯亮了”这些语词的使用。至于司机，我们可以设想在他身上有一种由“刚才红灯亮了”这些听到的语词所引起的状态（包含一些肌肉运动的冲动），而且这种状态与类似“不相信”这个词所表达的某些抑制的冲动结合在一起。只要我们不引入“观念”，这就不是足够明确的。司机身上肌肉运动的冲动刚好就是当你说“你差点碾着一条狗”时在他身上所产生的那同一种冲动，但是他的状态将不是同一种。你的语词在他身上产生了关于刚才红灯亮了这个事实的“思想”，193
并且他使他的思想遭受了不相信。我们没有必要确定这种“思想”是由什么构成的，以及它在心理学与生理学之间是如何按比例分配的，但是我们似乎必须承认它，因为许多显然不同的信念在其肌肉运动的效果上也可能是无法区分的。

因此，我们所得出的含义的心理学理论有如下述：有一些可以称之为“相信”的状态，这些状态并不必然包含语词。两种相信的状态可以以某种方式关联在一起，以致我们称它们为同一个信念的两个实例。在一个拥有适当的语言习惯的人身上，作为一个特定信念的实例的一种状态，是一种他可以在其中说出某个语句的状态。当某个语句的说出是某个信念的一个实例时，该语句据说就“表达”了那个信念。一个说出的语句是“有含义的”，当存在一个它所“表达”的可能的信念时。一个听到的句子“S”可以被相信、被拒绝或者被怀疑。假如被相信，听者的信念就由同一个句子“S”所“表达”；假如被拒绝，听者的不相信就由“并非 S”这个句子所“表达”；假如被怀疑，听者的怀疑就由“可能 S”这个句子所表达。一个听到的句子“S”是有含义的，假如它能引起由“S”、“并非 S”和“可能 S”所“表达”的三种状态中的任何一种时。当我们只是说“S”是有含义的时，我们意味着它具有这后一种类型的含义。

这整个的理论完全独立于任何关于真和假的思考。

在一个重要的方面，上述理论依然是不完全的：它没有确定，为了成为同一个信念的实例，两种状态必须拥有哪些共同的东西。当文字的习惯得以充分确立时，我们可以说，如果两种状态能由同一个句子所表达，那么它们就是同一个信念的实例。也许，唯一的定义是具有因果关系特性的：两种状态，当它们导致同一种行为时，就是同一个信念的实例。（在那些拥有语言的人的身上，这将包括说出某个语句这种行为。）我并不完全确信这个具有因果关系
194 特性的定义是充分的。但是，由于没有更好的定义可供选择，我将暂时接受它。

三、句法与含义①

在这一节中，我打算考虑构造一种逻辑语言的可能性；在这种语言中，前一节所考虑的含义的心理学条件被译为精确的句法规则。

从获自知觉的词汇以及获自表达知觉判断的句子开始，我将给出一个由有含义的句子所组成的句子群的定义，而且那些有含义的句子是通过它们与初始词汇及知觉判断的句法关系而得到定义的。一旦这个句子群被定义，我们就能考虑，在一种充分的语言中它能否包含所有有含义的句子，而且不包含其他的句子。

初始的对象词汇由名称、谓词和关系词组成，它们全都拥有实指定义。从理论上讲，关系可以拥有任何数目有限的项；我们无须探究在某个表达我们实际感知的一种关系事实的句子中项的最大

① 读者可以无妨碍地略过这一节，假如他对数理逻辑不感兴趣的话。

数目是多少。在对象词汇中所需的全部语词都有实指定义；拥有词典定义的语词在理论上是多余的。对象词汇在任何时候都易于通过新的经验而得到扩展；比如你首次吃到中国的鱼翅时，你可以把一个名称给予这种味道。

像我们在第三章中考虑过的那类描述经验的句子，经常是由单个的关系或谓词以及一组适当数目的名称构成的，尽管可能并非始终如此。这样的句子表达了“知觉判断”。它们形成了我们的句法构造由之出发的基础。

假设 $R_n(a_1, a_2, a_3, \cdots a_n)$ 是一个表达知觉判断的句子，它包含一个 n 元关系 R_n 和 n 个名称 $a_1, a_2, a_3, \cdots a_n$。那么，我们制定这样的替换原理：如果该语句中的任何名称或所有名称被任何其他名称所替换，并且 R_n 被任何别的 n 元关系所替换，那么该语句依然是有含义的。因而，我们从知觉判断中获得一个有含义的语句的集合，而这些语句被我们称为原子语句。 195

也许可以反对说，这个原理允许构造“长号的声音是蓝色的”这种无意义的语句。但是，根据我的名称理论，这个句子将断言拥有不同名称的两个对象之间的同一性。我应该说，这不是无意义的，而是假的。我应该把像“红不同于蓝”这样的句子包括在知觉判断中；类似地，假如 s 是长号的声音所具有的那种性质的名称，那么“s 不同于蓝”就可以是一个知觉判断。

只要我们能够避免矛盾的危险，向一个不具自然含义的句子提供一种约定的含义当然是可能的，因为我们是在谈论一种人工语言。不具自然含义的句子显然不是自然而然地为真的；因此，我们能够为每一个我们希望包括进来，却又并不自然拥有某种含义的句子(不含有“并非”一词)提供一种假的含义,比如“这种毛茛属植物是蓝色的”。在涉及原子语句的地方,不存在任何矛盾的危险。因此,假如替换原理由于其他因素而受到怀疑,它的有效性能够通过约定来保证。因而,没有理由拒绝它。

构造语句的第二个原理可以称为结合原理。一个给定的句子可以被否定,而两个给定的句子可以通过“或者”、“并且”、“如果-那么”、“如果-那么并非”等等结合起来。这样的句子被称为“分子的”,假如它们或直接地,或经过一些有限的运算产生于原子语句的结合。分子语句的真或假只依赖于它的“原子”的真或假。

所有分子语句都能通过一种运算而得到定义。假如“p”和“q”是任意两个句子,那么“$p|q$”(读作“p 析舍 q”)意指“p 和 q 并
196 非都真”或者“p 和 q 不相容”。那么我们可以把“并非 p”定义为“$p|p$”,即“p 和 p 不相容”;可以把“p 或者 q”定义为“$(p|p)|(q|q)$”,即“并非 p 和并非 q 不相容”;可以把“p 并且 q”定义为“$(p|q)|(p|q)$”,即“p 和 q 并非不相容”。从原子命题出发,并利用任何两个语句都能由“析舍”结合在一起而形成一个新的语句这个原理,我们获得“分子命题”群。所有这一切都作为关于真值函项的逻辑而为逻辑学家们所熟悉。

下一种运算是概括。给定任何一个或者包含着名称“a”或者包含着指称一种关系或谓词的语词“R”的句子,我们能够通过两种方式来构造一个新的语句。在关于名称“a”的情况下,我们可以说,用另外一个名称来代替“a”所得到的一切句子都是真的;或者我们可以说,至少有一个这样的句子是真的。(我必须再次说明:我不关心如何推断真实的句子,而仅仅关心从句法上来构造句子,这无关它们的真或假。）例如，通过这种运算，我们从“苏格拉底是人”导出“一切事物都是人”和“某个事物是人”这两个句子，或者可以说，导出“‘x 是一个人’总是真的”和“‘x 是一个人’有时是真的”这两个句子。这里的变项“x”允许取所有使得“x 是一个人”这个句子有含义的值，因而也就是取所有作为专名的值。

当我们概括一种关系 R——比如说一种二元关系——时，这种过程是相同的，除了当我们代以一个变项 S 时，“S”的可能的值都被含义条件限定在二元关系的范围内。例如，以要使人人满意(to be all things to all men)这条忠告为例。假如我成功地遵守了这条格言，那就意味着，假如 x 是任何一个人，并且 R 是任何一种二元关系，那么我与 x 之间具有关系 R；换句话说，每一个“如果 x 是一个人，那么我与 x 之间具有关系 R”这种形式的句子都是真的。或者以“没有任何两个人是完全不相关的”为例。这意味着，假如 x 和 y 是人，那么某个“x 和 y 之间具有关系 R”这种形式的句子是真的。这就是说，每一个“如 x 和 y 是人，那么某个‘x 和 y 之间具有关系 R’这种形式的句子是真的”这种形式的句子都是真的。

应该看到，出现在上述情况中的那些关系，无论作为常项还是 197
作为变项，都是内涵而非外延意义上的关系。

包含对谓词的概括的句子频繁地出现于日常话语中。这样的例子有：“拿破仑具备一个伟大将军所具备的一切特点”和“伊丽莎白具有她的父亲和祖父的美德，但却没有他们两人的缺点”。（我不担保这个例证具备史料方面的准确性。）

由于将出现在第十九章中的理由，我将把通过替换、结合和概括这三种运算而从原子知觉判断中所获得的句子的集合，称为*原*

子语句层。

这个语句层是否能构成一种“充分”的语言，即它能否构成任何语言中的任何陈述都能翻译过来的语言，是一个重要的问题。这个问题有两个部分：首先，我们能够满足于作为这个结构之基础的原子语句吗？其次，我们能够满足于把名称、谓词和二元关系等作为我们仅有的变项吗？或者说，我们需要其他的变项吗？这些问题中的第一个将在第十九章和第二十四章中加以讨论；第二个问题必须现在就加以讨论，它涉及概括问题，并且在解决悖论时它是相关的。

与替换和结合相比，概括产生了困难得多的问题。本章将要讨论的主要问题是：上面所定义的概括对于数理逻辑来说是充分的吗？或者说，我们需要无法通过上述类型的变项加以定义的那些类型的变项吗？

首先，让我们看到，如果“每个 $f(x)$ 形式的句子都是真的”或者“某个这样的句子是真的”要拥有某种确定的含义，那么 x 能在其中取值的范围必须是确定的。如果我们拥有任何一种外在的取值范围，比如人或者自然数，那么这一点就必须得到陈述。因此，“所有人都是有死的”不可能被解释为“所有‘x 是有死的’这种形式的句子都是真的，其中 x 的各种可能的值是人”，因为这并不单
198 单是从“x 是有死的”这个函项中推导出来的。① “所有‘$f(x)$’形式的句子都是真的”能够单从这个函项中推导出来的唯一方式，

① 在第十八章中，我们将确立关于一般信念的理论。这种理论似乎与以上所述是不一致的，但是这种不一致仅仅是表面的，因为在这里，而非在那里，我们的问题纯粹是句法的。

是允许 x 取所有使 $f(x)$ 有含义的值。只要我们把自己限定于作为变项的名称和关系，替换原理就保证了在这方面所需要的东西。

然而，在数理逻辑的一开始，我们需要另外一种变项，即命题变项。我们希望能够确切地说明矛盾律和排中律，即“任何命题都非既真又假”和“每一个命题要么真要么假”。这就是说，“每一个‘p 既真又假是假的’这种形式的句子是真的”和“每一个‘p 要么真要么假’这种形式的句子是真的”。这里，含义条件要求“p”是一个句子(或者命题)，但初看上去并未对“p”施加任何其他限制。麻烦在于，我们显然构造了一些指称所有句子并且因此也指称它们自身的句子。

更一般地说，假如 $f(p)$ 是一个关于命题变项 p 的命题函项，那么“每一个 $f(p)$ 形式的命题都是真的”——假如我们允许的话——也是一个命题。它是 $f(p)$ 中的 p 的一个可能的值吗？如果它是的，那么在 p 的值的全体中，就存在一个通过该全体而得以定义的值。这就导致了这样的结果：无论我们把什么样的命题的集合指派为 p 的值的全体，我们一定都是错误的，因为存在另外一个通过那个全体而得以定义的 p 的值，并且这个值随着该全体的变化而变化。这种情况类似于茹尔丹的中国皇帝和那些成套的盒子的情况。这位皇帝试图把所有成套的盒子都围在一个房间里。最后，他本以为自己成功了，但他的宰相指出，那个房间构成了另外一套盒子。尽管这位皇帝砍了那个宰相的头，但他再也没有露过笑容。

因而，命题变项包含一些困难，这些困难典型地体现在说谎者

199 的自相矛盾上。[①] 我想指出，仅当它们是名称变项和关系变项的缩写时，命题变项才是合法的。假设"p"是一个变项，它能代表由我们的替换、结合和概括这三个原理而构造出来的任何句子，那么我们可以说"每一个 $f(p)$ 这种形式的句子是真的"不是一个单个的新的句子，而是一个无穷多语句的合取，在这个合取中变项不是语句。

为了这个目的，我们以如下的方式展开论述。我们首先解释这个陈述，即：如果"p"是一个原子语句，那么"$f(p)$"是真的。这个陈述显然等值于：无论 R_1 和 x_1 拥有哪些可能的值，$f\{R_1(x_1)\}$ 都是真的；无论 R_2、x_1 和 x_2 拥有哪些可能的值，$f\{R_2(x_1, x_2)\}$ 都是真的；如此等等。这里，变项仅仅是那些 x 和那些 R。

我们现在来讨论当"p"是分子命题时的情况。我们将断言，对于各个 x、各个 y，以及 R 和 S 的所有可能的值来说，

$$f\{R(x_1, x_2, \cdots x_m) \mid S(y_1, y_2, \cdots y_n)\}$$

都是真的；而且，当 f 的自变量并非只有一个析舍而是包含某个有限数目的析舍时，我们将达到类似的断言。因此，我们现在应该已经解释了当"p"是任何一个分子命题时"$f(p)$"是真的这个断言。

最后，我们允许"p"是从我们先前的任何一个"p"的值中通过概括而获得的任何一个句子。

我们因而获得了对"如果 p 是原子层中的一个语句，那么'$f(p)$'总是真的"的一种解释。然而，这个解释把这变成了许多句子，而非一个句子。假如当"p"属于原子层时，"$f(p)$"也属于原

① 参见第四章的开头部分。

子层，那么所有这么多语句全都属于原子层，而且并未产生任何一个新的种类的句子。

我们将以一种完全类似的方式来处理“某个‘$f(p)$’形式的句子是真的”，把它看成一个由与上述无穷合取中相同的词项所构成的无穷析取。

当然，从技术上说，我们依然能使用变项“p”。从技术上说，200
上述分析的唯一用处，就在于阻止我们把“$f(p)$总是真的”看成“$f(p)$”中的“p”的一个可能的值。换句话说，“$f(p)$总是真的”不允许我们推断“$f\{f(p)$总是真的$\}$”。这一点是重要的，因为如果谈及“p”（或者任何其他变项）的可能的值的全体的断言拥有任何确定的含义，它们自身一定不在“p”的取值范围之内。

我们接下来必须考虑函项变项。让我们在出现名称“a”的原子层中用“øa”指称一个命题变项，并假设“$f(p)$”是基本层中的某个明确的命题函项。那么，我们能够形成以 ø 作为变项的下述函项

$$f(øa);$$

而且我们可以考虑“对于每一个 ø 来说，$f(øa)$是真的”和“对于某个 ø 来说，$f(øa)$是真的”。

相当普通的句子也可以是这种形式的，例如“拿破仑三世具有他的叔叔的所有缺点，却不具有其任何美德”，或者醉汉向正在提出忠告的教区牧师所说的话：“在各种人中一定有某一种人，并且我就属于那一种人。”

在这里，就像关于“对于每一个 p 来说，$f(p)$都是真的”一样，也出现了完全同样的麻烦。“对于每一个 ø 来说，$f(øa)$都是真

的”自身似乎也是 a 的一个函项，并且“对于每一个 ø 来说，$f(øa)$ 都是真的”似乎因此应该蕴含“f{对于每一个 ø 来说，$f(øa)$都是真的}”。

但是，既然如此，ø 的一些值就是通过 ø 的值的全体而得到定义的，而且关于 ø 的值的全体的每一个可构想的定义都可以被表明是不充分的。

让我们试图以某些例证来说清这个问题。比如说，“拿破仑三世拥有拿破仑一世的所有恶德”意指什么？首先，什么是一种“恶德”？或许我们可以把它定义为“一种习惯，并且这种习惯的每个实例都是一种罪恶”。但我并不需要一种如此严肃的分析，因为我的意图仅仅是阐明句法中的一个要点。为了我的目的，我们可以把一种“恶德”看作某种类型的一个谓词。因而，假如“R_1”代表一个谓词变项，那么“R_1是一种恶德”就属于“$F(R_1)$”这种形式。现在让我们把“拿破仑三世”换为“a”，并把“拿破仑一世”换为“b”。

201 那么，“拿破仑三世拥有拿破仑一世的所有恶德”就变成了：“每个‘$F(R_1)$和 $R_1(b)$一起蕴含着 $R_1(a)$’这种形式的句子都是真的”，这里的“R_1”是变项。然而，这还是不能令人完全满意，因为初看上去，“$F(R_1)$”好像把“R_1”当成了一个专名而非一个谓词。如果“$F(R_1)$”要成为一种在原子层中得到承认的形式，就必须对此加以修正。我们可以把“邪恶的”当作应用于个体的谓词，并把一种“恶德”当作蕴含着邪恶性的一个谓词。因而，假如“$V(x)$”意指“x 是邪恶的”，那么“R_1是一种恶德”意指：“对于 R_1的所有可能的值来说，每个‘对 x 的所有可能的值来说，$R_1(x)$都蕴含着 $V(x)$’这种形式的句子都是真的。”现在必须用这种形式来替换在对我们的例子所作的上述分析中出现的“F(R_1)”。这种结果可能似乎在某种程度上是复杂的，但即使这样，对于我们的阐述目的来说，它依然通过人为的方式变得简单了。

让我们来举另外一个例子；这个例子将附带表明，有必要在涉及谓词变项的特性与不涉及谓词变项的特性之间作出区分。假设我们的例子是“皮特是一位典型的英国人”。我们可以把一个类中的一个分子说成是“典型的”，假如它拥有这个类中的大多数分子所拥有的所有谓词。因而，我们是在说：皮特拥有每个谓词 R_1，而且使得“$R_1(x)$并且 x 是英国人”为真的 x 的数目超过使得“并非 $R_1(x)$并且 x 是英国人”为真的 x 的数目。这倒还好，但是假如我们使用的是“特性”这个一般语词而非“谓词”，我们就会发现不可能有典型的英国人，因为绝大多数英国人都拥有绝大多数英国人所不拥有的某种特性，例如这样的特性即身高在 5 英尺 10 英寸与 5 英尺 11 英寸之间或者某种类似的限定。换句话说，成为典型的就是成为非典型的。这表明，假如我们试图谈论“关于 a 的所有可能的陈述”，那么我们就是在冒险。

假如，就像变项 p 一样，变项 ϕ 只是其他变项的一种方便的缩写，我们就会避免麻烦。a 在其中出现的命题将是：

(1)$R_1(a)$，$R_2(a,b)$，$R_3(a,b,c)$，等等；

(2)上述命题与原子层中一个或多个命题的结合； 202

(3)对(2)中的命题所作的各种概括，只要 a 不为一个变项所替换。

因而，“对于每个 ϕ 来说，$f(\phi a)$是真的”将断言：

(a)对于 R_1 和 b 等等变项的所有可能的值来说，$R_1(a)$，R_1

(a,b)等等命题都是真的；

(b)关于 $R_1(a)|R_1(b)$等等命题的类似陈述；

(c)对(b)所作的各种概括；我们将发现这些概括仅仅是对(b)的一种重复。

在这方面，像变项 p 一样，变项 $ø$ 能够还原为名称变项和关系变项，而所付出的代价在于使“对于每一个 $ø$ 来说，$f(øa)$都是真的”变成了数目无穷的句子而非一个句子。

在一种二阶语言中，“对于每个 p 来说，$f(p)$是真的”和“对于每个 $ø$ 来说，$f(øa)$是真的”能够被看作单个的句子。这是常见的现象，而且我无须再详细论述它。在这种二阶语言中，变项指称符号，而非被符号化的东西。

因此，没有理由把除了名称变项和关系变项(在内涵上)之外的任何变项作为基本的东西接受下来。就数理逻辑而言，如果给定了由既非分子命题也非一般命题的命题所组成的集合，那么仅仅使用结合原理和概括原理，我们就能够——我如此断定——从这个集合出发构造一种充分的语言。

还剩下关于原子性原则的问题。这个问题涉及命题，并且所涉及的命题既非分子命题也非一般命题。它是这样的问题，即所有这些命题是否都属于下述这些形式中的这种或那种：

$$R_1(a),R_2(a,b),R_3(a,b,c),\cdots\cdots$$

初看上去，像“我相信苏格拉底是希腊人”这样的命题并不属于这
203 些形式中的任何一种。“我相信所有人都是有死的”这个命题更加困难；在这个命题中，一般性仅仅被应用于一个从属的命题。我的信念并不等值于“假如 x 是一个人，我相信 x 是有死的”，因为我

可能从未听说过 x，并且我因此也就不可能相信他是有死的。"A是B的部分"这种形式的命题也产生了一些困难。我将在以后诸章中讨论原子性原则。

还有一个涉及概括的问题，那就是变项的范围与我们的知识之间的关系问题。假设我们考虑某个命题"对于每个 x 来说，$f(x)$是真的"，例如"对于 x 的所有可能的值来说，假如 x 是人，那么 x 是有死的"。我们说，假如"a"是一个名称，那么"对于每个 x 来说，$f(x)$是真的"蕴含着"$f(a)$"。我们实际上不能提及"$f(a)$"，除非"a"是出现于我们实际的词汇表中的一个名称。但是我们并不打算作出这样的限制。我们想说每一个事物都拥有特性 f，而非仅仅只有被我们命名的事物具有这种特性。因而，在任何一般命题中，都有一种假设的成分。"对于每个 x 来说，$f(x)$是真的"并不仅仅断言这样的合取，即

$$f(a)\cdot f(b)\cdot f(c)\cdots$$

这里的 a、b、c……是构成了我们的实际的词汇的名称（它们在数目上必然是有限的）。我们想要把任何将要被命名的东西，甚至任何可以被命名的东西，都包括进来。这表明，除了对一切事物都拥有一个名称的神以外，对一般命题进行外延描述是不可能的；并且，甚至连他也需要这个一般命题，即"一切事物都在下表中被提及：a、b、c，…"，而这并不是一个纯粹外延的命题。

204 第十四章　作为表达的语言

语言服务于三种目的:(1)指示事实;(2)表达说话者的状态;(3)改变听者的状态。这三种目的并非总是全都出现。假如我一个人独处时,我戳我的手指,并说一声“哎哟”,那么这里只有第二种目的出现了。命令句、疑问句和祈愿句包含第二种和第三种目的,但不包含第一种目的。谎言包含第三种目的,并且在某种意义上也包含第一种目的,但不包含第二种目的。单独作出的或者说与听者无关的感叹陈述,包含第一种和第二种目的,但不包含第三种目的。单个的语词可以包含所有这三种目的,比如当我在街上发现了一具尸体,并大喊“杀人了!”时就是这样。

语言可能达不到第一种和第三种目的:这具尸体可能是自然死亡,或者我的听众可能对此表示怀疑。在什么意义上语言无法实现第二种目的呢?以上所提及的谎言在这方面并非没有达到目的,因为表达说话者的状态并不是它们的目的。但是谎言属于语言的反思性使用;当语言是自发产生的时,它不可能说谎,并且不可能不表达说话者的状态。由于说者和听者在语言使用上的差异,它也许没有传达出它所表达的东西;但是从说者的立场来看,自发的言语一定表达了他的状态。

我称语言为“自发的”,当外部刺激与语词或若干语词之间不存在任何非言语的媒介时；至少，这最近似于我用“自发的”所意指的东西。由于以下两个方面的原因，这并不是一个充分的定义：首先，被排除出去的媒介无须是言语性的，尽管它必须与作为言语性的事物拥有某种共同的东西；其次，在任何一种通常的意义上，刺激无须是“外在的”。由于第二点比较简单，让我们首先考虑第一点。

假设我说“我热”，并且假设我这么说是因为我热。这里的刺 205
激是一种感觉。假设我说“有一朵红花”，是因为(按照通常的说法)我看见了一朵红花。这当下的刺激又是一种感觉，尽管我相信这种感觉有外在的原因，并且假如没有这种原因，我的陈述就是假的。当我说“我热”时，我可能并不期待其他人也感觉热；比如，假如在一个冰冷的日子我一直在跑步，情况就是这样。但是当我说“有一朵红花”时，我期待其他人也看到这朵花。假如他们没有看到的话，我会感到吃惊；这表明，我认为他们将要看到的东西是我刚刚所断言的东西的一部分。因而，“我看到了一块某种形状的红的色片”这个陈述在逻辑上比“我看见一朵红花”更简单。但是，“我看到了一块红的色片”与“我热”处于一个层次上。然而，与“我看见一朵红花”或者“有一朵红花”相比，它不太具有自发性。

因而，我们不会说一种刺激是“外在的”；我们会说，在“自发的”言语中，刺激是一种感觉。

我们现在必须考虑，在定义“自发的”言语时，哪些类型的刺激与语词之间的媒介必须被排除。举一个现成的谎言为例。当被人愤怒地问道“谁创造了这个世界？”时，学童毫不犹豫地回答说：“请听我说，先生，不是我。”从道德上讲，这是一句谎言，尽管从理论上讲并非如此。在这样一种情况下，语词的刺激物并不是语词所意指的东西，甚至也不是某种与语词所意指的东西之间具有密切的因果联系的事物；刺激物只是一种要在听者身上产生某种效果的愿望。与仅仅在语言的感叹使用中所包含的语言知识相比，这需要一种更高级的语言知识。我认为，在定义“自发的”言语时，我们必须把影响听者的愿望放在一个次要的位置。在某些情况下，我们想到了某些语词，即便我们没有说出它们。当导致使用语词的情况可以在不参照听者的情况下加以确定时，语词的使用就是“自发的”。自发的言语就是那些可能会单独出现的言语。

现在，让我们把自己限定于自发的和陈述的言语。关于这样的言语，我想考虑在(1)陈述事实与(2)表达说话者的状态之间的关系。

206 在有些情况下，(1)和(2)之间的区分似乎是不存在的。假如我惊叹“我热！”所指示的事实就是我自己的一种状态，并且也正是我所表达的状态。“热”这个词意指器官的某种状况，而且这种状况能够引起对“热”这个词的感叹的使用。在这样的情况下，这个词实际出现一次的原因也是该词的意义的一个实例。就“我看到了一块红的色片”来说，情况也还是这样，除了对于“我看”这些词要有某些保留之外。就像在这样的情况下一样，当(1)和(2)之间不存在区分时，关于真或假的问题不再出现，因为这个问题必然与(1)和(2)之间的区分相联系。

假设我说“你热”，并且假设我相信我所说的话。既然如此，我就是在“表达”我的状态，并在“指示”你的状态。这里，真与假就进入其中了，因为你可能是冷的，或者你可能甚至不存在。在一种意义上，“你热”这个句子是“有含义的”，假如它能表达我的一种状态；在另外一种可能的意义上，它是“有含义的”，假如它是真的或假的。我们无法决定这些是否就是“含义”的不同意义，除非我们已经定义了“真的”和“假的”。现在，我将把自己限定于第一个定义：如果一个句子实际上主要表达了我自身的一种状态，我将认为它是“有含义的”；并且我将从这个出发点，逐步努力地获得一种更宽泛的定义。

当我的状态被“你热”这些词所表达时，在我身上发生了什么？这个问题并无一个明确的答案。我可能在“想象”一种与关于触摸你的感觉结合在一起的热的感觉。我可能是在期待你说“我热”。我可能发现了你脸上的汗珠，并作出一个推论。我们只能明确地说，某些可能的现象会让我吃惊，而某些其他的现象会给我一种证实的感觉。

“我相信你热”这个陈述表达了一种不同于“你热”所表达的状态；它所指示的事实就是“你热”所表达的事实。问题出现了：“我相信你热”这个陈述能用一个仅仅指涉我自己而且没有提及你的 207
等值陈述来替换吗？

我倾向于认为，这样的一个陈述是可能的，但是它很冗长并且很复杂。用具有外部指称的语词来描述“心灵的状态”是符合人们习惯的：我们说我们正在想到这个或者想到那个，想要这个或者想要那个，等等。我们没有词汇用以描述当我们想到或欲求某物时实际发生在我们身上的事情，除了通过为语词加引号这种或多或少有点初级的手段。你可以说，当我想到一只猫时，我想“猫”；但这既不充分为真，也不必然为真。想“到”一只猫，就是处在一种与关于猫的知觉对象有某种关联的状态之中；但是这种可能的关联是为数众多的。在一种更大的程度上，同样的说法也适用于信念。因而，我们遇到两重困难：一方面，能够正确地描述为相信一个特定命题的那些现象在种类上是极其多样的；另一方面，假如我们要通过不提及对象的方式来描述那些现象，我们需要一种新的词汇。

当我在相信命题“A 先生热”时，什么东西一定正在发生？A 先生无须出现：他可以是一个纯粹想象中的人物，我确实梦见过他；也无须出现任何语词。当水在冰点时，我就一直看到它在冒气泡；由于相信它是热的，我或许（假如我几乎没有什么知识）把手放了进去，而且由于知觉到它是冷的，我产生一种震惊的感觉。既然这样，信念完全可以不需要语词。另一方面，在我身上一定存在某种与“热”这个词对应的东西，以及某种被认作——也许是错误地被认作——一个被称为“A 先生”的人的符号的东西。使这些陈述变得完全精确几乎是不可能的，但是我将尽力做到这一点。

我认为，“信念”这一个语词应该用几个语词来代替。首先是知觉、记忆、期待；紧接着是习惯推论，休谟认为它与因果关系相关联；最后是逻辑学家所认可或指责的故意推论。在我们当前的讨
208 论中必须区分这些情况，因为它们在相信的人的身上导致了不同的状态。假设我是一个独裁者，并且在 10 月 22 日下午 5 时，有人试图用短剑来行刺我。由于秘密警察的报告，我相信这种情况将会发生；这是（或者说，至少可以是）通过逻辑推论得到的信念。它也可以是由习惯推论所产生的信念。在 4 点 59 分，我看到一位我所认识的敌人从剑鞘里拔出一把剑；此时，我预料袭击将可能发

生。现在，这种对转瞬就到的未来所作出的推论就不再是逻辑的而是习惯的推论。片刻之后，行刺者冲上前来，刀锋刺破了我的大衣，但被我身上的锁子甲贴身衬衣挡住了。此时，我的信念就是一个知觉事实。随后，这位恶徒被斩首之后，我拥有那种关于“心情平静之时所回忆起的情感”的经验，而且我的信念成了记忆信念。显然，我的身体和精神状态在这四种情况下是不同的，尽管就其都能被同样的语词即“我相信在 10 月 22 日下午 5 时有人试图用短剑行刺我”所指示而言，我所相信的自始至终都是同一种东西。(这句话中的“试图”是没有时间意义的，它并非现在时态；它类似“4 是 2 的两倍”中的“是”。)

把知觉从信念的形式中排除出去也许是方便的。为了形成一个连续的系列，我在以上论述中将其包括了进来。但是，一般情况下我都把它排除在外。

我们的问题可以陈述如下。存在许多关于我的身体和心灵的状态；其中的任何一种状态，当存在时，都使得这样的说法即“我相信你热”是真的。我们可以假定，这些状态中的任何一种都可以由心理学家和生理学家进行足够精确的描述。假定所有这样的状态都得到了这样的描述，那么，对于它们当中的任何一种，心理生理学家能够知道它就是相信你热的一种情况吗？而且还有：除了它们与你以及热之间的关系以外，他将能够在这些状态之间发现某种共同的东西吗？

我认为，从理论上说，对这两个问题的回答都应该是肯定的。本质上，这个问题就是关于发现“热”意指热的那个问题；绝大多数儿童在大约十八个月的时间内解决了后一问题。假如我处于任何 209

一种能被描述为相信你热这样的状态之中，并且你说“你相信我热吗？”，我将回答说我相信。这是信念的一种经验的因果特性；它就如化学试验中所使用的那些特性一样，是完全恰当的。当然，存在一些复杂的情况，比如说谎、语言的差异等等；但是这些情况全都不会产生任何原则性的困难。

我们现在可以说：说同一种语言的两个人的状态是同一种信念的实例，假如有一个句子 S，并且在回答“你相信 S 吗？”这个问题时这两个人都回答说“我相信”。[①] 如果一个人对他自己或者对他不想加以欺骗的任何人说“S!”，那么他是相信 S 的。两个句子 S 和 S’拥有同一种含义，假如任何相信其中一个句子的人也相信其中的另一个句子。既然这样，从经验上说，假如你听到一个人说“S”，并且你问他“你相信 S’吗？”，他将回答说“当然相信，我刚刚就是这么说的”。这样的说法适用于这种情况，即（比如说）“S”代表“布鲁图杀死恺撒”并且“S’”代表“恺撒被布鲁图杀死”。当 S 和 S’分属于不同的语言时，同样的说法也是适用的，只要二者都被那些相关的人所知道。

这种讨论的一个目的在于确定“A 相信 p”是不是 p 的一个函项。让我们用一个句子 s 来代替命题 p。在逻辑学中，我们习惯于认为，或者主要是命题或者主要是句子能够拥有真或假。我想，至少在眼下，我们可以丢弃命题，并专注于句子。从技术上说，本

① 我并不想说这是关于构成了“同一种”信念的东西的最好的定义。最好的定义将是考虑到信念的原因和结果的定义。但是这种定义将是复杂而又困难的，而且对于我们的当前目的来说，通过语句所作出的上述定义似乎就行了。

质之处在于我们关心真值函项的自变量。假如“s”和“t”是两个句子，那么“s 或者 t”又是一个句子，并且其真或假唯一地依赖于 s 和 t 的真或假。在逻辑学中，句子（或者命题）在技术上似乎被看成了“事物”。但是，就其本身而言，一个句子的说出仅仅是一系列声音；它与一连串的喷嚏和咳嗽一样，不能给人以兴趣。使得一个句子成为有趣的东西的是其含义，或者更具体地说，是其表达信念和 210
指示事实（或者它未能做到这一点）的两种能力。它是从前一种能力中获得后一种能力的，并且前一种能力又是从它的语词的意义中获得的；在这里，它的语词的意义是声音的因果特性，而这种特性获自条件反射机制。

因此，根据刚才所说的话，一个句子与使其为真或为假的事实之间的关系是间接的，它是经由这个句子所表达的信念而来的。主要是信念才具有真或假。（眼下我没有企图定义“真的”与“假的”。）因此，当我们说“s 或者 t”是一个句子时，我们必须通过研究“s 或者 t”所表达的信念来为我们的陈述提供实质性内容。依我看，人或动物能够拥有由“s 或者 t”加以正确表达的信念，但是可以在不用“或者”这个词的情况下得到心理生理学家的描述。让我们来研究这个问题，并且要记住，我们关于“或者”所说的话有望适用于其他的逻辑语词。

我想指出，在“或者”这个词和诸如“热的”或者“猫”这样的词之间有一种差别。为了指示而且也为了表达，人们才需要后者；但是，仅仅为了表达，人们才需要“或者”这个词。人们需要用“或者”来表达犹豫。犹豫可以在动物身上被观察到，但是在它们身上（人们设想）并未发现相应的语词表达。为了努力表达它，人类发明了

“或者”这个词。

逻辑学家通过“真”这个概念来定义“p 或者 q”，因而他们能够缩短这条经由“p 或者 q”所表达的信念的路线。就我们的目的而言，这种缩短是没有用处的。我们希望知道使得“或者”这个词能派上用场的那些现象是什么。这些现象不会在证实或否证信念的事实中被发现，因为这些事实没有任何析取的性质，它们是其所是的东西。需要“或者”这个词的仅有的那些现象是主观性的，并且事实上这些现象就是犹豫。为了用语词表达一种犹豫，我们需要“或者”或者某个具有相同意义的语词。

犹豫本质上是存在于两种肌肉运动的冲动之间的冲突。在
211 （比如说）一只战战兢兢地走向窗台上的面包屑的鸟身上，或者在为了逃避一只凶猛动物而思忖着是否要危险地跳越一个深渊的人身上，都可以发现它。犹豫的智性（intellectual）形式通过析取而得到表达，它是从纯粹肌肉运动的犹豫中发展而来的。在两种肌肉运动的冲动中，每一种冲动，假如单独存在的话，都会是一种信念，而且能够用一个断言来表达。只要两者都存在，除了一个析取即“这个或那个”之外，任何断言都是不可能的。例如，假设你看到一架飞机。在通常的情况下，你将满足于指出“有一架飞机”。但是，假如你掌控一门防空袭的高射炮，那么，根据这架飞机所属类型的不同，所要求作出的行为也将是不同的。假如你不能确定其类型，你将会说“那架飞机是英国的或者德国的”。那么，除了观察以外，你将中止所有的行为，直到你确定了它是哪一种类型之后。智性生活主要关心那些被中止的肌肉运动的冲动。考虑一下一个临时准备考试的年轻人。他的行动将会受一个析取即“我将会被

问到A或者B或者C或者……”所影响。他开始获得一些与每一种选择相应的肌肉运动的习惯，并在一种悬而未决的状态中保持着它们，直到他得知应该将它们当中的哪一种释放出去。他的情况因而特别类似于拥有防空袭的高射炮的那个人的情况。从理论上说，在两种情况下，怀疑者的身心状态都能在不使用“或者”这个词的情况下，通过描述肌肉运动的冲动以及它们之间的冲突而得以明确。当然，这种冲突将通过心理生理学，而非通过逻辑学得到描述。

类似的考虑适用于“并非”这个词。想象一只老鼠，它经常看到其他老鼠被以奶酪作为诱饵的老鼠夹捉住。它看到了这样的一只老鼠夹，并且闻到了很诱人的奶酪的香味；但是，对它的同伴的悲惨的命运的记忆抑制了其肌肉运动的冲动。它自己并未使用语词，但是我们能够使用语词来表达它的状态，并且这些将要被使用的语词是：“那块奶酪**不能**吃。”我曾一度养鸽子，并且发现它们是婚姻道德的楷模。但是，我曾经把一只新的母鸽放在它们中间，这只母鸽很像先前已有配偶的那些母鸽中的一只。那位丈夫错把这只母鸽当成他的妻子，并开始在她周围发出咕咕的柔情声。突然， 212
他发现自己弄错了，并表现出恰如一个人在类似的情况下所表现出的那种尴尬。他的心灵状态本可以用“那**不是**我的妻子”这些语词来表达。与她是他的妻子这个信念相联系的那种肌肉运动的冲动突然被抑止了。否定表达了一种心灵状态；在这种状态中，存在着某些冲动，但它们被抑止了。

一般说来，逻辑学家将会称之为“断言”的语言具有两种功能：指示一个事实和表达说话者的一种状态。假如我惊呼“起火啦！”

那么我就指示了一堆火焰，并表达了我的感觉器官的一种状态。所指示的事实和所表达的状态通常都是非言语的。语词有两类：为了指示事实而需要的语词和仅仅为了表达说话者的状态而需要的语词。逻辑语词属于后一类。

真和假的问题与语词和句子所指示的东西有关，而与它们所表达的东西无关；至少，人们也许希望如此。但是，关于谎言又如何呢？当一个人撒谎时，虚假似乎就被表达出来了。即便一种谎言在客观上碰巧是真的，它依然是一种谎言——只要说话者相信它是假的。关于十足的错误又如何呢？心理分析家告诉我们，我们的信念并不是我们认为它们所是的那些东西；确实，有时候情况就是这样的。不过，似乎在某种意义上，在表达方面出现错误的机会比在指示方面出现错误的机会要少。

我想，解决问题的办法在于本章前面所考虑过的"自发的"言语这个概念。当言语是自发的时，我认为它一定表达了说话者的心灵状态。如果加以正确地解释，这种说法是同义反复。我们承认过，一个特定的信念可以表现为有机体的各种状态，而且其中之一就是自发地说出某些语词的状态。这种状态，由于比不包含外显行为的那些状态更易于观察，所以被看作是一个特定信念的定义，而它事实上仅仅是一种方便的经验上的检验。这种结果就表现为一种不适当的关于真、假以及一般说来关于逻辑词类的语词
213 理论。当我说"不适当的"时，我的意思是说，从知识论的立场来看是不适当的。对于逻辑学来说，除了在诸如外延性和原子性这样的一些关键问题上，传统上对"命题"的接受和根据真值对（比如说）析取所作的定义是合适的，而且在技术上被证明是正当的。这

些问题，由于是与命题态度（相信以及其他等等）相联系而出现的，只能通过知识论来加以处理。

214

第十五章　句子所“指示”的

当“真”和“假”被认为可以应用于句子时，从知识论的立场来看，有两种类型的句子：(1)其真或假可以从它们与其他语句的句法关系中推论出来的那些句子；(2)其真或假只可以从它们与可被称为“事实”的某种事物的一种关系中获得的那些句子。目前，分子语句与一般语句可以被看作第一种类型；我们将在以后考虑这种看法是否在严格意义上是真的。在当前的工作中，我们所关心的问题仅仅是与第二种类型的句子相关联而产生的，因为假如我们为这样的句子定义“真”和“假”，那么剩下的那个问题就是句法方面的，不再属于我们当前的主题。

那么，让我们首先把自己限定于原子形式的陈述句，并且问一问自己，对于这些句子，我们能否为“真的”和“假的”这些词构造一种定义。

在上一章中，我们承认过，一个陈述句“表达”说话者的一种状态，并“指示”一个事实或者没有做到这一点。真和假的问题与“指示”有关。看来，真和假主要应用于信念，并且只是在派生的意义上应用于“表达”信念的句子。

所表达的和所指示的东西之间的区别并非总是存在；比如，假如我说“我热”，那么所表达的东西总是说话者的一种当前状态，而所指示的东西也可以是这样的一种状态，但通常不是。只有当所指示的东西是说话者的一种当前状态时，所表达的东西与所指示 215
的东西才是相同的。既然如此，假如所说的话在上一章所定义的意义上是“自发的”，那么并不出现关于假的问题。我们因此能够以这样的说法开始：一个指示其所表达的东西的自发语句依定义是“真的”。

但是，现在假设我指着一个可见的对象，并说“那是一条狗”。狗并不是我自己的一种状态，因此在我所指示的与我所表达的东西之间存在一种差别。(“我所指示的”这个短语容易遇到反对意见，因为在关于假的情况下，人们可能认为我未能达到指示某物的目的。但是我将为了避免啰唆而使用这个短语。)我所表达的东西可以从将会使我吃惊的东西中推论出来。假如我突然看见的形状消失了，并且没有被其他某个对象遮住的可能，那么我将感到极为惊奇。假如你对我说：所有的门和窗都是关上的，这个房间里没有可以隐藏的地方，而且我能确定一会儿以前这里没有狗，那么，若是我一直在看《浮士德》，我将推断，我所看见的东西并不是一条狗，而是靡非斯特[①]。假如我正在留神观察的对象，就像海涅的长诗《阿塔·特洛尔》中的那条哈巴狗一样，突然开始用斯瓦比亚腔调说起德语来，那么，就像海涅一样，我将推断，它是被邪恶的女巫改变了外形的一位斯瓦比亚诗人。毫无疑问，这样的现象是不同寻常的；但是它们并不是在逻辑上不可能的。

① 靡非斯特(Mephistopheles)，欧洲中世纪关于浮士德的传说中的主要恶魔。——译注

因而，当我说“那是一条狗”时，某些或多或少带有假设性成分的期待是我所表达的状态的一部分。我期待着，假如我留神观察，我将继续看到某种类似于导致我说出这句话的那种形状的事物；我期待着，假如我问一位一直在往同一个方向看的旁观者，他将说他刚才也看到了一条狗；我期待着，假如这种形状开始发出声音，它将发出狗吠的声音，而不是说德语。这些期待中的每一种，作为我自己的当前一种状态，既能为一个单个的句子所表达，也能为它所指示。为了更明确一些，设想我实际上而非假设地期待一种狗吠的声音。那么，我就处于被称为“听”的状态之中，而且我很可能拥有一种关于狗吠的听觉想象或者拥有“狗吠”这个词，尽管两者都可以不出现。这里，我们拥有了表达和指示之间的最小的差异：
216 假如我说“一会儿我将听到一声狗吠”，那么我表达了我当前的期待，并指示着我未来的感觉。既然这样，就存在着错误的可能：未来的感觉可能不出现。我认为，已知的错误总是这种类型的。我相信，发现错误的唯一方法在于由落空的期待所产生的惊讶的经验。

然而，还有一个困难。在每时每刻，我都拥有大量的或多或少带有潜在性的期待，而且当其中的任何一个落空时，都会带来惊讶的感觉。为了知道哪一种期待是假的，我必须能够把我的惊讶与正确的期待联系在一起。当我期待这条狗发出叫声时，我可能吃惊地发现一头大象沿街走来。这种惊讶并不证明我期待狗吠是错误的。我们说我们对某种事物感到吃惊；换句话说，我们所经验的并非仅仅是惊讶，而是与当前的知觉对象相关联的惊讶。然而，这还不足以使我们知道我们先前的期待是错误的。我们必须能够把我们当前的知觉对象与我们先前的期待关联起来，而且要以否定的方式将其关联起来。期待使我们说“这条狗将发出‘汪汪’声”，知觉使我们说“这条狗没有发出‘汪汪’声”，而记忆使我们说“我曾期待这条狗发出‘汪汪’声”。或者，我们可能期待这条狗不发出叫声，并且当它发生叫声时，我们感到惊讶。但是，除了通过上述的期待、知觉以及记忆的结合以外，我没有发现如何能够处理这种关于已知错误的最简单情形。在上述的结合中，要么期待，要么知觉一定是否定性的。

与惊讶相反的情感可以称为*证实*。当被期待的事情发生时，证实的情感就产生了。

作为一种定义，我们现在可以说：对我自己的经验的一种期待是*真的*，当它导致证实时；并且当这种期待导致惊讶时，它是*假的*。这里，“导致”这个词是对刚才所描述的过程的一种缩写。

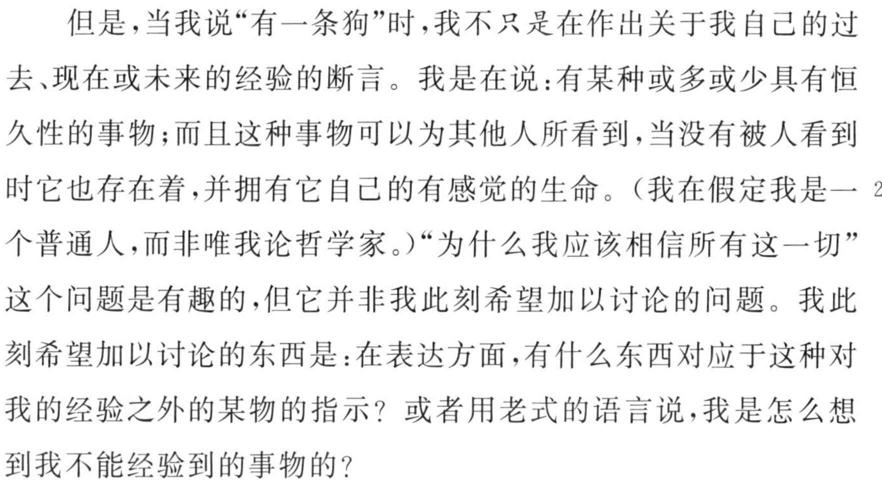

但是，当我说“有一条狗”时，我不*只*是在作出关于我自己的过去、现在或未来的经验的断言。我是在说：有某种或多或少具有恒久性的事物；而且这种事物可以为其他人所看到，当没有被人看到时它也存在着，并拥有它自己的有感觉的生命。（我在假定我是一 217
个普通人，而非唯我论哲学家。）“为什么我应该相信所有这一切”这个问题是有趣的，但它并非我此刻希望加以讨论的问题。我此刻希望加以讨论的东西是：在表达方面，有什么东西对应于这种对我的经验之外的某物的指示？或者用老式的语言说，我是怎么想到我不能经验到的事物的？

我发现几乎所有哲学家都极不情愿面对这个问题。经验论者没有认识到，在他们视作理所当然的知识中，许多都假定了未被经验到的事件。那些不是经验论者的人倾向于认为，我们没有经验到单独的事件，而总是经验到作为一个整体的**实在**。然而，他们没有解释我们是如何在（比如说）阅读诗歌与拔牙之间作出区分的。

让我们举一个例子。假设在一个晴朗的星期天，我和全家人一整天在外，因此屋子里空无一人。当我晚上回来时，我发现房子被火烧过。邻居们告诉我，火开始被发现时已经太迟了，以至于消防车无法将其扑灭。不管我的哲学是什么，我都将相信，这次大火，就如许多通常的火一样，是以一种微弱的方式开始燃烧的；因此，在任何人能够发觉之前，它已经存在了一段时间。当然，这是一种推论，但是我对此推论抱有极大的确信。现在，我要问的问题不是“这个推论是可以证明为正当的吗？”而是“假定这个推论是可以证明为正当的，那么我将如何解释它？”

假如决定避免任何没有经验到的事物，那么有几件事情是我可以说的。就像贝克莱一样，我可以说上帝看到过这次火灾最初时的情况；我可以说，不幸的是，我的屋子里充满了蚂蚁，并且它们看到过这次火灾；或者我可以说，在被人发现之前，火只是一种象征性的假设。这些意见中的第一种必须被排除，因为对上帝进行这样的使用违背了游戏规则。第二种也必须被排除，因为蚂蚁是偶然出现的事物，而且如果没有它们，这次大火显然也会照烧不
218 误。那么，这就剩下了第三种意见。我们必须试图使这种意见更精确。

我们可以把这个理论陈述如下。让我们首先把物理学确立在通常的实在论的假设之上：物理现象的存在不依赖于它们是否被人观察到。让我们进而把生理学提升到这样的地步：我们能说在

什么样的身体条件下物理现象被观察到了。那么，让我们说：物理学的方程式将被认为仅仅是把被观察到的现象联系在了一起；中间的步骤将被认为仅仅是处理数学虚构的。所提出的这种步骤类似于一种计算，并且这种计算以实数开始和结束，但在证明过程中使用了复数。

这种理论可以被进一步推进：我不仅可以把无人观察到的事件排除出去，而且可以把我没有观察到的事件排除出去。为了简化这个假设，我们也许可以设想，可观察的现象就是发生在我的头脑里的那些事件。那么，在确立一种实在论的物理学之后，我们将定义被我的头脑所占据的时空区域，并说，在所有以象征的方式被假定于物理学的事件中，仅有那些其时空坐标处于我的头脑的时空坐标中的事件，才会被认为是“实在的”。这将为我提供一种完全唯我论的物理学，它在象征性方面无法与通常的实在论物理学相区分。

但是，通过这样的假设，即在所有以象征的方式出现于我的物理学的事件中只有某个子类是“实在的”，我能意指什么呢？只有一种事物是我所能意指的，这就是：对一个物理事件的数学解释是一种描述，并且除了在某些情况下，这样的描述将被认为是没有实质内容的。不认为它们在这些情况下无实质内容的理由，一定在于：即使没有物理学，我也有理由知道在这些情况下被描述的事件。

现在，如果没有物理学（在一种宽泛的意义上看待物理学），我有理由相信的仅有的事件，是我所感知到或记住的那些事物。

显然，对我来说，在我所感知的和我所记住的东西方面拥有完

219 全相同后果的两种假设,在实际效果上和经验上都是不可区分的。无论它们当中的哪一个是真的,我的生命的过程将完全是同一个过程,而且我的经验必然不可能在某个时候为我提供一种根据,以便使我更想接受其中的一个而非另一个。因此,假如知识或者是从实际效果上或者是据经验来加以定义的,那么这两个假设是不可区分的。反过来说,假如区分这两个假设从逻辑上说是可能的,那么经验论一定出了问题。对我来说,关于这种结果的有趣之处在于,它仅仅要求我们能够区分这两个假设,而不要求知道在它们当中哪一个是真的。

这把我带回到这个问题:我如何能够想到我不能经验到的事物?

举(比如说)这个陈述为例:“声音是由空气的波动引起的。”这样的一个陈述能拥有什么意义呢?这必然仅仅意指“假如我设想声音是由空气的波动引起的,那么我将能够提出一种把我听到的声音与其他经验联系在一起的理论”吗?或者,就像它似乎意指的那样,它能意指在空气中存在一些我没有经验到的事件吗?

这个问题取决于对存在命题的解释。逻辑学假定,假如我理解一个陈述“ϕa”,那么我能理解“有一个 x,并且 ϕx”这个陈述。如果假定了这一点,那么,给定两个可以理解的陈述 ϕa 和 ψa,我就能够理解“有一个 x,并且(ϕx 并且 ψx)”。但是,也可能出现这样的情况:在我的经验中,ϕx 和 ψx 绝未结合在一起。既然如此,在理解“有一个 x,并且(ϕx 并且 ψx)”时,我就是在理解经验之外的某种事物,并且假如我有理由相信这一点,那么我就有理由相信存在一些我没有经验到的事物。前者就是关于独角兽的情况,后者就是关于我出生前和我死后的那些事件的情况。

因而，这个问题就还原为下述问题了：假如“有一个 x，并且 øx”并非是一个或多个表达知觉判断的命题在逻辑上的必然结果，那么在“我相信有一个 x，并且 øx”这个陈述中是否有某种含义呢？

让我们举一个简单的例子，比如“我的书房当没人在里面时存 220
在着”。天真的实在论者把这解释为“当我在书房里时所看到的东西，当我没有看到它时也存在着”。为了避免“存在”这个词，我们可以把它翻译为“在我的经验中有一些事件，它们与我在书房里时所看到的东西是同时发生的，但并不与我看它的行为同时发生”。这就包含了看的行为与所看到的东西的区分。它也包含着这个假设，即我所看到的东西在因果上独立于我的看的行为。稍微有一点光的物理学知识以及视觉的生理学知识，就足以证明第二个假设是错误的，而且对于第一个假设，我们也难以发现充分的根据。因而，实在论者被迫把物自体当作他的视觉对象的原因，并被迫得出这样的说法，即在没有引起知觉对象的那些时刻这个物自体也可以存在。但是，假如我们的断言要有一点实质意义，我们必须能够说出关于这个原因的某种东西。问题是：避免我们的断言无实质意义的最低限度是什么？

假设我们说：红的感觉拥有一种原因，并且绿的感觉拥有另一种原因。那么，当我们试图从感觉过渡到物理学时，我们就是在把假设的谓项归属于假设的主项。我们从感觉中作出的推论依赖于下述形式的一种原理：“有一种特性 ø，并且每当我看到红色时，就有某种拥有特性 ø 的事物。”但这几乎不是充分的。为了获得更高的精确性，让我们以下述的方式开始讨论。我们假设"特性 ϕ 拥有特性 f'意指'ϕ 是一种色度"。

那么我说：在 f 的分子与某个其他的函项 F 的分子之间存在某个关联者 S，以致，假如在我的视野中，ϕ 拥有特性 f 且 a 拥有特性 ϕ，并且假如 ψ 是与 ϕ 相关联的 F 的自变量，那么就存在一个 x，使得 ψ 拥有特性 F，且 x 拥有特性 ψ。人们可以理解，这里的 F 和 S 是似是而非的变项。

让我们以某种不同的方式陈述这个问题。让我们把一种色度定义为与一个特定的视觉位置拥有颜色上的类似性并且相互之间也拥有此种类似性的所有视觉位置。因而，一种色度就是一个类，

221 并且颜色是类的类，比如说 κ。现在，我们假定，在一种物理现象（适当频率的光波）与一种颜色之间存在一个关联者 S。我看见一块颜色为 α 的色片，并且我认为这是 S 将其与 α 相关联的那个类存在的证据，这里我用"$S^c a$"来指称它。也就是说，我假定，每当 α 的一个分子存在时，$S^c a$ 的一个分子大体也在同一时间存在着。从形式上说，这个假定是这样的：

> "如果 κ 是由诸多色度（每种色度都被定义为具有这种色度的所有色片）所组成的类，那么就存在这样的一个其逆域为 κ 的一对一的关系 S，以致，如果 α 是一个 κ，并且 a 是一个 α，那么就有一个与 a 大体同时出现的 x，并且它是 S 将其与 α 相关联的那个类中的一个分子。" (1)

或者，换一种说法来陈述这个假定：

“存在一个将物理事件的类与色度关联起来的一对一的关系 S,以致,假如 α 是一种色度,那么每当颜色为 α 的一块色片存在时,与 α 相关联的那个类中的一个物理事件也在大体相同的时间存在着。” (2)

如果我们相信当我们没有看到它们时猫和狗也是存在的,那么上述假设仅仅是我们必须假定的东西的一部分。无论是否可信,这个假设至少是可以理解的,因为它只包含变项和经验上已被认识的项。它为这种讨论由之开始的这个问题即“我是如何想到我不能经验到的事物的”提供了一种(an)答案,但不是唯一可能的那种(the)答案。

要记住,我们起初是以某种不同的方式来表述“在表达方面,有什么东西对应于这种对我的经验之外的某物的指示?”这个问题的。然而,我们似乎已经回答了在某种程度上与此不同的一个问题。现在看来,如果“有一条狗”这个陈述依天真实在论的方式加以解释,那么它是假的,尽管如果按照一种可能为真的方式对它加
以解释,这条狗就变成了一个似是而非的变项,而且不再成为我的 222
话所表达的东西的任何一部分。

让我们回到第 221 页[①]上面的假定(1)。这里,我们可以说,x 为 α 所“指示”;α 是当我们“看见一条狗”时所看到的一块色片,而 x 可能属于狗本身。因而,如果过分纲要化地加以表述,我们可以说,当我说“我看见一条狗”时,我表达了 α,并且指示了 x。但是在

① 这里指的是原书的第 221 页。——译注

我所相信的东西中,如果加以正确地陈述,x 只是一个变项,而且根本没有被表达。这种情况类似于我们希望使用专名但却并被迫使用摹状词的情况。

一般说来,我们可以说:当我处于一种相信的状态时,在这种相信行为中似乎指称了某种别的事物的那个方面,实际上并非真的指称那种事物;它是通过似是而非的变项发挥作用的。举这种最简单的情况为例:假如我正在期待着一次爆炸,我的信念的文字表达是"将有一种声音"。这里,"一种声音"是似是而非的变项。类似地,假如我正在通过一种记忆意象来回忆一次事件,那么我的记忆信念的文字表达是"曾经有某种类似于这种东西的事物";这里的"这种东西"是记忆意象,并且"某种事物"是一个似是而非的变项。

我们因而作出下述结论:当我的信念的文字表达不包含似是而非的变项时,所表达的东西与所指示的东西是相同的。如果我的信念的文字表达包含一个存在陈述,比如"有一个 x,并且 $øx$",那么,照此情况,这就是该信念的表达。但是,在这种情况下,这个信念所指示的东西是命题"$øa$"的证实者,而"有一个 x,并且 $øx$"就是通过该证实者而成为真的;或者不如说,如果我们能够断言"$øa$",那么它所指示的东西就是将会证实"$øa$"的东西。我们不能断言它,因为 a 出现在我们的经验之外,而且"a"并不是我们的词汇中的一个名称。所有这一切都包含着这样的假定:当我们不知道任何"$øa$"形式的命题时,"有一个 x,并且 $øx$"这种形式的命题也能被知道,例如:"趁我没有看着时,那条狗偷吃了羊腿。"

总结一下:一个陈述句"表达"一种信念;一个特定信念可以由

数目上不确定的许多行为来表达，而它只是这样的行为之一。如 223
果这个句子不包含似是而非的变项，它一定仅仅提及当前呈现给信念持有者的那些事物。若是这样，它与某些事物之间能够拥有一种特别的因果关系；而这些事物使它成了一个我们在前面一章中所说的“描述经验的语句”。如果它拥有这种特别的关系，这个句子（以及它所表达的信念）就被称作“真的”；假如不拥有此种关系，它就被称作“假的”。既然如此，这个句子所“表达”的东西与它所“指示”的东西是相同的，除非当它是假的时，它什么也没有“指示”。

但是，当一个句子超越当前经验时，它一定至少包含一个似是而非的变项。现在，假如我们像逻辑学将能允许的那样严格坚持常识的原理，那么我们会说，当我经验一个知觉对象 a 时，在某个“事物”与 a 即据说通常就是我所感知的那个“事物”之间有一种一对一的关系 S。例如，假设 a 是一块犬科动物的色片，那么 $S^{c}a$ 就是当我经验到 a 时我说我正在看到的那条狗。当我说“这条狗十岁了”时，我是在作出一个关于 $S^{c}a$ 的陈述，并且该陈述包含似是而非的变项。假如我的陈述是真的，那么存在一个 c，并且 $c=S^{c}a$。既然如此，我所指示的东西就是“c 十岁了”，或者不如说，是使这为真的东西。

但是，到此为止，这还是非常令人不满意的。首先，“c 十岁了”这个句子绝不可能说出来，因为专名 c 并未出现在我的词汇中。第二，由于同样的原因，我绝不能拥有一种可以用这个句子来表达的信念。第三，我们说过，句子只不过是信念的表达；第四，我在上面作出了这样的假设，即“这条狗十岁了”是“真的”；而且迄今为止，我们还没有定义包含（就像这个句子一样）似是而非的变项的句子的“真”。

除了通过考虑一个信念的“证实者”必须意指什么，我们无法使自己从这种困难中脱身。当一种信念足够简单时，它与某个其他现象之间具有各种可能的因果关系中的这种或者那种；这种现象被称为该信念或者表达该信念的任何一个句子的“证实者”。根
224 据定义，某些因果关系使得这个信念是“真的”；某些其他的因果关系使得这个信念是“假的”。但是，当一个信念借助于似是而非的变项指称外在于我的经验的事物时，就存在着某些复杂性。让我们回到“你热”这个例子；它避免了某些不相关的困难。它的意思可以理解为“有一种热（hotness），它与我所拥有的关于你的身体的知觉对象相关联，这就像当我热时，我的热与我所拥有的关于我的身体的知觉对象相关联一样”。① 当我热时，我能把一个专名给予我的热；当你热时，对我来说，你的热是一个似是而非的变项的一个假设性的值。这里有两个阶段。设想我用 a 代表我所拥有的关于我的身体的知觉对象，用 b 代表我所拥有的关于你的身体的知觉对象，用 h 代表我的热，用 H 代表我所感知到的在 a 和 h 之间的关系，那么“你热”就是“有一个 h'，并且 b H h'”。

这里有一个假设性的句子“b H h'”，它是我无法说出的，因为在我的语言中没有“h'”这个名称。但是，假如你感到热，那么也存在一种实际的现象，并且这种现象被用一个假设性的名称 h'

① 这是一种简化的情形，但它对我们当前的问题并无妨碍。在下一章中，我试图提出一种更精确的理论。

加以假设性地命名；而且这种现象实际上与 b 如此地关联，以至于它与 b 的关系将是句子“b H h'”的一个证实者——假如我能够说出这个句子。这整个的事态构成了“有一个 h'，并且 b H h'”这个句子的证实者。我将不去探究，假如我们知道所有这一切，我们是如何开始知道的。我是在假定，我能知道你热；并且我是在问，什么东西是对这种知识的最简单的解释——假设存在着这样的知识。

我们现在说，在这类比较简单的情况下，一个句子所指示的东西是其证实者，当这个句子是真的时；但是当它是假的时，它什么也不指示。

在关于“你热”的情况下，假如我的词汇真的是充足的，那么我就能够构成一个不包含变项的句子，而且该句子将由证实我的实际句子的同一种现象所证实。这种情况，即我没有足够多的专名来达到此目的，只是一种经验的事实。在关于“所有人都是有死的”这样的情况下，情况是有所不同的；在没有变项的情况下，任何可构想的词汇都不能表达它。差异在于，只需一种现象就可以完 225
全证实“你热”，但是为了证实一个一般陈述，我们需要许多现象。从知识论以外的立场来看，“你热”可以解释为“b H h'”；只有知识论才需要“有一个 h'，并且 b H h'”这样的解释。

人们将会发现，一个信念或句子与其所指示的东西即它的证实者（假如有证实者）之间的关系，在某种程度上时常是遥远的和因果的。还有，尽管“知道”一个证实者就意味着感知到它，但是我们一定知道许多其证实者不可能被感知到的句子是真的，除非我们的知识以一种不可置信的方式被弄空了。然而，这样的句子总是包含一个变项，并且在这个变项中，假如我们的感知能力真的被加以充分地扩展，那么该证实者的名字就会出现。

第十六章　真与假:初步的讨论 226

从迄今为止所说的话中,似乎看得出,如果我们的知识大体上与我们全都认为我们知道的东西在范围上是同样地广大,那么它一定是从以下三种来源中获得的:

(1)与某种现象——通常是非语言现象——之间具有某种关系的信念(或句子);

(2)关于逻辑推论的原理;

(3)关于超逻辑推论的原理。

在这三种来源中,我们迄今为止只谈到了第一种。在我们的考虑中,我们可以将第二种忽略,因为它并不产生我们尝试着要去解决的关于经验知识的问题。第三种来源产生了极其重大的困难,但是只有在处理完第一种来源之后,它才能得到有益的讨论。

我们可以将这个问题表述如下:假定有任何一个我们所相信的经验的句子,那么我们相信它的理由可能是我们已经相信的一个或多个其他的句子,或者可能仅仅是与被相信的句子之间具有某种关系的某种非语言现象。在后一种情况下,这个句子是一个"基本的事实语句"。在前一种情况下,这个句子是被推论出来的,而且在推论的前提中必须至少有一个基本的事实语句;其他的前提将属于以上的第(2)类和第(3)类。

在本章中，我想讨论的不是知识，而是真理。我们所知道的东西必定是真的，但是真理在两个方面比知识的范围更广。首先，有一些真的句子（假如我们接受排中律的话），我们对它们没有任何
227 意见；其次，还有一些真的句子，我们虽然相信它们，但并不知道它们，因为我们是从错误的推理中得到它们的。我曾碰到一个基督兄弟会会员，他根据《启示书》，认为埃及不久将会遇到麻烦。后来埃及确实遇到了麻烦。他的信念是真的，但并非知识。

我们确定，"真的"和"假的"主要是信念的谓词；而且在派生的意义上，它们也是句子的谓词。我要指出，"真的"是一个比"可证实的"范围更广的概念，而且事实上它无法通过可证实性而得到定义。

当一个经验的信念是真的时，它是通过我称为其"证实者"的某种现象而为真的。我相信恺撒是被暗杀的；这个信念的证实者是很久以前发生在罗马元老院的一个实际事件。在本章中，我的目的是考虑信念与其证实者之间在各种情况下的关系。

让我们通过重新考虑在其中 A 说 B 热这样的情况来开始我们的讨论。假如这是真的，那么就有一种被 B 而非被 A 经验到的现象，并且由于这种现象，A 所说的话是真的。我们认为，A 所作出的这个断言的含义是："存在一种热，它与我所拥有的关于 B 的身体的知觉对象相关联；这就像当我热的时候，我的热与我所拥有的关于我的身体的知觉对象相关联一样。"然而，这种解释忽视了在论述专名的那一章中所确立的理论。根据那种理论，"热"（或者，无论如何，一种特定程度的热）是一个专名，而非一种在 A 身上拥有一个实例并且在 B 身上拥有另一个实例的共相。假如我

坚持这种理论，那么我们将说，“A 热”（由 A 所说出的）断言了 a（即 A 所拥有的关于他自己的身体的知觉对象）与作为热的 h 之间的一种关系。所涉及的这种关系可以称为“共现”。于是，“A 热”（由 A 所说出的）意味着“a 和 h 是共现的”。现在，假如 b 是 A 所拥有的关于 B 的身体的知觉对象，那么，若 A 感到热，则 b 和 h 是共现的；但是，若当 A 感到冷时 B 感到热，则它们不是共现的。

因此，为了解释“B 热”（由 A 所说出的），A 必须在某种程度上描述 B 的身体，或者说，与 A 所拥有的关于 B 的身体的知觉对象相对而言的 B 所拥有的关于 B 的身体的知觉对象。A 将如何描述 B 所拥有的关于 B 的身体的知觉对象呢？他设想，它更类似于他自己所拥有的关于 B 的身体的知觉对象，但是在透视上（perspective）有所差别。根据我们目前的理论，就像颜色是性质一样， 228
视觉空间中的位置也是性质；因此，由 A 的视觉空间中的诸位置所构成的全体（除了视觉上的不同的优点以外）就是——而非仅仅类似于——由 B 的视觉空间中的诸位置所构成的全体。但是，我们从透视法经验地得知，A 由之看 B 的身体的方向不同于 B 由之看 B 的身体的方向。因此，构成了 A 所拥有的关于 B 的身体的知觉对象和 B 所拥有的关于 B 的身体的知觉对象的两个复合物是不同的；这既是由于方向上的差异，也是由于因透视的不同所产生的形状上的差异。因此，当 A 说“B 热”时，他将必须描述 B 所拥有的关于 B 的身体的知觉对象（通过透视法则），并说这与热是共现的。

让我们考虑远离当前经验的下述几个阶段：

(1)我热；

(2)我过去热；

(3)你热；

(4)太阳热。

当我判断(1)时，我“意识”到一种情况，它是我的判断的“证实者”。当我判断(2)时，我可能也“意识”到了证实者，尽管是在一种不同的意义上。当我判断(3)时，我没有“意识”到证实者；当我判断(4)时，那就更不用说了。在(3)中，“热”依旧意味着我从我自己的经验中所知道的性质；在(4)中，它意味着这种性质的一种无法知道的原因，要么就是这种性质与某些视觉性质的习惯性共存。

现在，让我们把“意识”当作一个未加定义的项。所涉及的这个概念，与当我说我的热是我的经验的一部分，但你的热并非我的经验的一部分时所涉及的是同一个概念。意识是一种关系，该关系可以在一个人的经验中的两个事件之间成立；人们认为记忆也包含在意识之内。这里，我们将用“A”来指称意识。根据A，我们可以定义一个给定事件属于其自身经历的那个人(如果存在着人
229 的话)。我们是通过《数学原理》第96节所定义的“x的R家族”做到这一点的。这可以用故意让哲学家们能够明白的通俗语言解释如下。

如果“P”意味着“父母身份”，那么，只要他有父母或孩子，x的P家族就是x的祖先及后代、兄弟姐妹、无论关系远近的堂兄弟姐妹及表兄弟姐妹、堂兄弟姐妹及表兄弟姐妹的堂兄弟姐妹及表兄弟姐妹，以及他自己。但是，如果x是没有父母或子女的某种事

物,那么 x 的 P 家族不是包含着 x,而是空类。一般地,如果 R 是任何一种关系,并且让我们假设"S"是"R 或者其逆关系",那么,若 x 与任一事物之间都不具有关系 S,则 x 的 R 家族将是空的;但是,若 x 与任一事物——比如说 y——之间具有关系 S,并且让我们称从 x 到 y 的过程为一个"S 步骤",则 x 的 R 家族是由 x 以及所有那些能够从 x 开始并通过有限的 S 步骤而获得的项构成的。因而,假如"P"是成为父母的,那么一个人 x 的 P 家族就是一切这样的事物,即 x 的……的父母或孩子的父母或孩子。

把以上所述应用于由 A 所指称的"意识",我们可以认为意识是由注意或记忆这类行为构成的。因而,如果 x 是某人的自身经历中的一个事件,那么就 A 来说,与 x 最近的关系项将是由 x 所注意到或记住的事件以及注意到或记住了 x 的事件。假如 y 就是这些事件之一,那么由 y 所注意到或记住的事件以及注意到或记住 y 的事件将是处于第二级的 x 的关系,并且如此达到任何为数有限的世代。我将称一个事件为"与人相关的",假如它意识到某物或者某物意识到它,即假如它属于 A 的范围。因而,假如一个事件是与人相关的,那么其 A 家族包含该事件自身以及其他的项;但是如果一个事件不是与人相关的,那么其 A 家族是空类。

现在,我们可以把"x 这个人"或者说"事件 x 所隶属的那个人"定义为"x 的 A 家族"。我们可以把"各个人"定义为"除了空类以外的所有 A 家族"(唯心论者不必提出空类这样的例外,因为他认为每个事件都是意识的对象或主体)。我们能够把"我"定义为"这的意识家族"(the awareness-family of this)。通过经验的并出现于我们的讨论过程中的根据,有理由相信,任何两个家族都不

230 拥有一个共同的成员，也就是说，不存在两个不同的人都可以意识到的某种事物。

因而，“我热”意味着“热是这的意识家族中的一个成员，并且它与这是共现的”。为了说明使用现在时态的“热”而不使用“过去热、热或将来热”是正当的，后面这个从句是必要的。单独的后面这个从句有时可以被认为是“我热”所意指的东西。

为了理解“你热”，我们必须理解“你”。什么是“你”？我设想，我正看见了你（据说如此）。既然如此，“你”与发生在我身上的一个事件即你的身体呈现给我的那种视觉现象相关联。这与发生在你身上的一个事件即你的身体呈现给你的视觉现象之间具有一种因果的关系，并且还有一种透视的关系。一个人体呈现给它所隶属的那个人的视觉现象与它呈现给其他人的视觉现象之间，具有某些独特的差别；比如说，它既不能包含眼睛也不能包含背部，并且与在任何其他人看起来相比，鼻子（假如通过闭上一只眼睛使其显现出来）在他本人看起来更大且更怪异。我们因而能定义两个类：一个类是由身体呈现给其所有者的视觉现象所组成的，另一个类是由透视法则将其与当我“看见你”时我之所见关联起来的那些视觉现象组成的。（我自始至终都在假定物理学。）这两个类仅仅拥有一个共同的分子，即你的身体呈现给你的现象。如果我们把这称为“y”，那么“你”就可以定义为“y 的意识家族”。

因而，假如 y 就是那种视觉现象，并且（1）透视法则使该现象与当我“看见你”时我之所见相关联，（2）该现象拥有用来定义其所有者所看到的一个身体的那种特征，那么“你热”意指“你是 y 的意识家族，并且热与 y 是共现的”。

当然，假如你看不到东西，或者你处于黑暗中，或者你的眼睛闭上了，那么这个定义将需要修改。但是，这种必要的修改并不带来原则性的困难，而且因此也是不能使人产生兴趣的。

我一直假定着在第四章中讨论专名时所确立的性质理论；根据这种理论，不存在热(或者，无论如何，一种给定程度的热)的“实
例”，只存在热作为其中一种成分的复合物。按照这种观点，时空 231
依赖于经验上独特的性质，比如用于定义纬度和经度的那些性质；并且，这种复合物即“与某某性质或性质的集合共现的热”取代了“处于某某地点的热”。在给出这些定义之后，这几乎没有产生什么影响。

我们现在来看看“太阳热”。这可以通过两种方式得到解释。它可能仅仅意指“看见太阳通常与感到热共现”；这是一个来自经验的概括。或者，像在物理学中那样，它可能意指“被称为感觉的某种类型的经验拥有一些不在经验者身上的原因；热的经验拥有一些原因，这些原因全都具有某种被称为热量的特征；这些因果链条最初是从被称为看见太阳的那些经验开始的，它们在某个区域相遇，并且在此区域内存在着热量”。我们不想在这两种解释之间作出选择，而只想考虑它们。

至于那些在我看来取代了热的“实例”的复合物，我应该使用“共现”这种关系。这种关系存在于我同时经验到的任何两种事物之间，例如在钢琴的声音和钢琴弹奏者的视觉之间。但是我设想，在时空中重叠的任何两个物理事件之间，这种关系也成立。我现在形成了一组事件，它们相互之间全都是共现的，并且与该组之外的任何事物都不是共现的；我把这称为时空中的一个“位置”(或

者，也许是一个“点”)。我假定了关于位置的通常规则，例如任何位置都不先于自身，或者任何位置都不在自身的左边，等等。但是，我只把这些规则当成经验的概括。因此，“热”的一个实例是热作为其中一个分子的任何位置。

从“这”出发，我们可以定义“我”、“这里”和“现在”等等。在论述自我中心殊相词的那一章中，这些工作已经做过了。

现在让我们回到关于“证实者”的问题。假如我说“我热”，那么证实者是我所意识到的一个事件，即此时此地的热。但是，假如我说“你热”，证实者是我没有意识到的此时彼地的热。这个证实
232 者不可能是我相信你热的理由的任何一部分；这些理由一定起源于我的经验与先入之见(先入之见 =先天综合)。事实上，我的理由一定来自我。

以物理学的方式加以解释，当我说出“太阳热”时，我远非是从我的经验出发的，因为“热”现在并不意味着我所经验到的作为性质的“热”，而意味着我所没有经验到的“热的原因”。“太阳热”的证实者不仅是未知的，就像“你热”的证实者一样，而且它是无法想象的。因而，我相信“太阳热”(以物理学的方式加以解释)的理由甚至是更远离证实者的。

“证实者”被定义为我的断言因之为真(或假)的那种现象。

从形式上说，每当一个断言超越我的经验时，面临的情况就会是这样的：推论导致我作出“有一个 x，并且 ϕx”；而且，如果这是真的，那么它之所以为真，是因为由“ϕa”所断言的一种现象。但是，我并不知道这样的现象。

当我说“我热”时，我意识到了证实者，它就是我的热。当我说

“你热”或者“太阳热”时,我没有意识到证实者。

在关于“我热”的情况下,在该陈述和证实者之间有一种简单的符合。在这种情况下,真理的符合论是绝对成立的。这种情况涵盖了经验知识的所有事实前提。它不涵盖用在推论——比如说归纳——中的那些前提。

在类似“你热”这样的所有其他的经验断言中,真理所依赖的那种符合是更复杂的。这个断言具有“有一个 x,并且 $\varnothing x$”这样的形式,并且相关的那个“事实”就是对于一个适当的 a 而言由“$\varnothing a$”所断言的事实。但是我们不能作出“$\varnothing a$”这个断言,因为我们没有意识到 a。

大量的形而上学都包含这样的信念,即我能作出类似“你热”这种超越我的经验的断言。我无法想象某种方式,去发现所说的这些形而上学是真的还是假的;但是我认为,陈述所牵涉的这些假定是值得的。

我们说过,这些假定是“因果的”,但是没有考察这个词的意义 233
是什么。我确信,这个词在其各种意义上具有一种重要的差别。让我们考虑各种情形。

首先,A 和 B 经常在经验中联结起来,因此当我看见 A 时我期待着 B。这产生了归纳问题,但是并非我们目前的问题。我们的问题是关于超越我的经验的问题。

其次,考虑一下什么东西使我认为你拥有我所没有的经验。这个论证显然是类推论证,但难以加以精确地陈述。设想,比如说,你说“我热”,并且我推断你热。当我热时,我说“我热”,并且听到了某些(由我自己发出的)声音。当我没有说话并且也没有感到热时，我听到一些类似的声音。我推断，它们拥有一种原因或居先的事物，而这种原因或居先的事物类似于当我发出它们时它们所拥有的那种东西。

从形式上看，这种论证有如下述。在一大类的情形中，我知道A类事件先于B类事件；在另一大类的情形中，我并不知道情况是否如此。在缺乏相反证据的情况下，我假定情况就是如此。这依然是归纳，但它不同于先前的那种归纳；而这种不同是因为如下的这个事实：该论证不可能有任何支持或反对它的证据——除了这样的间接证据，即作为一种科学假说被接受，它没有导致事与愿违的结果。

以上所述是关于他人“心灵”的存在的论证。还有待考察关于物理世界的论证。

对物理世界之论证的最简单的形式是这样的：当我没有看见它们时，或者为了避免贝克莱的论证而说得确切一些，当没有人看见它们时，“事物”也存在着。假设，比如说，我把我的支票簿放在一个抽屉里，以致它不影响任何人的感官——除非这个抽屉是开着的。为什么当抽屉关闭时，甚至当无人看见抽屉时，我相信它还在那儿？

有些哲学家也许会主张：当我说“这本书在抽屉中”时，我只意味着“假如有人打开了抽屉，他就将看到它”，并且这里的“打开抽
234 屉”必须解释为一种经验，而不能解释为对一个持久的抽屉所做的某种事情。这种观点，对也罢，错也罢，是一种只有哲学家才会想到的观点，而不是我想去讨论的观点。我希望讨论的是这种观点，即可以被称作这本书的某种事物在无人看到它时也存在着。我不

想讨论这种观点是否是真的,而只想讨论当我们假定它是真的时将会产生何种影响。

天真的常识设想,这本书,就像当它被看见时所显现的那样,一直都在那儿。我们知道这是错误的。在无人看见时也能存在的这本书,假如存在的话,一定就是物理学认为其所是的那种事物;它完全不同于我们所看到的东西。我们或多或少知道的东西是,假如我们使某些条件得到满足,我们将会看到这本书。我们相信,这种经验的原因只是部分地存在于我们自身内;外在于我们自身的那些原因就是导致我们相信这本书的东西。这需要我们相信一种完全且必然地超越于经验的原因。赞同这种原因的论证是什么呢?

我认为,我们由之出发非常自然地到达物质的那种信念是这样的信念,即我们在感觉中是被动的。一般说来,我们是以一种非自愿的方式经验到情景与声音的。现在,"原因"概念是从"意志"概念中获得的,不管我们多么不愿意承认这个事实。由于我们不能选择我们所看到和听到的东西,所以人们以为,我们所看到和听到的东西的原因一定是外在于我们的。这是一个只是为了拒绝它才不得不加以陈述的论证。存在某种更好的关于物理世界的论证吗?

就我所知,剩下的唯一论证是,关于物理世界的假定简化了关于因果律的陈述;这不仅包含那些不能证实的因果律,而且还包含那些能够证实的因果律。当然,不可能存在否定物理世界的论证,因为无论它是否存在,经验都将是同样的。因此,作为一个作业假设,它是正当的。但是,在这之外的东西,不可能根据简单性而加以承认。

这就结束了关于一个单个信念与它由之为真(或为假)的事实
235 之间的关系的讨论。人们将会看到,这个事实离我们持有信念的理由时常是相当遥远的,而且甚至当事实完全不可知时,这个信念也可以是知识(在某种意义上)。

在涉及像“所有的人都是有死的”这样的一般信念的情形中,信念与事实之间的关系甚至是更遥远的。在这里,不是存在一个单个的证实者,而是存在许多不明确的证实者,尽管可以存在一个单个的“否证者”。我们还未考虑像“所有的人都是有死的”这样的信念所表达的东西;但是,显而易见,在其所表达的东西与众多的证实者之间只能有一种非常遥远的符合。现在,我不想讨论这个问题。我之所以提到它,仅仅是为了指出还剩下多少问题有待讨论。

第十七章　真理与经验 236

在本章中，我的目的是考虑真理与经验之间的关系，或者某种同样的东西，即真理与知识之间的关系。在这方面，最重要的问题是，“真”是不是一个比“知识”更宽广的概念，而且一个在理论上不能通过我们的经验使其得到证实或否证或者说使其成为可能或不可能的命题，是否仍然是真的或假的。但是，在我们能够讨论这个问题以前，必需要做大量的预备性工作。

我们承认，“真”主要是信念的特性，在派生的意义上也是句子的特性。某些信念能够通过不包含变项的句子——比如“我热”——加以“表达”。超越信念持有者的经验的信念，例如“你热”，在其表达中总是包含着变项。但是，某些在其表达中包含着变项的信念并不超越经验，而且在这些信念中有一些是基本信念。在涉及记忆的情况下，这是极为明显的；例如，“那本书在我的书架上的某个地方”。经过寻找，这种信念可以替换为“那本书在这儿”；但是在像“你热”这样的情况下，这是不可能的。假如我相信“某个事物拥有特性 f”，但是并不知道任何一个“a 拥有特性 f”这样的命题，那么我自然地设想，给定了我所没有的某种经验，就会有描述这种经验的后一类命题。这里似乎有一种无意识的假定：经验纯粹是沉默的，因而对于一个我所没有经验到的事件，假使我曾经验到它，它也不会改变。

关于超越经验的真理的问题可以表述如下：设想 a_1，a_2，
237 a_3，……a_n是我的词汇中的所有名称，并且我命名了我能命名的一
切事物。设想 fa_1，fa_2，fa_3，……fa_n全都是假的，那么“有一个 x，并且 fx”仍然有可能是真的吗？或者换一种说法，我能够推出“无论 x 可能是什么，fx 是假的”吗？

只有首先确定了“有一个 x，并且 fx”的“真”意指什么，我们才能讨论这个问题。这样的一个命题被称为“存在命题”。

除了根据基本存在命题，不可能定义存在命题的“真”。任何其他的定义都将使用存在命题。例如，在上例中，“考虑有一个不同于我自己的人，他的词汇包含着我的词汇并不包含的名称 b，并且对于他来说，fb 是一个知觉判断”。这只不过是一个新的并且更加复杂的存在命题，即使我们像贝克莱一样，用上帝代替这个假想的人。

因而，我们好像必须列举基本存在命题，并把“真的”存在命题定义为可以从这些命题中演绎出来的命题。但是，这留下了这样的问题：“基本命题在什么意义上是真的？”我们似乎将不得不说它们是被“经验”到的。例如，当有人敲门并且你说“谁在那儿？”时，你知道“有人在那儿”，并且你希望知道一个“a 在那儿”这种形式的一个命题。

设想，当对于我们知道的每一个名称，“fa”都是假的时，我们断言“有一个 x，并且 fx”。在这种情况下，我们不可能获得一个不带变项的语言学陈述。我们不能说：“有一个名称‘a’，并且‘fa’是真的”，因为这只不过是用这个名称取代了变项，而且与原

先的陈述相比，它更不可能是真的。假如我相信（例如）在物理世界中有一些无人感知的现象，那么这些现象一定是没有名称的；因此，代之以一个假想的名称的翻译将是错误的，即便原先的信念是真的。

显然，除非我们的知识与似乎有某种理由去设想的东西相比受到了更多的限制，一定会有基本存在命题，而且对于某些这样的 238
基本命题，我们所能给出的每一例"fa"都是假的。最简单的例子是"存在一些我没有感知到的现象"。如果不引入变项，我就不能用语言表达使这样的陈述为真的东西；作为证实者的那个"事实"是无法提及的。

不过，假如"有一个 x，并且 fx"是真的，那么它之所以为真，是因为有了某种现象，尽管在所设想的这种情形中我们不能经验到这种现象。这种现象仍然可以被称作"证实者"。没有理由设想，当证实者没有被经验到时，"有一个 x，并且 fx"与证实者之间的关系不同于当证实者被经验到时的情况。[①] 当证实者被经验到时，知识的过程是不同的，但这是另外一码事。当我经验到一种现象时，它能使我知道一个或多个"fa"这种形式的句子，并且从这些句子中我能演绎出"有一个 x，并且 fx"。与"fa"相比，这个新的句子与这种现象之间具有一种不同的关系；只有当 a 被经验到时，"fa"与这种现象之间的关系才是可能的。但是，这是一个语言学的事实。与"fa"和这种现象之间的关系不同，"有一个 x，并且 fx"和它之间的关系并不要求该证实者被经验到，而且当证实

① 这个问题在本章结束时将得到更进一步的考虑。

者未被经验到时，这种关系与当它被经验到时是完全一样的。

假如有人问我“什么现象使得‘有一个 x，并且 fx’是真的？”那么我可以通过一个包含存在命题的描述加以回答，而不能通过指出这种现象来回答。当我能够指出这样的一种现象时，对于“有一个 x，并且 fx”的真而言，我就做了多余的事情，因为其他许多不明确的现象同样是合适的。假如我说“在洛杉矶至少有一个人”，那么洛杉矶的任何人都将同样可以作为证实者。但是，当我说“月球的表面有不可见的部分”时，我并未亲知到任何证实者。

我们似乎被迫承认，假如存在着基本存在命题，那么它们与知
239 觉之间的关系一定非常不同于知觉判断与知觉之间的关系。在像“那本书在我的书架上的某个地方”这样的记忆情况下，曾经有过一个知觉判断。这样的做法即证明我在知觉时刻推论出这个存在命题而且现在记住了它将是可能的，尽管我并不认为这样做会是正确的。这会使得存在命题不是基本的。但是，还有其他更加难以处理的例子。

举无人感知到的事件为例。我不想肯定地断言我们知道这样的事件，而想探究，当设想我们知道它们时，这种设想包含了哪些东西。为了让问题具体化，让我们想象，我正在屋外紧挨着屋子踱步，突然一块瓦片击中我的头部。我抬头向上看，并且看到了它显然由之从屋顶落下的那个地方。我完全相信，它在击中我以前就存在着。在这种信念中包含着什么呢？

人们习惯上诉诸因果关系，并说我是从被感知到的事实推论出未被感知到的事实的。显然，正是有了被感知到的事实，我才相信未被感知到的事实。但是，我不认为这是一种推论。在我们看

见这个瓦片之前，我们说“某种东西击中了我”，并且这个判断恰好和知觉判断一样，是当下直接产生的。因而，用许多基本的存在命题代替一个一般的因果推论的原则将是可能的；在这里，每个基本的存在命题都与知觉命题一样，是当下直接产生的。从这些命题中，因果关系将会通过归纳的方式获得。

这一点并不非常重要。按照通常的观点，我们知道一个知觉判断 p，并且也知道“p 蕴含着：有一个 x 并且 fx”；按照我提出的观点，当我们知道 p 时，我们知道：有一个 x，并且 fx。这两种观点之间的差别是可以忽略的。

没有理由认为基本的经验命题不应该是“有一个 x，并且 fx”这种形式的。当知道这一点时所知道的东西，比当知道“fa”时所知道的东西更少。假如 a 具有特性 f，那么，在无须使得我知道“fa”的情况下，这可以使得我知道“有一个 x，并且 fx”。在“你热”中，f 是已知的；因此，这就证明了上面所说的话。在像“声音是电波组成的”这样的纯粹物理陈述中，所包含的 f 并不是非常明显的。为了解释这样的陈述，我们必须在其（当前）最先进的形 240
式上利用理论物理学。这在什么地方触及经验了呢？

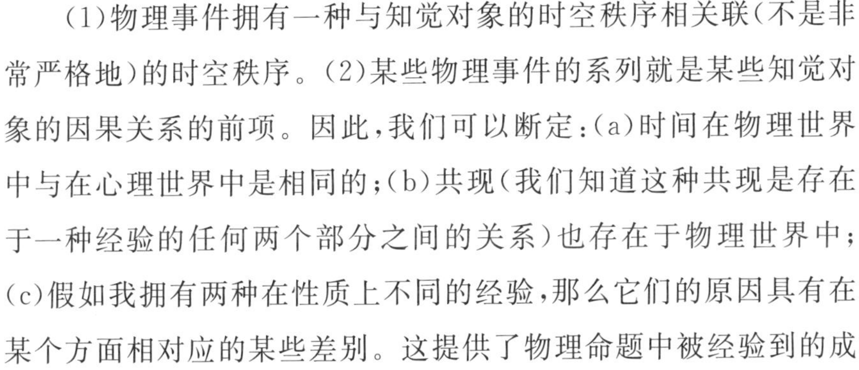

（1）物理事件拥有一种与知觉对象的时空秩序相关联（不是非常严格地）的时空秩序。（2）某些物理事件的系列就是某些知觉对象的因果关系的前项。因此，我们可以断定：（a）时间在物理世界中与在心理世界中是相同的；（b）共现（我们知道这种共现是存在于一种经验的任何两个部分之间的关系）也存在于物理世界中；（c）假如我拥有两种在性质上不同的经验，那么它们的原因具有在某个方面相对应的某些差别。这提供了物理命题中被经验到的成分。

在任何有含义的句子中，常项一定全都获自经验。例如，物理学中的时空秩序获自知觉对象中的时空秩序。假如我们看到两颗恒星紧挨在一起，并且，以我们自己为原点，这两颗恒星在物理空间中的极坐标是$(\gamma,\theta,ø)$、$(\gamma',\theta',ø')$，那么θ和θ'、ø和ø'将分别是几近相等的，并且它们在量值上将几近等同于位于我们视觉空间中的视觉恒星的角坐标。（我之所以说“几近”，是因为光线并不严格地以直线方式运行。）

在纯粹逻辑中，有一些不包含常项的句子。这些句子，如果是真的，那么是在与经验毫不相干的情况下为真的。但是，这样的句子，如果是可知的，那么就是重言式，而且应用于重言式的“真”的意义不同于当它应用于经验语句时的意义。我不关心属于重言式的这类真理，而且关于这个主题我将因此不再多说。

迄今为止，我们一直在考虑“有一个x，并且fx”所指示的东西。现在，让我们考虑它所表达的东西。

我们承认过，“p或者q”表达了一种含有犹豫的状态。有时，“有一个x，并且fx”也是这样的，但是（我认为）并非总是如此。如果你发现一个人死于枪伤，那么你断定某人开枪打死了他，并且如果你是一个好的公民，你想用一个常项来代替这个变项。既然这样，就像在关于“p或者q”的情形中一样，存在着一种不确定。241 但是，有时你会完全满足于“有一个x，并且fx”，而且并不希望用“fa”来代替它。查看一下丛林中的脚印，你可能会说“一只老虎在过这儿”；既然这样，除非你从事于猎虎，你就不会希望用一个被感知到的常项来取代这个变项。或者，设想我说“伦敦有

7,000,000居民”,我当然不希望代之以“伦敦的居民是A、B和C……”,直到第7,000,000个项。有趣的问题是:在这样的情况下,变项出现于其中的那个句子表达了什么?

设想某人对我说“我在街上看到了一只狐狸”,并且设想我相信他的话。就我的心灵状态而言,这种情况包含了什么呢?我可能拥有或多或少具有模糊性的关于一只狐狸的意象,并且我可能认为“他看到了那种东西”。这假定了这种意象是作为代表性的东西出现的,因为我并不认为他看到了我的意象。事实上,正像语词一样,意象充当符号。意象通常是十分模糊的,以至于能够“意指”一个由诸多可能的或实际的知觉对象所构成的相当模糊的类中的任何分子。我个人能够形成的这样一种关于狐狸的意象,符合于任何一只普通的狐狸。因此,它几乎服务于与“狐狸”这个词完全同样的目的。那么,让我们设想,在没有意象作为媒介的情况下,我听到的这些词就对我产生了影响。当我听到“我看到一只狐狸”时,可能产生某些类型的行为;这些行为是什么将依赖于我是否从事捕猎狐狸。但是,一般说来,我们可以说,不同的狐狸要求作出几近相同的行为。因此,所听到的这些语词,即“我看到了一只狐狸”,从因果关系的角度看是充分的。我们可以把这个问题陈述如下:令F_1、F_2、F_3……是不同的狐狸,并且设想看到F_1要求作出行为A_1,看到F_2要求作出行为A_2,如此等等。A_1、A_2等等全都是复杂的行为,并且可以有一个它们全都共同拥有的部分A。这个共同的部分(具有明显的限定)可以由“狐狸”这个词所引出。当我听到“有一只狐狸”这些词时,假如它们引起了反应A,那么我就理解了它们(这是经过过分简化了的,但并非是在与我们的问题相关的

那些方面被简化的)。

这使得下述这一点变得清楚了:就所表达的东西来说,变项的242 功能恰好就是一般语词的功能。如果我们接受一种关于“意义”的实用主义的观点,并且通过它所产生的行为(或者说初始的行为)来定义它,那么“有一个 x,并且 fx”就表达了“fa”、“fb”、“fc”等共同拥有的那种不完全的行为。因此,“有一个 x,并且 fx”所表达的东西是某种比“fa”所表达的东西更少且更简单的东西,而且它是“fa”所表达的东西的一部分,以致任何相信“fa”的人事实上也都相信“有一个 x,并且 fx”。

(当一个人拥有文字性的知识,并且他不知道如何将这种知识译为知觉术语时,这种情况就相对有点复杂了。绝大多数人都知道响尾蛇是危险的,即便当看见这种蛇时他们不能认出来。若是那样,一个事实上就是关于响尾蛇的知觉对象,将不会产生适当的反应,直到有人说出“那是一条响尾蛇”。在这样的情况下,一般语词比它应用于其上的那些具体场合更有力。然而,这仅仅意味着,在所设想的这种情况下,一个人的文字性经验已经超过了关于文字所意指的那些事物的经验。)

上述理论与关于分析推理的理论有一种关联。当结论是前提的一部分时,一个推理被定义为分析的。根据我们一直所说的,对结论的相信也是对前提的相信的一部分:任何相信“fa”的人也相信“有一个 x,并且 fx”。我们的信念理论并不要求一个信念要用语词表达出来;因此,假如当一个人拥有一种他用语词表达的信念时,他也拥有一些逻辑上与其相关联的其他信念,并且他可能不用语词去表达这些信念,甚至可能不知道他拥有这些信念,那么这种情况并不令人吃惊。

关于在证实者未被经验到时信念与其证实者之间的关系问题，我们现在必须努力达到更精确的结论。我们在上面说过，没有理由设想，当证实者未被经验到时，“有一个 x，并且 fx”与其证实者之间的关系不同于当证实者被经验到时的情况。现在，我们必须检查并进一步阐发这种说法。

首先，一个存在命题一般说来拥有很多而非仅仅一个证实者： 243
假如 fa，fb，fc……是真的，那么它们是一些通过不同的证实者而为真的陈述，而且每个陈述都是“有一个 x，并且 fx”的一个证实者。

其次，当没有证实者被经验到时，就不存在一个符合于证实了“有一个 x，并且 fx”的现象的语句“fa”；这仅仅是因为：据推测，不存在像 a 这样的一个名称。当“fa”表达一个知觉判断时，我们能够区分出两个步骤：首先，从知觉对象到句子“fa”；其次，从句子“fa”到句子“有一个 x，并且 fx”。在所设想的这种情况下，不存在这样的两个步骤。也许，“有一个 x，并且 fx”是一个基本命题；也许，它是一个真的但却无法被知道的命题。这些情况必须分别加以论述。

首先，以“有一个 x，并且 fx”在其中是一个基本命题的情况为例。有某种理由表明这个命题自身不应该就像“fa”那样表达一个经验事实吗？“经验”这个词在某种程度上是模糊的，也许它只能通过基本命题得到定义。死因裁判庭可能确定 A 是被 B 杀害的，或者他是某个或某些未知的人杀害的。后面的结论以许多命题作基础；这些命题或者是在法庭上被证实的，或者是通常为人所接受的。从逻辑上说，在这些命题中，必然至少有一个存在命题。在实践中，这个过程大约如下所述：我们拥有一些知觉判断，即“这是一颗子弹”、“这在头脑中”，以及一个一般命题，即“头脑中的子弹意味着开枪”。最后这个命题并不是基本命题，而是一个归纳概括。一个归纳概括具有这样的形式：“不论 x 可能是什么，fx 都蕴含着，有一个 y 并且 gy。”这个归纳所拥有的被观察到的前提是这种形式的：$fa.ga'$，$fb.gb'$，$fc.gc'$，等等；在这里，a 和 a'、b 和 b'、c 和 c' 分别是同时出现的。在一种新的情况下，我们发现 fd，但是我们没有发现任何 d' 以及 gd'；然而，我们会推断“有一个同时出现的 y，并且 gy”。

这里，在逻辑的归纳推理与作为动物习惯的归纳推理之间有
244 一种区别。在逻辑中，我们从 $fa.ga'$，$fb.gb'$，$fc.gc'$ 等等出发，经由归纳原理，推论出“不论 x 可能是什么，fx 都蕴含着，有一个同时出现的 y 并且 gy”。然后，我们把被观察到的前提 fd 加入其中，并断定，在这种情况下，有一个 y 并且 gy。但是，作为动物习惯的归纳是以完全不同的方式进行的。动物经验到 $fa.ga'$，$fb.gb'$，$fc.gc'$……以及 fd。由于经验到 fd，他相信“现在有一个 y，并且 gy”，但是他没有意识到他的信念的原因。当他在进化过程中成长为一个归纳逻辑学家时，他注意到了这些原因，并说它们是根据。由于它们不是根据，他倒不如合理地把“现在有一个 y，并且 gy”作为基本命题接受下来；它比归纳原理更简单，而且也更有可能是真的。因此，在这方面，与逻辑学家相比，动物的做法是更可取的。这就是休谟的证明手段。

我认为，无论如何，我们都必须承认有基本的存在命题。它们

与事实之间有一种符合，尽管这种符合与在不包含变项的命题的情况下的符合不属于完全相同的类型。假如“fa”是一个基本命题，那么与之符合的事实就是它的原因。现在，当“fa”这个信念存在时，“有一个 x，并且 fx”这一信念是“fa”这个信念的一部分；当它不存在时，该事实仅仅拥有需要用来产生信念“fa”的那种效果的一部分，即产生“有一个 x，并且 fx”这个信念的那个部分。理由可能仅仅在于，与当该事实导致了信念“fa”时相比，从事实到信念的因果链条更长。

在这里，真理与事实之间的符合依然是因果的，并且属于与“意义”或者“含义”相关的那种类型。

现在，我们必须问我们自己：是否存在着某种意义，并且在这种意义上，一个命题尽管不能被人知道，但却可以是真的？比如说，“在月球的不可见部分有一座山，其高度在 6,000 与 7,000 米之间”。常识会毫不犹豫地说，这个命题要么为真，要么为假；但是，许多哲学家都提出了一些使这种说法变得令人怀疑的真理理论。

让我们把我们的命题称作 S。问题是：什么东西——假如有 245
某种东西——是“S 是真的”这个语句所能意指的？

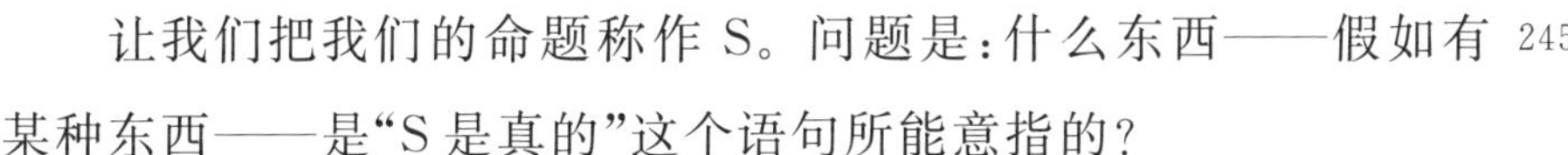

我们可以说 S 是可能的，因为在我们能够见到的月球的这一部分有这样的一些山。但是，可能性是一个与真不同的概念；而且，我看不出为什么可能的东西应该要么为真，要么为假，除非我们能够独立于可能性来定义真。

我们不能说 S 是无含义的，因为它是从我们知道其意义的词项中正确地构造出来的。这一点是显然的，因为如果我们用“可见的”代替“不可见的”，这个句子就变成了一个由天文学家所断言的句子；并且“不可见的”意味着“并非可见的”，而没有哪个句子因插入“并非”一词而被剥夺了含义。

常识想象绕月旅行(这只不过在技术上是不可能的)，并且认为，如果我们当真这么做了，那么我们或者将会看到或者将不会看到所说的这些山。正是因为想象自己是一个旁观者，它才如此确信S是有含义的。天文学家可能会说：在月球的另一面上的山会有一些引力效果，并且它们因此也许能通过可构想的方式推论出来。在这两种情况下，我们都是在对当我们的经验中未被证实的一个假设为真时将会发生的事情进行论证。在每一种情况下，所包含的原则都是：“在缺乏相反证据的情况下，我们将假定，宇宙的未被观察到的部分与被观察到的部分遵守同一些法则。”但是，除非就未被观察到的东西而言我们具有一种独立的关于真的定义，这个原则将仅仅是一种规定，并且对于“未被观察到的部分”而言，只要它们还未被观察到，那么它们将只是一种技术上的设计。假如它意味着“我将观察到的东西将会被发现是类似于我已经观察到的东西的”，或者换一种非此即彼的说法，假如我能够独立于观察来定义“真”，那么这个原则仅仅说出了某种大体的东西。

根据可以称之为实在论的真理观的东西，存在着“事实”，而且也存在着与这些事实相关的句子。这种相关体现在一些使得这些句子为真或为假的方面，而这些方面则完全独立于任何一种决定
246 句子之真或假的方式。假如这种观点被接受的话，那么困难在于去定义构成了真理的那种关系。这个问题是重要的，因为我们已经看到，不仅像月球的另一面这样的事物是未被观察到的，而且

狗、猫以及我们自己之外的其他人也是这样的。

一个由于未被观察到的事实而为真的句子一定至少包含一个变项。“塞米帕拉汀斯科[①]有人”这个句子由于某些特殊的事实而为真。但是,由于我不知道那个地区的任何居民的名字,所以我不可能举出这些事实中的任何一个。然而,这些事实中的每一个都与我的句子具有一种明确的关系,而且每一个都与它有相同的关系。我认为不存在任何真正的困难;而表面的困难起因于一种微不足道的情况,即没有名字的东西无法被提及。因此,我断定,包含变项的句子可以因为与一个或多个未被观察到的事实之间的关系而成为真的,并且这种关系与当类似的句子——例如“洛杉矶有人”——涉及被观察到的事实时使它们为真的那种关系是一样的。未被观察到的事实可以通过一般词项来提及,但是不可以通过在涉及被观察到的事实的地方成其为可能的那种特殊性来提及。而且没有理由表明,“真”不应该是一个“知识”更宽广的概念。

① 塞米帕拉汀斯科是哈萨克斯坦东部城市。——译注

247 第十八章　一般信念

到目前为止，我们一直关心的是关于特殊事实的信念，当这些信念尽可能直接地产生于知觉时。我们已经考虑过在其文字表达式中出现“有的”这个词的信念，尽管那种考虑不太充分；而且我们发现这类信念是重要的，尤其是在记忆方面。我们现在必须考虑在其语词表达式中要么出现“所有”(all)一词要么出现“没有东西”(none)一词的信念。就像迄今为止我们所做的那样，我将把自己限定于超越逻辑的信念上。

在所有这样的探究中，都有一种逻辑学与心理学的结合。逻辑学向我们显示了我们必须达到的目标，但是心理学必须告诉我们如何达到目标。我们的信念心理学，尽管在其结论上必须包含逻辑学家所拥有的那种精练的抽象，但是必须在开始时就能应用于动物与年幼的儿童身上，并且必须表明逻辑的范畴是从动物的习惯中自然发展起来的。在这方面，我们非常多地受益于我们的结论，即信念本质上是前语言的，并且当我们用语词表达信念时，我们就已经实施了从动物到逻辑学家的那些步骤中最困难的一步。

本章将要提供的心理学，像在前面诸章中那样，或多或少是纲要性的，并且我不断言它在细节上是正确的。所断言的东西是，为了从动物习惯过渡到逻辑学所需要的那些东西，我在这里所提出的某种一般类型的事物是必要的。细节上的精确性是心理学家的事情，而且必须依赖于多少有点远离了知识论的研究。就心理学而言，如果我能够让心理学家相信我所指出的这些问题的性质与重要性，那么我就满足了。

在某种类型的习惯中，一般信念具有其前知识的起源；这里，248
我用一般信念意指在其语词表达式中包含了"所有"或者"没有东西"或者某种意义相同的词的信念。在拥有语言的那些人身上，这样的习惯可以纯粹是文字的。"报春花"这个词可能使人想起"黄的"这个词，"使徒"这个词可能使人想起"十二"这个词。学校教育产生了大量的这类知识，它们可能与被使用的句子所意味的东西几乎完全没有关系。然而，我们是在寻找某种前语言的东西，因此我们首先必须忽视与语词相关的习惯。

考虑一条狗的行为。当它看见它的主人戴着一顶帽子时，它就期待着被带出去散步，并通过跳跃和发出叫声来表明它的期待。某种气味使它想起兔子；一个兔穴或者在它经常发现兔子的任何地方也会使它想起兔子。在发情期闻到一只雌狗的味道将会刺激它作出令人无法置信的动作。有人告诉我，马会被熊的皮毛的味道吓住，即使它们从未看到过熊。上述的这些类型的行为部分说来是本能的，部分说来是经验的结果。一只兔子或一只雌狗的味道拥有一种本能的效果，但是主人的帽子拥有一种由先前的现象所产生的效果。在这两种情况下，都会出现类似的现象：假如这条狗奇迹般地被赋予语言和哲学家的精神习惯，那么它会说出一个一般命题。它会说"无论何处，只要出现这种气味，就有某种可吃的东西”和“我的主人戴上帽子是他出门的一个不变的前兆”。如果你问它是怎么知道这种情况的，它会说，在后一种情况下，它观察到了这一点，而在前一种情况下，那是一种先天综合的直觉。它没有这么说，是因为它不会说话；但是在非常类似的情况下，我们说出了非常类似的某种东西。

让我们考虑某些相对容易的一般命题，例如“任何有某种气味的附近的地方也有熏猪肉”。令“fx”意味着“附近的地方 x 有某种气味”，并且令“gx”意味着“附近的地方 x 有熏猪肉”。每当我们吃熏猪肉时，我们既经验到 fx，也经验到 gx，而且当我们只经
249 验到 fx 时，我们通常发现，经过适当的努力，我们最终也能经验到 gx。这种事态及时产生了一种习惯，即每当我们相信 fx 时我们就相信 gx。然而，迄今为止，我们并不是在相信任何一般命题。对我们进行观察的心理学家能够做出一个一般命题：“每当某某先生相信 fx 时，他也相信 gx。”但是，这并不是我们想要的那个一般命题，即“每当 fx 是真的时，gx 也是真的”。然而，对于某某先生来说，这后一个一般命题是从他的观察中产生的，这完全就像心理学命题产生于心理学家的观察一样。为了赞成或反对其中一个命题而要说的任何话，也将同样被用于对另一个一般命题的赞成或反对。

让我们试图更细致地考虑“每当有 fx，就有 gx”这个命题。首先考虑函项 f 的各种不同的值，比如说 fa，fb，fc……这些值中的每一个都是可以让人相信的命题：比如说，fa 说的是“附近的地方 a 有一种味道(熏猪肉的味道)”。这种味道严格说来是一个味道的类，因为任何两块熏猪肉闻起来都不完全一样。让我们

把所说的味道的类称作 σ，并把由每块熏猪肉所组成的类称作 β。或者，为了避免物理主义的假定，假设 β 是由被称之为“看见熏猪肉”的视知觉所组成的类。我们可以在某种程度上改变我们的原始命题，以便简化我们的讨论：我们可以认为它说的是“每当我闻到熏猪肉时，我当时或者很快就看到了它”。为了使这更精确，让我们选定一个我们认为短暂的时间间隔 t，比如说五分钟。那么，我们的陈述变成了“每当类 σ 的一个分子出现时，很快就会有一个类 β 的分子，并且从 σ 到 β 的时间间隔少于 t”，这里的 t 是一个特定的恒定的时间间隔。这种情况相当复杂。让我们看一看是否可能有某种更简单的东西。

当我开始反思时，我发现，在某些特殊的场合，我经验到 fa 并且期待着 ga，经验到 fb 并且期待着 gb，等等。我也发现，我的期待一直没有落空。出现于我们的先前的陈述中的时间 t，现在代之以被认为是一种期待落空的时间。这当然是随着期待的特点而变化的，而且在我们的例子中，它是随着味道的强度而变化的。250
要记住，与回忆一样，我们是把期待作为一类信念而挑选出来的：例如“在时间 t 有一声巨大的爆炸”这个命题可以在时间 t 之前被期待，在时间 t 时以知觉的方式被判断，在 t 之后被回忆。动词的时态——“将有”、“有”和“过去有”——表达了信念持有者身体状态的不同，而这种不同取决于他是在期待、感知，还是在回忆。时态主要只用于我的知觉经验内的事情，并且表达着所涉及的信念的种类，而非关于该信念所“指示”的东西的一种特征。如果我们想以一种斯宾诺莎主义的无时间的方式说“恺撒是在古罗马历的三月十五日被谋杀的”，那么我们必须发明一种特殊的语言，并在

一种不同于其通常所具有的意义上来使用“是”。

现在让我们回到我们的熏猪肉例子上来。每当经验到 σ 的一个分子就期待着 β 的一个分子的人或动物，并非开始就相信一个一般命题，尽管在 σ 的一个分子出现时，他的、她的或它的行为就是当他、她或它相信一个一般命题时的那种行为。当 σ 的分子没有出现时，在上述情况和关于一般命题的信念之间的行为差别就出现了。假如我相信“哪里有一个 σ，哪里就有一个 β”，并且假如我愿望一个 σ，那么，我可能就会寻找一个 β。一个指望找到黄金的地质学家就代表了这种情况：他只在具有某些明显的关于黄金之可能性的指示物之处去寻找。这位地质学家需要明确的一般命题作为行动的向导。在本章中，正是这种明确的一般命题才是与我们有关的东西。但是，我们将通过考虑其动物式的起源而更好地理解它。

当我相信一个关于未来的物理命题时，它可能包含或者可能不包含被称作“期待”的生理状态，这正像关于过去的信念可能包含或者可能不包含回忆一样。假如我认为“太阳将会在某天变冷”，那么我没有任何期待的状态；假如我在看到闪电时会认为“将有雷声”，那么我就有了一种期待的状态。作为一种生理状态，期待只是对于即将到来的未来经验而言才是可能的。在下文中，我
251 把“期待”当作与记忆类似的东西来使用，并且不用它来涵盖关于未来的任何信念。

动物的归纳在各个方面都不同于科学归纳。这些方面之一在于，前者而非后者包含着期待。当在动物的经验中，一个 A 类事件很快被一个 B 类事件所跟随时，假如 B 在情感上是有趣的，那

么每当A出现时这个动物就开始期待B的出现。至于说需要多少次经验，这要依赖于由B所引起的情感的程度：假如B是非常令人愉悦的或者非常令人痛苦的，那么一次经验就足够了。一旦动物获得了当看见A时就会期待B这样的习惯，那么，当A出现时，它就像一个相信一般命题“A总是为B所跟随”的人那样去行动。但是，动物在任何时候都不会相信只能通过提及A和B而用语词去表达的某种事物。它看见A，并且它期待着B。这两个事物，尽管我们发现它们是因果地联结在一起的，但在动物身上是两个分离的信念。当反思我们自己的动物行为时，我们可以看到A迄今为止总是为B所跟随，或者说我们可以看到两条法则即“A引起了对B的期待”和“对B的期待为B所跟随”。这两条法则将在我们首次经验了A为B所跟随这一法则并稍过一段时间后开始是真的，因为关于这一条法则的一定数量的经验，对于导致A引起了对B的期待这条法则的一些实例是必要的。这三条法则中的任何一条都可以在任何时候失效，但我正在考虑在其中不会出现这种情况的情形。

以上所述的重要性在于，它表明了动物归纳的局限性。它绝没有导致对于“A为B所跟随”这个一般命题的信念，而只是在A出现时导致对“B将会出现”的期待。与当刺激物A出现时可以称作“归纳行为”的东西所需的知识相比，对于一般法则的信念需要一种更高级的知识发展阶段，尽管它是归纳的，并且是错误的。从实用的角度说，存在着本质的差别：与动物的习惯相反，对于一般法则的信念能够在刺激物A不出现时影响行为。

在上述所限定的那种意义上的期待并不包含在科学归纳中。252

举这类归纳中最早的一个为例：埃及人对日食的周期性的发现。这里，被预言的事件因为过分遥远而无法在生理的意义上被期待。在科学归纳中，两个事件A和B被观察到是一起出现的或者是在间隔很短的时间序列中出现的，但是并没有产生生理的期待，或者假如产生了这样的期待，它会被认为是不相干的。A总是为B所伴随或跟随的假设，先于情况就是如此这一信念，而且这个信念绝未获得动物期待所具有的那种武断性和直接性。然而，我禁不住认为，我们对于归纳所具有的顽固的信念和动物的期待之间具有某种联系。但是，这纯粹是一个心理学的问题，并且对我们的探究而言没有任何本质的意义。

现在，我们必须试图分析由"A总是为B所跟随"这些语词所"表达"的东西。所表达的东西不可能仅仅是当我经验到A时我期待着B，因为这是另外一个一般法则，必须以类似方式对它加以分析，而我们则因此就被带入一种无穷后退的境地。所表达的东西一定是一种既涉及A也涉及B的信念，而非仅仅是一种在一个只涉及A的信念和另一个只涉及B的信念之间的因果关系。

设想我相信所有的人都是有死的，那么在我身上一定会发生哪一类事情呢？我认为，这种类型的一个信念有时是肯定的，有时是否定的——当这些词项将从心理学上得到解释时。当所考虑的东西被接受时，一个信念是肯定的；当所考虑的东西被拒绝时，它是否定的。因而，当"所有人都是有死的"是肯定的时，它将包含着谓词"人"和"有死的"之间的某种联系；但是当它是否定的时，它可以由跟随着"没有"这一回答的问题即"有不死的人？"来代表。在这两种情况下，心理学在某种程度上是不同的。让我们首先以肯定的情况为例。

也许有人认为，在主观方面，“任何是人的东西都是有死的”仅能解释为“人的”和“有死的”这两个谓词之间的一种关系。我们或许会说：“A是人的”、“B是人的”等等信念全都被看作发生在 253
信念持有者身上的事件，并且拥有某种共同的东西；这某种东西就是谓词“人的”所表达的东西。类似地，存在某种由谓词“有死的”所“表达”的东西。我们或许想说这两个谓词中的一个蕴含着另一个，并且把它用作对“所有的人都是有死的”所表达的东西的一种分析。

然而，这种亚里士多德式的解释忽视了这个事实，即这种联系并非存在于就其本身而论的那些谓词之间，而仅仅是在断言了一个主词的那些谓词之间。“A是人的”包含着“A是有死的”，但是不包含“B是有死的”。因此，在解释“所有人都是有死的”时，我们不能消除那个假想的主词和那个假想的命题形式。

假如我是一个逻辑学家，那么当我相信“所有人都是有死的”时，我就相信“对于x的所有可能的值来说，假如x是人的，那么x是有死的”。这并不意味着这样的情况：对于x的所有可能的值来说，我相信，假如x是人的，那么x是有死的。因为假如真是这样，那么我应该拥有与x的可能的值一样多的信念，并且假如a是x的一个可能的值，那么我应该相信“假如a是人的，那么a是有死的”。但是，我可能从未听说过a，并且因此不可能拥有这种信念。因而，所有人都是有死的这个信念是一个信念，并且这种一般性是该信念的一部分。另外，在我能够拥有这种信念却无须知道所有存在着的人这一意义上，它是内涵的。一旦我理解了“人的”和“有死的”这些词、主-谓形式和“如果-那么”形式，那么，除了一般性以外，我就具有了理解“所有人都是有死的”所需的一切事物。

我们已经看到，一般命题不可能解释为习惯，尽管它们在起源上是与习惯相联系着的。因为三个理由，这一点是显而易见的：首先，为了陈述一个特定的人具有一种特定的习惯，人们才需要一个一般命题；我们必须能说“A 先生总是通过行为 B 对刺激 A 作出反应”。因此，假如我们试图使用习惯来解释一般命题，我们将陷入无穷的倒退。其次，一般命题不仅能够被理解，而且在与其联系
254 的习惯缺乏刺激物的情况下也能影响我们的行为。假设我相信“所有野长颈鹿都生活在非洲”，那么，这并不仅仅意味着每当我看到一只野长颈鹿时我就认为“我一定在非洲”，而且也意味着，当我想到要进行一次以大猎物为目标的狩猎时，我就认为“假如我要捕猎长颈鹿，我必须去非洲”。第三，当我通过科学方法发现一个一般命题时，我所获得的知识在日期上是先于与其相关联的任何习惯的。金属可以导电这个信念可以产生一种习惯，但它并不是由一种习惯产生的。

在对一般命题所“表达”的东西进行分析时，为了取得任何进一步的进展，我认为我们必须采纳上面所提到的另一种可供选择的解释：这种解释认为这种命题否定了一个存在命题。“没有 A 是 B”否定了“有的 A 是 B”；“所有 A 是 B”否定了“有的 A 不是 B”。因而，从这种观点来看，“没有 A 是 B”比“所有 A 是 B”更简单。我们因此将首先考虑它。

在事实前提方面，我们曾考虑过那个被问之以“你听到某种东

西了吗”并回答说“没有，我什么也没听到”的人。我们说过，这个人作出了惊人的归纳：“宇宙中的任何事物都不是我现在所听到的声音。”尽管就其所“指示”的东西来说这可能是真的，但是要相信它对其所“表达”的东西而言也是真的是不可能的。让我们来看看，我们能否对所“表达”的东西作出一种比较合理的解释。

考虑一系列知觉判断：“我听到 A”、“我听到 B”、“我听到 C”，等等。这些全都拥有某种共同的东西，即听觉神经中枢的刺激和某种类型的感觉。它们共同拥有的东西就是由“听到”这个词所意指的东西。这由“我听到某种事物”所表达，并且在表达方面，“我听到某种事物”比“我听到 A”更简单。

我们在靠前面的一章中曾发现有两种类型的肯定：一种属于知觉判断，仅仅出现于对象语言中，并且没有与其相关联的否定；另一种只能出现于高阶语言中，并且当一个命题首先被考虑然后被接受时它就出现了。当在考虑之后该命题被拒绝时，这第二种 255
类型拥有一种相关的否定。从心理学上说，拒绝一个命题就是抑制对这个命题的信念将会产生的那些冲动；因此，它总是包含着某种紧张状态，因为与信念相关的那些冲动并未消失，但是它们为一种相反的力量所抵消。

让我们把这应用于对这个问题——即他是否听到了某种事物——给予否定回答的那个人。我们已经看到“我听到某种事物”表达了什么。这个问题使得那个人考虑这个命题，而且他在考虑它之后拒绝了它；他是用“我什么也没有听到”这些词来表达他的拒绝的。这似乎就是对于在此情况下所发生的事情的一种可理解的并且在心理学上可信的描述。

就一个肯定的一般命题“所有 A 都是 B”而言，存在一种特别的复杂情况，但是并无新的原则性困难。让我们再次以“所有人都是有死的”为例。这将被解释为“有的人是不死的吗？没有”。这个过程可以详述如下。当我们判断“A 是一个人但并非有死的”时，我们接受了“A 是一个人”，但是拒绝了“A 是有死的”。当用 B、C 等等代替 A 之后，各式各样的此类行为全都拥有某种共同的东西：它们共同拥有的东西是一种由“有的人是不死的”这些词所表达的信念。当我们拒绝这个信念时，我们就处于一种由“所有人都是有死的”这些词所表达的状态之中。因而，这些词表达了一种双重的否定，或者从心理学上说，对一种抑制的抑制。据我的记忆，巴甫洛夫在狗身上研究过这种心理活动的前语词形式。

现在，我们必须探究一个一般命题所“指示”的东西，以及我们是如何能够知道一个一般命题是真的——假如我们确实能够知道的话。

关于一个一般命题所“指示”的东西，我们必须记住，就像我们在靠前的一章中所发现的那样，世界在理论上可以不使用任何逻辑语词而得到完全的描述。“假如我们的世界够大，时间够多”，我们可以不用一般命题。我们能说“苏格拉底是有死的”、“柏拉图是有死的”等等，以此来代替“所有人都是有死的”。然而，这事实上会变得太长，而且我们的名称词汇也是不充足的。因此，我们必须
256 使用一般命题。但是，逻辑语词的主观特征在此出现了，因为使得一个一般命题为真的世界之状态只能通过一个一般命题加以指示。假如“所有人都是有死的”要成为真的，那么一定有一种现象，即 A 的死，还有另一种现象，即 B 的死，直至提到了所有的人。世

界上不存在“所有人的死”这样的事物；因此对于“所有人都是有死的”，也不存在一个证实者。

根据现代逻辑，“所有人都是有死的”是一个关于所有事物而非关于所有人的陈述。这确实是一种可能的解释，而且对于逻辑学来说确实是最合适的。但是，要做到这一点，即不相信这个陈述能够解释为仅仅是与人有关的，是困难的。让我们对这个问题进行考察。

假如我希望使得“所有人都是有死的”成为一个仅仅是关于人的陈述，那么我首先必须有一个关于人的外延的定义。设想我说“A、B、C……Z 是一张完整的人的名单”。那么，为了证明所有人都有某个谓词，我只需要发现这个谓词属于 A 和 B 和 C……和 Z；宇宙的其余部分都是不相关的。这倒还都好，假如人是一个通常的集合体。但是，假如“人”被定义为那些拥有某个谓词的对象，那么我将如何知道我的这张名单 A、B、C……Z 是完全的呢？事实上，就人而言，任何一张可以构想出来的名单都不是完全的。可能有人会说，这仅仅是因为人的缺陷所致；一个全知的神可以确信这张名单是完全的。是这样！但是，他只是通过关于一切事物的知识才能做这一点：就这张名单之外的每个事物而言，他都将知道它不是人，而且这种知识将是必不可少的。

然而，这似乎并无相当的说服力。不考虑我们是如何知道的，让我们假设 A、B、C……Z 事实上就是所有存在着的人，并且让我们假设有一些现象，这些现象可以被正确地描述为 A 的死、B 的死、C 的死，……以及 Z 的死。那么，所有人都是有死的其实就是真的。因而，需要用来保证“所有人都是有死的”之真理性的那些

257 现象的数目与人的数目是相同的，并且不再需要更多的。为了使我们可以知道我们的名单是完全的，而非为了使它可能是完全的，其他的一些现象是必要的。因此，我们可以断定，需要用来使得一个关于所有人的陈述为真的那些现象在数量上是与人一样多的，但是不需要比人更多。总体地看，这些现象就是所说的那个陈述的证实者。

让我们考虑某种这样的情况，在这种情况下我们似乎更确信我们的一般命题是真的；比如说，“所有渡渡鸟[①]都是有死的”就是这样。可以说，我们知道这一点，是因为所有渡渡鸟都已经死了。或许有人会反对说，在其他星球上可能存在着渡渡鸟；或者说，曾经创造出渡渡鸟的进化可能将它们再次创造出来，而且下一次可能会使它们像传说中的永生鸟那样成为不死的。因此，我们将修正我们的一般命题，并且仅仅说“1940 年以前所有生活于地球表面的渡渡鸟都已经死了”。这似乎是完全不可怀疑的。

严格说来，我们现在所作出的命题，类似于我们在早先阶段曾经考虑过的“橱柜中没有奶酪”那个命题。为了证明它，需要对地球表面作一番考察。这种考察将使我们获得一组“这不是活着的渡渡鸟”这种形式的否定命题，并且这些命题被应用于大到足以可能成为一只渡渡鸟的地球上的每个时空区域。我们曾经看到，这些否定的命题依赖于像“这不是蓝的”这样的否定命题。这种一般性严格说来是列举的，并且由于这个事实即我们的描述谓词包含一种时空的限定而成为可能的。这种谓词的特殊性在于：在一种

① 渡渡鸟，产于毛里求斯，现已绝种。——译注

适宜的情况下，它们可以从经验上被表明为等同于一张名单。但是，这在经验上是可能的本身就是一个与时空的特性相联系的经验事实；关于时空的特性，我们曾认为它与专名有关联。

根据以上所述，一个“所有 A 都是 B”这种形式的一般陈述所“指示”的东西是一个由诸现象所组成的集合体，并且相应于每一个 A，都有一种现象。这个集合体就是该一般陈述的证实者：当这个集合体的每个分子都出现时，这个陈述是真的；当其中的任何一个分子不出现时，这个陈述是假的。

我们现在来看这个问题：我们是如何能够知道——假如我们 258
确实知道的话——一般经验命题的？我们已经看到，在这样的陈述中，有些是可以通过调查的方法被我们知道的。当所涉及的对象通过定义被限定在我们附近的时空区域并且该区域丝毫没有出现在未来时，这种情况就发生了。但是，这是一种例外的情况，而且当对我们的时空知识加以充分分析时，它很可能被发现最终并不是真正的例外。在所有其他情况下，我们确实不可能知道我们已经作出一种完全的调查，而且我们关于一般命题的知识因此必定是通过其他方法获得的——假如存在着这样的知识。

我认为，如果要承认我们知道来自调查以外的任何一种经验概括，那么就不得不以一种比迄今为止更加随意的方式使用“知道”一词。我们能够说我们“知道”一个命题，假如它事实上是真的；并且我们是根据可以获得的最好的证据而相信它的。但是，假如这个证据并非决定性的，那么我们绝不会知道这个命题是否事实上是真的，而且因此也绝不会知道我们是否知道它。人们希望，归纳证据可以使得一个经验概括成为可能的。然而，这就把我们带入了我们目前的研究工作之外的领域。因此,我对这个问题将不再多说。

第十九章　外延性与原子性 259

对像“A 相信 p”、“A 怀疑 p”之类的命题的分析，产生了逻辑上极其重要的两个问题。总体说来，在这些章中，我对逻辑论题保持了沉默；但是在目前的这方面，它们是不可避免的。因此，在我们能够回到我们的主题以前，进入逻辑领域进行一次短暂的远足是必要的。

这两个逻辑问题是与命题态度相联系而产生的，它们是外延性问题与原子性问题。在这些问题中，前一个问题近来的逻辑学家已经作过很多的讨论，而后一个问题几乎完全被忽略了。

在陈述“外延性论题”——卡尔纳普就是如此称呼该论题的——以前，有必要说说真值函项理论和类的理论。[①] 真值函项理论是数理逻辑中最基本的部分；它涉及我们能够通过“或者”和“并非”去谈论的关于命题的一切东西。因而，“p 并且 q”是“并非 p 或者并非 q”的否定。在 p 和 q 之间，允许我们在给定 p 的情况下去推断 q 的那种最一般关系是“并非 p 或者 q”。或者，假设你所想要的是在给定了 p 和 q 的情况下能使你推断出 r 的最一般关

① 在下文中，我将以一种在某种程度上更加基本的形式重复第十三章第三节已经说过的某些事情。

系，那么这种关系将是“并非 p 或者并非 q 或者 r”。排中律是“p 或者并非 p”；矛盾律是“p 并且并非 p”的否定。两个命题被说成是“等值的”，当它们都是真的或者都是假的时，也就是说，当我们拥有“或者 p 并且 q，或者并非 p 并且并非 q”时。两个等值的命题被说成拥有相同的“真值”。

260 如果不从“并非 p”和“p 或者 q”开始，那么我们可以从一个单个的未加定义的函项“p 和 q 并非都真”开始。我们用“$p|q$”来指称这个函项，并且称其为析舍函项。显然，“$p|p$”等值于“并非 p”，这是因为，假如 p 和 p 并非都真，那么 p 不是真的，并且反过来也是这样。还有：“p 或者 q”等值于“并非 p 并且并非 q 并非都真”，即等值于“$p|p$ 并且 $q|q$ 并非都真”，或者说等值于“$(p|p)|(q|q)$”。因而，“或者”和“并非”能够通过析舍函项来定义。因此，可以通过“或者”和“并非”加以定义的一切事物，都能通过析舍函项加以定义。

显而易见，并且容易证明，给定了任何一个通过析舍从其他命题中逐步构造出来的命题，其真值仅仅依赖于成分命题的真值。这个结论来自于如下事实：如果 p 是假的，并且如果 q 也是假的，那么“p 和 q 并非都真”是真的；如果 p 和 q 都真，那么它是假的。只要 p 和 q 的真值没有改变，它们可能是什么样的命题是不相干的。具有这种特点的函项被称为“真值函项”。在演绎理论中所需要的所有函项都是真值函项。

外延性原则的第一部分说的是：所有命题函项都是真值函项，也就是说，如果任意给定一个陈述，并且它包含一个命题 p 作为自身的一部分，那么，若我们用与 p 有相同真值的任何其他命题 q

来代替 p 的话，则该陈述的真值并不改变。我们将会考察外延性原则第一部分的真或假。

现在我来讨论“命题函项”。一个“命题函项”就是一个表达式，它包含一个或多个未确定的成分 $x, y, \cdots\cdots$，并且假如我们确定这些成分是什么，那么其结果就是一个命题。因而，“x 是一个人”是一个命题函项，因为假如你选定了 x 的一个值，那么其结果就是一个命题：假如你规定 x 是苏格拉底或者柏拉图，它就是一个真的命题；而假如你规定 x 是刻耳柏洛斯[1]或者珀加索斯[2]，它就是一个假的命题。使它为真的那些值构成了关于人的类。每个命题函项都决定了一个类，也就是使其为真的变项的那些值所组成的类。

两个命题函项被说成是“形式上等值的”，假如对于变项的每一个可能的值来说，作为结果的命题都是等值的。因而，“x 是一 261
个人”与“x 是一个无毛两足动物”是形式上等值的；“x 是一个偶素数”与“x 是 8 的一个实立方根”也是这样。当两个命题函项在形式上等值时，它们就决定了同一个类。

谓词等同于带有一个变项的命题函项，二元关系等同于带有两个变项的命题函项，三元关系等同于带有三个变项的命题函项，等等。当我说“人是有死的”时，那意味着“对于 x 的所有可能的值来说，假如 x 是人，那么 x 是有死的”。显然，假如人是有死的，那么无毛两足动物也是这样；同样显然的是，假如有 n 个人，那么

① 刻耳柏洛斯是希腊神话中的一只猛犬，守卫着冥府入口处，有三个头。——译注

② 珀加索斯是希腊神话中的长有双翼的飞马。——译注

就有 n 个无毛两足动物。这些命题说明了这个事实,即假如两个命题函项是形式上等值的,那么就有许许多多的陈述,当它们对于其中一个函项是真的时,它们对于另一个也是真的。外延性原则的第二部分说,情况总是如此,也就是说,在关于一个命题函项的任何陈述中,任何形式上等值的命题函项都可以取代该命题函项,同时却不改变那个陈述的真值。

卡尔纳普以一种或多或少弱化了的形式陈述“外延性原则”。这种弱化了的形式,经过稍微的简化之后,可以阐述如下:有可能构造一种语言,任何语言中的任何陈述都可以翻译成这种语言,并且它具有下述两种特性:(1)假如一个命题 p 是一个较大的命题 q 的一部分,那么当我们用具有相同真值的任何命题替换 p 时,q 的真值不会改变;(2)假如一个命题函项出现在一个命题中,那么当代之以任何形式上等值的命题函项(即一个对于变项的同样的值来说为真的命题函项)时,该命题的真值不会改变。

卡尔纳普的改进并非是把这个原则陈述为在任何语言中都必定为真的一个原则,而是把它陈述为在某种可能的语言中为真的原则,并且其他语言中的所有陈述都可以翻译成这种可能的语言。

这个原则所断言的两种特性中的第一种意味着:(例如)任何一个“苏格拉底是有死的”作为其一部分的真的陈述将依然是真的,假如我们代之以“安格尔西是一个岛屿”;并且,任何一个“荷
262 马[1]是爱尔兰人”作为其一部分的真的命题(例如“假如荷马是爱

---

① 荷马是古希腊吟游盲诗人。——译注

尔兰人，那么我将吃掉我的帽子”）将依然是真的，假如我们代之以“布赖恩·博鲁[①]是希腊人”。第二种特性意味着：假定由人所构成的类事实上等同于由无毛两足动物所构成的类，那么不管语词“人”出现在什么地方，我们都能代之以“无毛两足动物”，同时却不会影响所说的东西的真或假。

显而易见，外延性论题并不适用于断言命题态度的命题。假如 A 相信 p，并且 p 是真的，那么并不能得出 A 相信所有真的命题；假如 p 是假的，也不能得出 A 相信所有假的命题。还有，A 可能相信存在着不是人的无毛两足动物，同时却不会相信存在着不是人的人。因此，坚持外延性论题的那些人必须找到处理命题态度的某种方式。因为几种理由，人们努力坚持这个论题：从技术上说，它在数理逻辑中是非常方便的；它显然适用于数学家们想要作出的那类陈述；同时，对于坚持既是形而上学体系，而且甚至也是在卡尔纳普所接受的语言学的意义上的物理主义和行为主义来说，它也是必要的。然而，在这些理由中，没有一种理由提供了某种根据以假定该论题是真的。已经提出的用以假定该论题为真的根据不久将得到考察。

原子性论题由维特根斯坦陈述如下（《逻辑哲学论》，2.0201）：“每一个关于复合物的陈述，都可以分析为一个关于它们的诸构成部分的陈述，而且可以分析为完全描述了这些复合物的那些命题。”这个论题对于命题态度之分析的相关性是显而易见的。因为在“A 相信 p”中，p 是复合的；因此，假如维特根斯坦的原则是真

① 布赖恩·博鲁是历史上的爱尔兰国王。——译注

的，那么似乎作为关于复合物 p 的一个陈述“A 相信 p”，必须分析为关于 p 的那些部分的一个陈述和描述 p 的诸命题。以一种不太精确的方式来表述，这意味着作为单一体的 p 并未进入“A 相信 p”，而仅仅是其各个组成部分进入了这个命题。

263 原子性论题有一种技术的形式，而且对于逻辑学而言，知道它在这种形式中是否为真是重要的。在我们能够陈述这种技术的原则以前，某些初步的解释是必要的。

我们看到，对象语言包含某些专名、谓词、二元关系、三元关系，等等。任何一种 n 元关系都可以和任何 n 个专名（它们无须都是不同的）相结合，以形成一个命题。假设 n_1, n_2, n_3，……是专名，P_1, P_2, P_3，……是谓词，R_1, R_2, R_3，……是二元关系，S_1, S_2, S_3，……是三元关系，等等。那么 $P_1(n_1)$ 代表“n_1 拥有谓词 P_1”；$R_1(n_1, n_2)$ 代表“n_1 与 n_2 拥有关系 R_1”；$S_1(n_1, n_2, n_3)$ 代表“n_1, n_2, n_3（按照此顺序）处于关系 S_1 之中”，如此等等。以这种方式获得的所有命题都被称为“原子命题”。

现在，让我们取任何两个原子命题 p 和 q，并且通过析舍把它们合并起来，以得到 $p|q$。如此获得的这个命题，与原子命题一起，为我们提供了一个扩大了的命题的全体。假如我们通过析舍把这种扩大了的全体中的任何两个结合起来，那么我们又将得到一个更大的全体。让我们以这种方式无限地进行下去。我们称如此获得的这整组命题为“分子命题”，因为这或多或少是通过原子结合为分子的那种方式将原子命题结合为分子命题的。

由于现在只是通过析舍运算获得分子命题集，我们引入一种新的构造命题的运算；这种新的运算被称为“概括”。以任意一个

包含某种成分 a 的原子命题或分子命题为例，并让我们将其称为 øa。用 b 来替换 a 所得到的同一个命题将被称为 øb，并且假如 a 被替换为 c，它将被称为 øc。让我们不用一个确定的项而用一个变项 x 来替换 a，那么我们将因而获得一个命题函项 øx。可能会 264 出现这样的情况，即这对 x 的所有可能的值来说都是真的，还有可能会出现这样的情况，即这对 x 的至少一个值来说是真的。断言这两种情况为真的命题是两个新的命题。假如它们包含一个作为常项的成分 b，那么我们能够把概括方法再转而应用于 b，并如此进行下去，直到没有任何常项被保留下来。比如说，以“假如苏格拉底是人，并且所有人都是有死的，那么苏格拉底是有死的”为例。这不是一个逻辑命题，因为它提到了苏格拉底、人和有死的，而逻辑命题是不提及任何具体事物的。它也不是一个分子命题，因为它包含了语词“所有”。它处于从分子命题向逻辑命题的过渡之中。后者是：“不管 x，α 和 β 可能是什么，假如 x 拥有谓词 α，并且每一个拥有谓词 α 的事物都拥有谓词 β，那么 x 拥有谓词 β。”

为了更详细地说明所涉及的概括过程，让我们考虑下述陈述：“或者苏格拉底是人但并非有死的，或者苏格拉底不是人，或者苏格拉底是有死的。”这是一个逻辑上必然的分子命题。现在，当一个命题对于苏格拉底是真的时，它对于某个人也是真的。因此，假如在“苏格拉底”首次出现时，我们用“某个人”代替“苏格拉底”，那么上述陈述依然是真的。（我们可以对“苏格拉底”其余两次出现中的每一次进行替换，对它的任何两次出现进行替换，或者对它的所有这三次出现进行替换；但是，唯有第一次出现才适合于我们当前的目的。）我们因而作出下述命题：“有某个人，并且他具有这样的特性：或者他是人但并非有死的，或者苏格拉底不是人，或者苏格拉底是有死的。”（我们碰巧知道所说的这个人是苏格拉底，但是我们忽略这一点。）现在，我们以一种稍微不同的方式来划分这个命题，并说“某个人是人但并非有死的，或者苏格拉底不是人，或者苏格拉底是有死的”。这里，我们有了三种选择；因此，第一种将是假的，其余两种中的一种一定是真的。现在假如“某个人是人但并非有死的”是假的，那么“所有人都是有死的”是真的。因而，我们作出了“假如所有人都是有死的，那么或者苏格拉底不是人，或者苏格拉底是有死的”，并且它等值于“假如所有人都是有死的，那么
265 若苏格拉底是人则苏格拉底是有死的”。我们是从我们的原来的分子命题出发，并通过使用一次这样的步骤即用“某个人”来代替“苏格拉底”而达到这一点的；这里所说的步骤是逻辑的过程，而且通过这种步骤，只要 a 具有某种特性 α，我们就推断“某物拥有特性 α”。

迄今为止，我们构造的新的命题是先前那些命题的逻辑结果。然而，从这点出发，我们关心的是构造另外一类命题的过程，而这类另外的命题并非是它们获自其中的那些命题的逻辑结果。我们最后的陈述仍然包含三个“常项”，即“苏格拉底”、“人”和“有死的”。通过用 x 替换苏格拉底，用 α 替换人，用 β 替换有死的，并断言就变项的所有的值而言的结果，我们把这种概括过程应用于这三个常项中的每一个。我们因而获得了“对于 x，α 和 β 的所有的值来说，假如所有的 α 都是 β，并且 x 是一个 α，那么 x 是一个 β”。这是一个逻辑命题，而我们原来的命题是它的一个实例。但是，现在令我感兴趣的地方并非在于我们已经作出了一个真的命题，而

只是我们已经作出了一个命题。

从分子命题中构造不同程度的一般性的命题所依据的原则有如下述：

设 $\phi(a_1, a_2, a_3 \cdots\cdots P_1, P_2, P_3 \cdots\cdots R_1, R_2, R_3 \cdots\cdots)$ 是一个分子命题，并且它包含专名 $a_1, a_2, a_3 \cdots\cdots$，谓词 $P_1, P_2, P_3 \cdots\cdots$，二元关系 $R_1, R_2, R_3 \cdots\cdots$，如此等等。所有这些都被称为所说的这个命题的“成分”。这些成分中的任意一个或多个都可以用一个变项来替换，并且所断言的结果就是关于该变项的某个值或所有值的。这为我们提供了一个由全都是从原来的分子命题中构造出来（不是从它演绎出来）的一般命题所组成的大的集合。可以拿“苏格拉底是聪明的”当作一个非常简单的例子。根据上述的过程，这将导致下述十个命题：

某个事物是聪明的；
每个事物都是聪明的；
苏格拉底拥有某个谓词； 266
苏格拉底拥有所有谓词；
某个事物拥有某个谓词；
一切事物拥有某个谓词；
存在着一切事物都拥有的某个谓词；
某个事物拥有所有谓词；
每个谓词都属于某个事物；
每个事物都拥有一切谓词。

这种或者代以一个变项的某个值或者代以一个变项的所有值的过程被称为“概括”。将这个术语限定于关于所有值的情况并不是合适的。

我以前说过，原子性原则的这种技术形式断言：所有命题要么是原子的，要么是分子的，要么是分子命题的概括；或者，至少人们能够构造出一种具有这种特点的语言，并且任何一个陈述都可以翻译成该语言。假如维特根斯坦的原子性原则是真的，这必定也是真的；但是，反过来并不成立。我很快就要解释，该原则的一种不太全面并且容易辩护的形式同样会导致这种技术形式。正是在其技术形式上，这个原则在逻辑中才是重要的。我想，维特根斯坦自己现在会接受所说的这种修改，因为我知道他不再相信原子命题。我们在以前的一章中看到，逻辑上有用的东西是原子形式，并且被修改过的原则允许用它们来代替原来的原子命题——在这些命题中，每个词都代表某种没有复杂性的事物被认为是必要的。

对维特根斯坦的论题进行弱化会使其看起来更合理。这种弱化如下所述。一个名称 N 可能事实上就是一个复合物的名称，但是其自身不可能拥有任何逻辑的复杂性，即拥有某些作为符号的部分。所有实际出现的名称都是这样的。恺撒是复杂的；但是“恺撒”在逻辑上是简单的，也就是说，其任何部分都不是符号。我们或许认为，维特根斯坦的论题不会应用于一切事实上是复杂的事
267 物，而只能应用于被复合名称所命名了的事物。例如，尽管“恺撒”是简单的，但是“恺撒之死”是复杂的。我们将用“每一个使其所描述的复合物的复杂性显而易见的陈述”来代替出现于维特根斯坦

的阐述的开端处的短语“每一个关于复合物的陈述”。如果不进行这样的弱化，那么每当我们提及事实上是复杂的某种事物，但是我们又并不知道它是复杂的，或者说无论如何我们不知道如何对其进行分析时，就会出现麻烦。这种弱化就对付了这种麻烦。

甚至在这种弱化的形式中，这个原则也禁止 p 作为一个单一体出现在“A 相信 p”中，因为一个命题一定具有显而易见的复杂性，除了在那些异常的情况即在其中有像笨人难过的桥[①]这类专名的情况下；而且即便那样，当我们用这个命题替换其名称时，我们也只作出了在“A 相信 p”中被断言的东西。

假如或者坚持外延性原则或者坚持原子性原则，那么有必要在“A 相信 p”中的“p”和一个诸如“p 或者 q”这类普通的真值函项中的“p”之间作出区分。假如这两者是等同的，那么就不可能构造一种纯粹外延的逻辑，并且也许不可能坚持卡尔纳普所说的物理主义。维特根斯坦首次尝试了对这两个 p 进行区分（《逻辑哲学论》，5.54 以下）。他说：

“在一般的命题形式中，命题只是作为诸真值运算的基础才出现在一个命题中。

“乍一看，一个命题好像也可以通过不同的方式出现在另一个命题中。

“在某些心理学的命题形式中，情况尤其是这样。比如，‘A 认为 p 是实际情况’，或者‘A 认为 p’，等等。

① “笨人难过的桥”（pons asironum），是指欧几里得《几何原本》第一卷中的第五命题：“等腰三角形底角相等。”这是初学者或者说“笨人”一时难以理解的定理，又称“驴桥”。——译注

“这里，从表面上看，似乎命题 p 与对象 A 处于某种关系之中。

“(并且在现代认识论[罗素、穆尔等等]中，这些命题都是这样被设想的。)

“但是，很清楚，‘A 相信 p’、‘A 认为 p’、‘A 说 p’，都是‘“p”说 p’这样的形式：在这里，我们并不拥有一个事实与一个对象之间的配置，而是经由其诸对象的配置而来的诸事实之间的一种配置。

268 “这表明，不存在现代肤浅的心理学所构想的灵魂——主体等等——这样的事物。”

在《数学原理》第二版(第Ⅰ卷附录 C)中，我接受了维特根斯坦的观点。卡尔纳普在《世界的逻辑构造》中也接受了他的观点。在《语言的逻辑句法》中[①]，卡尔纳普作了轻微的改变：他说，内涵的语言与外延的语言都是可能的，并且我们必须只说一种内涵的语言中的每一个陈述都能翻译成一种外延的语言。甚至这一点，他也不认为是确定的，尽管他认为这是可能的。然而，关于命题态度这个问题，他重复了维特根斯坦所说的话。他说，照此情况，“查理说(或者认为)A”是内涵的，但是能够翻译成“查理说(或者认为)‘A’”。这里，我们被告知：“假设‘A’成为某个句子的缩写(而非名称)。”我们也被告知，句子的名称是通过加引号形成的。所有这一切并没有为出现在《逻辑哲学论》中的东西增添了什么内容。

① 第 67 节第 245 页以下。

我怀疑，这种观点能否——即便它是真的——依据维特根斯坦的理由而得到主张。因此，我打算辩论性地考察维特根斯坦的论证。

刚才引自维特根斯坦的这段文字的要旨是："'A 相信 p'、'A 认为 p'、'A 说 p'，属于'"p"说 p'这种形式。"让我们试图清晰地陈述这种观点。

一般说来，当一个词出现在一个句子中时，我们并不是在说这个词，而是在说它所意指的东西；当我们希望说这个词的时候，我们把它放在引号里。因而，"'苏格拉底'是苏格拉底的名称"这个句子并不是重言式；当你被介绍给你从未听说过的一个人时，你就知道了这种类型的一个命题。当"苏格拉底"这个词未被放在引号中时，你是在说这个人，而非在说这个词。现在，同样地，当我们断言一个命题时，我们就认为，我们并未说出关于这些词的某种东西，而是说出了关于这些语词之所指的某种东西；而且，假如我们 269
要说出任何关于这些词的某种东西，我们必须将它们置于引号中。但是，在命题和单个的语词之间有一种差别。单个的语词，至少像对象词这样的语词，拥有一种外在于语言的意义；但是命题，由于可以是假的，一定与对象之间具有某种不太直接的关系，除了当它们表达知觉时。因而，"p"和 p 之间的区别并非像"苏格拉底"和苏格拉底之间的区别那样简单。

在这种讨论中，重要的区别并不在于"p"和 p 之间，而在于 p 所表达的东西与 p 所指示的东西之间的区别。这种区别并不限于命题；就对象词的情况而言，也存在这种区别。假如我惊呼"火！"那么我就表达了自己的状态，并指示了一种不同于我的状态的现象。单个的语词是一个完整的句子。这是对象词的特权，而其他语词只能成为句子的一部分。我认为，用作完整的感叹句是对象词的主要用途，而将其用作一个更大的句子的一部分只是从这种用法中派生的。正是作为句子，对象词才拥有表达与指示这两个方面。

有含义的与无意义的语词串之间的区别，迫使我们认识到一个有含义的句子拥有一种非语言的特性，即“含义”。这种特性是更加主观的东西，它与真或假没有关系。我们可以把一个句子的含义等同于它所表达的东西，即说话者的一种状态。这样的一种状态可以称为一种“相信”行为，假如这个句子是陈述性的。能用同一个句子加以表达的两种相信行为，被说成是同一个信念的实例。

因而，从刚才所说的话中可以断定，一个句子有三种而非两种出现方式。

首先，我们可能关心实际的语词；这指的是那种使用了引号的适当的场合。例如，我们可以断言恺撒说过“jacta est alea”[①]。一个不懂拉丁语的人可以知道恺撒说过这样的话；他并不必然知道恺撒所意指的东西。因而，“jacta est alea”这些词在这里只是作为语词而出现的，并不拥有意义。

270 其次，我们可能关心句子所表达的，而不关心它所指示的东

① “jacta est alea”是拉丁文，意思是“木已成舟”。这是古罗马政治家、军事家恺撒在越过罗宾肯河时所说的一句话。罗宾肯河是古意大利与恺撒的高卢行省之间的边界。恺撒说这句话意在表达这样的事实：他已越过此河开始进军罗马，并陷入帝王争霸，再也没有回头的可能了。——译注

西。假如我们断言恺撒说过木已成舟，那么这种情况就出现了。这里，“木已成舟”这些词出现时是有含义的。恺撒没有使用这些词，而是使用了表达同一种状态的拉丁词。假如我们断言恺撒说过“the die is cast”①，那么我们的断言就是假的，因为这意味着他说过英语。因而，当我们说“恺撒说过木已成舟”时，“木已成舟”这些词的含义而非所指才是相关的，因为事实上是否木已成舟完全是不相干的。

再次，我们可能不仅关心一个语句所表达的东西，而且关心它所指示的东西。我可能会说：“恺撒确实说过，木已成舟。”这里，当我说“木已成舟”时，我作出了一个断言。并且，假如这个句子指示了某种东西，这个断言就是真的；假如它什么也没有指示，它就是假的。在每一个完整的陈述句中，被指示的东西是相关的；但是在从句中，可能只有被表达的东西才是相关的。这尤其出现在关于“A 相信 p”的情况中。

我们现在能够确定我们将如何看待维特根斯坦的观点，即“A 相信 p”属于“‘p’说 p”这样的形式；或者不如说，我们能够确定我们应该说“A 相信 p”还是说“A 相信‘p’”。让我们用“B 热”这个句子来替换“p”。当我们说 A 相信 B 热时，我们是在说（大体说来）A 处于一种状态之中，并且该状态将导致他说出——假如他说的话——“B 热”或者某种具有同样含义的东西。我们并不是在说这些词在 A 的心灵中。他可能是一个法国人；这个人会说“B a

① “The die is cast”为英文，意思是“木已成舟”。——译注

chaud"[①]，假如他说的话。事实上，关于"B热"这些词，我们什么也没有说，而只是在说它们所意指的东西。因此，不应该有引号，并且我们应该说"A相信 p"。

我们应该说"p 是真的"还是"'p'是真的"呢？

通常假定我们应该说后者，但是我认为这种假定是错误的。

考虑一下"B热是真的"。

271 这断言了一种由相信行为所组成的类与一个事件之间的一种复杂的关系。它意味着：任何处于某类状态[即由"B热"这些词所表达的那些状态]之一的人都与某个事件之间[即视情况而定的B热或者B不热]具有某种关系。

这里，"B热"这些词只进入了并非作为语词的这个短句的含义。因此，我们应该说"p 是真的"。

我再说一次，这个问题的困难来自于这个事实，即句子以及某些词具有两种非文字的用途：(a)用来指示对象；(b)用来表达心灵状态。当不作为指示而出现时，语词可以不作为语词并通过其意义而出现：当它们仅仅作为表达而出现时，这种情况就发生了。不同于对象词的单个语词仅仅表达而不指示。这就是它们不同于对象词并且也不可能是完整的句子的原因。

以上所述清楚地表明，"p"可以通过两种不同的非文字的方式出现：(a)通过指示和表达都与之相关的方式；(b)通过只有表达才与之相关的方式。当这个句子独自地作为一个断言出现时，我们拥有(a)；当我们说"A相信 p"时，我们拥有(b)，因为我们正在

---

① "B a chaud"为法文，意思是"B热"。——译注

断言的现象可以在不提及 p 的真或假的情况下得到完全的描述。但是，当我们断言“p 或者 q”或者任何其他的真值函项时，我们拥有(a)。

假如上述分析是正确的，那么外延性原则适用于所有的 p 的指示与之相关的 p 的出现，但是不适用于那些唯有表达才与之相关的 p 的出现；也就是说，它适用于(a)，而不适用于(b)。我认为，这个说法是一种同义反复。假如我没有弄错的话，那么在其一般形式上外延性原则必须被抛弃。

N. 道尔凯先生告诉我，在“A 相信 B 热”(A believe that B is hot)中，语词“B 热[这个事实]”(that B is hot)，当作为一个完整的句子时，描述了“B 热”(B is hot)所表达的东西。这种看法是具有吸引力的，并且可能是正确的。根据这种观点，语词“B 热[这个事实]”事实上并不适用于 B，而是描述 A 的状态。这种情况类似于在其中我说“A 闻到了玫瑰花的味道”的情况。这里，玫瑰花仅 272
仅起到了描述 A 的状态的作用；我可以给这种味道一个名称，比如说 S，并说“A 闻到了 S”。类似地，我可以(在理论上)用描述正在相信 B 热的那些人的身心状态的语词来代替“B 热[这个事实]”。这种观点使得在“p”和“p[这个事实]”(that p)之间作出鲜明的区分成为必要的。每当事实上是 p 出现时，我们可以保留外延性原则；但是，当确实是“p[这个事实]”出现时，这个原则之所以不适用，是因为“p”事实上并未出现。

现在我们必须考虑原子性原则。现在，我将不是一般地对其加以考虑，而仅仅联系像“A 相信 p”这样的句子来考虑。在其一般形式上，它需要对分析方法加以考虑，并需要考虑这样的问题，

即代表复合物的专名在理论上是否可以省略；我打算把这些留到以后再作考虑。目前，我只希望考虑，在一种适当的语言中，像“A相信 p”这样的句子能否在原子的、分子的以及本章前面所解释的概括的语句层内得到表达。

这个问题就是：我们能够对“A 相信 p”作出解释，以便 p 并不作为一个从属的复合物出现吗？

让我们再次用“B 热”代表“p”。在靠近前面的一章中，我们承认，说 A 相信这一点就等于说他处于许多可描述的状态之一，并且所有那些状态都有某种共同的东西。这样的状态之一，就是 A 在其中说出“B 热”的状态。但是，没有理由设想，当 A 相信 B 热时，必然会有某些语词呈现于 A。

说“A 说出‘B 热！’”就是断言出现在 A 的言语器官中的一系列运动。这纯粹是一种物理的现象，它可以在不引进任何从属的复合物的情况下得到完全的描述。看来，作为相信 B 热的 A 的每一种其他状态，也可以通过类似的方式得到描述。然而，依然存在这样的问题：所有这些状态拥有什么共同的东西呢？

我认为，它们共同拥有的东西仅仅是因果的。然而，这是一个
273 困难的问题，并且我认为这是一个我们无须加以精确回答的问题。依我看，任何一种确实可能正确的回答都不会与这样的结论相抵触：“A 相信 p”能够——至少当 p 是一个像“B 热”这样的简单句时——在不引入一个从属的复合物的情况下加以分析。假如 p 是一个像“所有人都是有死的”这样的一般语句，这个问题会更加困难。因此，我现在满足于这一结论：迄今为止，我们没有发现有效的反对原子性原则的论证。

因此，我们得到了这些结论：(1)当加以严格解释时，对像“A相信 p”这样的句子的分析并未表明外延性原则是假的；(2)同样的分析并未证明原子性原则是假的，但是也没有充分证明它是真的。

274 # 第二十章　排中律

一般说来，我在本书中避免讨论逻辑问题。但在本章中，就像在上一章中一样，我将关心一个逻辑的题目，即排中律。众所周知，布劳威尔已经向这个定律提出了挑战，并且他的挑战是以认识论为根据的。他与许多其他人一道认为，“真”只能通过“可证实性”来定义，而后者显然是一个知识论的概念。假如他是正确的，那么排中律，以及还有矛盾律，都属于认识论，并且必须根据认识论所允许的任何一种关于真和假的定义加以重新考虑。在第十六章中，我们以初步的方式考虑了真与假，并讨论了从认识论上对其加以定义的那种企图。相当明显的是，假如要坚持一种认识论的定义，那么在其通常形式上，排中律不可能是真的，尽管矛盾律可以是真的。在本章中以及下一章中，我们必须考虑是牺牲排中律，还是尝试着作出一种独立于知识的真理的定义。[①]

这两种观点的困难都是惊人的。假如我们联系知识来定义真理，那么逻辑就崩溃了。迄今所接受的许多推理，包括绝大部分的数学，都必须作为无效的东西加以拒绝。但是，假如我们坚持排中

① 本章所说的话意在澄清这个问题。只是在下一章中，我们才作出一种严肃的尝试，以达到一种决断。

律，我们将发现我们自己就承诺了一种实在论的形而上学，而且从实质上而非字面上看，这种形而上学似乎可能与经验论不相容。这个问题是根本的，并且是极其重要的。

在尝试着解决这个问题以前，让我们详尽阐述这两种可供选 275
择的观点。

布劳威尔并不关心像"四重性饮用耽搁"这类句法上无意义的句子。他关心语法上以及逻辑上正确，但从认识论上无法证实或否证的句子。在我们开始讨论它以前，我们必须弄清争论点。

布劳威尔主张，"真的"是一个无用的概念，除非我们有办法发现一个命题是真的还是假的。因此，他用"可证实的"代替"真的"，并且他不说一个命题是假的，除非其反命题是可以证实的。因而，还有一个由处于中间地带的命题所构成的类。这个中间的类在句法上是正确的，但既不是可证实的，也不是与可证实的命题相矛盾的命题。对于这个中间的命题的类，布劳威尔拒绝称其为真的或者假的，并且对于它们来说，他认为排中律是错误的。

尚未有人极端地把"真理"定义为"被知道的东西"；"真理"的认识论的定义是"能够被知道的东西"。"可证实的"这个词是以通常的方式被使用的，并且假如一个命题能够被证实，那么这个命题就是可证实的。这立即又产生了一些困难，因为可能性是一个难以解释的概念。假如这个定义是明确的，那么所要的这种特殊类型的可能性将不得不加以阐明。在数学中，布劳威尔和他的学派已经做了这项工作，并在很大程度上取得了成功。但是，据我所知，他们几乎没有思考更通常的命题，比如在两方面都没有证据的历史假设。许多东西都要从卡尔纳普的《语言的逻辑句法》中去了解，但主要是通过联想。他认为，像“所有的人都是有死的”这样的一般命题，由于本质上不可能被完全证实，将（暂时地）被当作真的，假如它之为真的许多场合是为人所知的，并且它之为假的任何场合都不为人所知。

要把“真理”定义为“能够被知道的东西”，必须从基本命题开始，一步一步地前进。与第十一章所说的相一致，我将假定我当前
276 的事实前提是由以下四类东西构成的：(1)数量很少的断言当前知觉对象的命题；(2)数量巨大的否定命题。这些否定的命题，就像当我们看到一株毛茛属植物时我们作出“这并非红的”那样，都获自当前的知觉对象；(3)记忆——就不存在任何可以导致对其产生怀疑的理由而言；(4)矛盾律，但不是排中律。首先，排中律将适用于某类命题，即那些面对知觉对象的命题。假如你要在十一月五日放爆竹，并说“小心！将有一阵爆炸声”，那么，或者有爆炸声，或者爆竹湿了并且没有爆炸声。在这样的情况下，你的陈述是真的或者假的。还有某些产生于这类情形的其他情形，排中律也适用于它们；对于这类情形的定义，在很大程度上与“真理”的认识论的定义属于同一种问题。

要看到，当排中律失效时，双重否定律也就失效了。假如 p 既不是真的也不是假的，那么 p 是假的是假的。假如双重否定律成立，那么这蕴含着 p 是真的；然而，根据假设，p 既不是真的也不是假的。因此，在这种逻辑中，“p 是假的是假的”并不等值于“p 是真的”。

为了给我们自己提供一种机会，我们至少将在开始时承认来自基本命题的归纳概括。假如出现了一个否定的命题，那么这些

归纳概括可以被证明是错误的。在发生那种情况以前，我们将与卡尔纳普一样，暂时将其作为真的接受下来。在两种情况下，我们都将认为它们受排中律的支配。我们也将承认他人的证据，这类证据服从某些常识的规定。现在，我们能够逐步建立科学；而且由于接受了归纳概括，我们将承认它们的结论中那些无法被否证的部分是真的。例如，我们会说，就像天文学引导我们假定的那样，史前时期曾出现过日食。但是，我们是带着犹豫的成分这么说的，而这种犹豫的成分是与构成天文学规律的归纳概括相吻合的。

因而，我们能够断言或否定我们（像经验论者那样）发现有理由去断言或否定的全部命题。困难出现(a)在逻辑与数学中，以及 277
(b)在两方面都不存在证据的超越逻辑的命题上。

让我们考虑一个明确的并且不存在证据的超越逻辑的命题。以“公元 1 年 1 月 1 日曼哈顿岛下雪了”为例。让我们把这个命题称作“P”。关于 P，我们知道什么呢？由于接受了归纳概括，历史告诉我们有一个公元 1 年，并且地质学让我们确信曼哈顿岛那时存在着。我们知道，那里的冬天时常下雪。因而，我们理解 P，并不妨认为它似乎与一场有历史记载的降雪相联系。在理论上，一台拉普拉斯计算器能够推断以前时代的气候，这正像天文学家推断日食一样。然而在实践中，这种推断是不可能的，这不仅因为计算会极其困难，而且因为这需要比终究所能获得的更多的材料。因此，我们必须承认，我们对于 P 是真的或假的没有任何证据；而且据我们所能发现的而言，我们绝不可能拥有任何证据。假如“真理”要从认识论上得到定义，那么我们必须断定 P 既不是真的也不是假的。

我们不情愿接受这个结论，因为我们顽固地相信有一个独立于我们的观察的“实在的”世界。我们认为，我们本来可以待在那儿的；而且假使那样的话，我们就会看到天是否在下雪，而且我们观看下雪这个事实对于这场雪没有任何影响。我们十分乐意地承认，正像冷的感觉与我们的温度神经有关联一样，雪的现象所具有的白的性质与我们的眼睛有关。但是，我们设想这些感觉有一个外部的原因，即物理学所讨论的雪；而且我们相信，除了在涉及某些非常细微的量子观察的地方，无论我们是否了解它，这都不受影响。

但是，当我们接受归纳概括，并允许自己相信曼哈顿岛在所提到的那个日期很可能存在时，所有这一切都已得到了承认。假如
278 我们要承认这类归纳，那么似乎没有理由拒绝将排中律推广到每个拥有某种有利的或不利的证据的命题，不管那种证据怎样薄弱。现在，可能很容易有证据表明曼哈顿岛的气候在最近的两千年中没有发生很大的改变；而既然那样，气候记录就提供了在那一年任何特定的一天中出现降雪的可能性。因而，我们会说 P 要么是真的要么是假的，因为尽管我们不能断定这个问题，但是我们对每种选择的可能性都有某种程度的了解。

仍然有一些不拥有任何证据的命题，例如：“有一个与我们生活于其中的这个宇宙没有时空关系的宇宙。”这样的宇宙可以由科幻作者加以想象；但是，正是因为这种假设的性质，所以不存在或者有利于它或者不利于它的归纳论证。当我们认为一定有或者没有这样的宇宙时，我认为我们想象了一个注视着他所创造的所有星球的造物主，而且我们由此偷偷摸摸地恢复了我们用语词所否定了的它与我们自己的星球之间的联系。[1] 假如我们严格地排除这种想法，并排除我们自己的知觉能力有一种神奇的提升这样的想法，那么，设想我们的假设没有意义也许是可能的。既然那样，它既不是真的也不是假的；但是它并不是一个命题，因而并未表明存在一些不遵守排中律的命题。

我们必须面对这个问题：在什么情况——如果存在这样的情况——下，一个句法上正确的句子不拥有意义？我们刚才说，“某种事物与我当前的知觉对象没有时空关系”也许是没有意义的，因为那相当于在拒绝那个想象出来的宇宙。似乎因此可以说，上述那个句子的对立面即“每个事物都与我当前的知觉对象具有某种时空关系”也是缺乏意义的；但是这一点好像是极无道理的。假如它是没有意义的，那么这一定是因为“每个事物”这个词。可以说，“每个事物”这个词意味着整个的宇宙可以陈列出来以供检验，尽

管事实上新的知觉对象不停地产生，并且所有的全体都是虚幻 279
的——除了一组被列举出来的对象所构成的全体以外。

这个关于全体的问题是非常重要的。就像我们定义人的类或自然数的类那样，我们能从概念上定义一个全体吗？有些人认为，我们能够做到这一点，假如这个类是有穷的；但是，如果它不是有穷的，我们就无法做得到。然而，我看不出这是一种相关的考虑，除非当一个一般语词只是关于“这个特定集合中的这些对象”的缩写时。既然那样，这个一般语词是不必要的。每当就像在关于人的情况下那样，实际的列举是不可能的时，这个集合是有穷的还是

① 参阅奥拉夫·斯特普尔顿的《星辰缔造者》。

无穷的这个问题似乎是没有意义的。在这方面,“所有人都是有死的”产生了与“所有整数都是奇数或偶数”相同的问题。

当我们说“所有人都是有死的”时,我们是在说某种东西吗,或者说,我们是在发出没有意义的声音吗?我并不是在问这个句子是不是真的,而是问它是不是有含义的。让我们首先排除某些站不住脚的观点。(1)我们不能试图将这个命题还原为一种规定,即“假如我看见一个人,我将判断他是有死的”。这是因为,我将看到一个人的那些场合就像人一样是不可能列举出来的。我也许会在临终时说“我遇到的所有人都是有死的”,因为那时他们能被列举出来,但是直到那时这个集合才从概念上得到了定义。(2)我们不能说:“关于一个集合的陈述是合法的,当有一个会涵盖这个全体集合的可能的经验的类时;否则,它就不是合法的。”这是因为,假如我们试图定义“可能的经验”,那么我们将会发现,我们恰好是被带入了一个我们希望逃离的假设的概念领域。我们将如何知道一种经验是“可能的”?显然,这需要超越实际的经验的知识。(3)我们不可以把“所有人都是有死的”限定于过去的经验,因为在那种情况下它将不得不意味着一种同义反复,即“迄今为止所有已死的人都是有死的”。(4)把一般陈述——尤其是归纳概括——解释为实用性的建议有时被认为是可能的。因而,“所有人都是有死的”
280 将意味着“当你下一次遇到一个人时,我建议你在行为上把他当成是有死的人对待,因为假如你将他的头劈成两半并想着他不会死去,那么你将会被处以绞刑”。但是,因为这个人是有死的,这个建议才是合理的。假如你严肃地怀疑是否所有人都是有死的,那么你最好去做一些关于这个问题的实验。事实上,这种实用性的解

释只是一种逃避。

假如我们排除了“所有人都是有死的”这类处理从概念上被定义的集合的句子，那么一般命题将被限定于历史，或者不如说，由目前存在的或者已经存在的对象所组成的集合。我们能够说“这个房间里的所有人都将死去”，但不能说“这个房间里的这些人的所有孩子都将死去”。这一点确实是荒唐的。

在我看来，当我们理解“人”和“有死的”这些词时，我们就能理解“所有人都是有死的”，而无须亲知每一个作为个体的人；而且同样地，我应该说，我们能够理解“所有整数都是奇数与偶数”。但是，假如要坚持这种观点，那么一定存在着一种诸如理解“所有性”(all-ness)这样的事物，并且它不依赖于列举。这其实就是理解关于什么是假设的东西的问题。对一般命题的分析是非常困难的，因为似乎相当明显的是，我们能够知道关于一个集合中所有分子的命题，却并不知道它的各个个别的分子。我们说“我什么也没有听到”可以是一个基本命题；然而对于逻辑来说，它是一个关于宇宙中一切事物的陈述。我们在第十八章中已经看到了如何去避免这种困难。

当我们在讨论公元1年的雪时，我们允许自己接受归纳概括。可以提出疑问的是，当我们怀疑排中律时，除了至多通过推断知觉对象的方式以外，我们是否有权利这么做。物理科学中的归纳总是通过实在论的词项来表述的，也就是说，你所观察到的东西可以在你不观察的情况下发生，并且确实会在适当的条件下发生。假如我们达到了一个无人居住的岛屿，并且发现那里有茂盛的蔬菜，那么我们将推断那里下过雨，尽管没有人看到这些雨。现在，显而

281 易见的是，从归纳证实的立场来看，两个仅仅在未被观察到的现象方面有所不同的假设完全处于同一个层次。因而，从认识论的立场来看，我们可以假定不存在未被观察到的事实，或者假定有少量的未被观察到的事实，或者假定有很多的未被观察到的事实；像物理学家所做的那样，我们可以插入任意数量和任何种类的未被观察到的现象，只要它们能使那些表述已被观察到的现象的规律成为最容易的。它们服务于一次在以实数开始和结束的计算中复数可以为之服务的同一种目的。

在询问这些未被观察到的现象是否实在地发生时，存在着某种意义吗？据卡尔纳普说，只存在一种语言学的问题："实在"是一个没有任何合法用途的形而上学术语。那好，让我们保持前后一致。我自己并未观察我从证据或从历史中所了解的东西；我只观察到了出现在我自己的经验范围之内的东西。因此，按照所说的这种观点，这些假设，即证据不仅仅是声音与形状，以及世界在我最早能够记忆事物以前就存在着，都只是语言上的便利手段。

这是一种事实上无人接受的观点。假如一个医生对你说"你的妻子患了癌症"，那么你不会怀疑你所听到的东西表达了一种思想；你也不会怀疑，假如这位医生是对的，那么你的妻子正在经历并将继续经历一些与你的经验有所不同的痛苦经验。假如你当真认为整个事情只是一种描述你自己的某些经验的语言缩写，那么你的情感完全是另外一个样子。这一点当然是不容争论的。但是我注意到，采取我正在反对的这种观点的那些人，总是避免把它应用于有关他人的情况，并且满足于把它应用于像冰河时代这样的几乎毫无情感内容的事物。这样做是悖理的。假如冰河时代只是语言上的便利，那么你的父母、你的孩子、你的朋友以及你的同事都是如此。当然，接受证据仍然是可能的。你可以说：“据我所知，A 先生是一系列声音与形状。但是我已发现，假如我把这些声音解释成我用之表达某些思想和知觉对象的那类声音，那么它们经 282
常被证明是真的，尽管这种发现可能显得奇怪。因此，我已决定，我在行为中把 A 先生当作一个有灵性的存在物去对待。”但是，你的情感并非当你相信他“确实”拥有灵性时你所拥有的情感。

当我们问：“某些未被我观察到的现象确实出现吗？”我们是在问一个至少对于他人来说拥有非常重要的情感内容的问题，而且这个问题看来几乎不可能完全没有含义。我们对他人的爱与恨、苦与乐感兴趣，因为我们坚定地相信它们与我们自己同样地“实在”。当我们这么说的时候，我们意指某种东西。一个小说中的人展现他自己，但那是欺骗性的：他所表达的那些情感并未实际地被感觉到。“实在的”人是不同的。但是，如何不同呢？

现在，我并不想证明发生未被观察到的事件；我只想证明，它们发生与否不只是一个语言问题。首先，我认为这个问题与他人的知觉对象、思想及感觉相联系，因为既然那样，我们所推断的东西十分类似于我们从自己的经验中所知道的东西。就未被观察到的事物而言，不仅存在着这个事实，即它未被观察到，而且还存在着这样的事实，即它一定非常不同于我们对其拥有经验的任何东西，因为它不可能拥有某些可感的性质。通过考虑他人的经验，这个额外的问题被避免了。假如我们看到一个人明显是在遭受痛苦，那么他是在遭受痛苦这个假设增加了某种东西，而不只是对一种不同于唯我论的语言习惯的接受。

说“但这并未把你带到经验之外；它只是把你带到了你的经验之外”，是没有用处的。你并不知道这是真的，除非你知道另外那个人拥有经验并且知道他并不仅仅是你所感知的东西；但这正是我们要对其加以正当性证明的那个知识。认识论不可能从接受他人的证据开始，因为他人证据的正确性确实属于基本命题。

于是，我断定，在发生我没有经验到的某种事物这个假设中，
283 有一种实质性的意义；至少当这是类似于我的经验的某种事物——例如我将其归属于他人的那些经验——时，情况是这样的。

然而，这并未解决这个问题，即在关于无人观察到的物理现象的假设中是否存在着某种意义。我们现在就必须考虑这个问题。

这里，需要作出某些区分。我们依据经验认为，除了在有眼睛、神经以及头脑的地方，不可能有视觉对象存在；但是，假设这样的对象存在于其他地方并无逻辑的困难。事实上，每一个在哲学和科学上天真的人都相信，当我们看某种事物时我们所看到的东西，当我们不再看它时依然在那里。这就是所谓的天真实在论；它是一种在事实上必须被认为是假的，但又并非是逻辑上不可能的学说。与物理学相关的问题是：由于承认在不存在具有感觉能力的人的地方，就不可能存在某种拥有我们从经验中所知道的那些可感性质的事物，那么存在着某种事物这个假设拥有某种意义吗？事实上，有两个问题：首先，某种未被经验到的事物存在着这个假设有含义吗？其次，如果我们在不存在拥有感知能力的人的地方，必须假定现象不同于知觉对象，那么当我们假设存在着也在同样意义上不同于知觉对象的某种事物时，这种假设有含义吗？

关于第一个问题，我没有发现什么困难。我们经验到一种现

象这个事实并非我们对这种现象的理解的一个必要部分，而只是导致我们知道这种现象出现了的一个原因，并且对于这个假设，即这种现象可以在无人感知时也存在着，不存在逻辑的障碍。事实上，我们全都以为，我们拥有我们没有注意到的许多感觉，并且严格说来，这些东西并未被经验到。

关于第二个问题，存在着较多的困难。它是这样的问题：如果当它们既非视觉的，也非听觉的，也非属于任何其他常见类型的时，物理现象必将不同于我们的知觉对象，那么关于在这种意义上不同于我们的知觉对象的物理对象的假设具有某种含义吗？这个问题完全不是关于处在时间之外的康德的物自体的问题。我们的
探究所涉及的这种类型的现象无疑是处于时间中的，而且它们处 284
于一种类型的空间中，尽管这种空间的类型完全不是我们在知觉对象中所习惯的那一类。物理的空间即物理学空间并非直接可感知的，但是可以通过与可感空间的关系来定义。因此，一个涉及纯粹物理现象的命题看来能够通过从经验中知道的词项加以定义。假如这样的话，这个命题在某种意义上确实是有含义的，即便我们并不知道如何发现它是真的或假的。假如这样的说法，即“每个存在的事物都是可感的”，是有含义的，那么，与此矛盾的说法，即“某个非可感的事物存在着”，一定也是有含义的。假如坚持认为“可感的”没有意义，那么我们能够代之以“视觉的或者听觉的，或者其他等等的”。因而，我们似乎不能否认，关于那些不具有我们认为在原因上依赖于感官系统的性质的假设是有含义的。

尚待探究在什么意义——假如有这样的意义——上，这样的一个假设可以被认为或者是真的或者是假的。

这把我们带到了关于作为使命题为真的东西的“事实”的问题。塔尔斯基指出，根据真理的符合论，假如天在下雪，那么“天在下雪”这个命题是真的。显而易见，这与知识毫无关系。假如你没有意识到天在下雪，那么这并未使“天在下雪”这个命题少了一些真实性。当你最后确实探头往外看时，你可能发现地面上有几英寸厚的雪，并说“雪一定已经下了好几个小时”。假如你后来没有往外看，那么雪确实会依旧在下着吗？在你没有探头往外看的所有时间中，“天在下雪”这个命题都是真的，尽管你并不知道它是真的。这是实在论的和常识的观点，而且正是这种观点使得排中律似乎成为不言自明的。

让我们以一种避免所有可避免的困难的方式着手陈述这种观点。首先，关于“事实”：它们将不被构想为“草是绿的[这个事实]”(that grass is green)或者“所有人是有死的[这个事实]”(that all
285 men are mortal)；它们将被构想为现象。我们将说，所有知觉对象都是事实；但是根据实在论的观点，它们仅仅是事实中的一部分。它们可以被定义为某人无须推论就知道的事实；但是，根据实在论的假设，存在着只能通过推论才能被知道的其他事实，并且很可能还存在着其他一些根本不能被知道的事实。

按照这种观点，知觉对象可以定义为与拥有适当器官的一具活的身体具有某种类型的时空关系的事件。例如，设想你在测量音速，并且为了这种目的，你偶尔开枪，而一英里之外的一个人一旦听到枪声就会挥舞一面旗帜。假如我们相信物理学家的话，那么在穿越介于中间位置的空间的全过程中都存在着一些事件，即电波。当这串事件到达耳朵时它就经历了各种各样的改变，这很像当太阳开始在植物上面制造叶绿素时也经历了各种各样的改变一样。只要耳朵是与正常的脑连在一起的，声波对耳朵的冲击所产生的事件之一就是所谓的“听到”这种声音。在这个事件之后，因果链条就走出脑进入手臂，并且导致那面旗帜的舞动。与脑和感觉有关的奇怪之处，是在链条的这个点上起作用的因果律的特征：它们包含习惯以及“记忆的”因果关系。说我们“知道”一个知觉对象，就等于说它已经在脑中建立了某种习惯。只有脑中的事件才能在脑中建立起习惯。因此，只有脑中的事件才能通过我们凭之知道知觉对象的那种方式而被知道。

物理学和生理学从技术上假定了某种像上述这样的观点。我并不是说物理学家和生理学家必然要从理论上为它辩护，或者说他们的结论与其他观点不相容。我只意味着他们以自然的方式加以使用的语言是一种蕴含着某种这样的看法的语言。

我不知道是否有任何论证可以表明这种观点是假的。各式各样的唯心论哲学都试图证明它是站不住脚的；但是，就它们诉诸逻
辑而言，我认为它们没有达到目的是理所当然的。来自认识论的 286
论证并不试图表明所提到的这种观点是错误的；它只试图表明，就其因为假定存在着不必要的实体而违背了奥康剃刀原则而言，它是不必要的；与来自逻辑的论证不同，这种论证和它以往同样地有力。认识论的论证指出，我们所知道的东西是知觉对象。声波、脑等等都只是在知觉对象的相互联系方面所作出的方便的假设。当我既已开枪时，它们能使我算出在我拥有我称之为旗帜的舞动这个知觉对象之前将有多长时间（根据我称之为“看秒表”的那种视知觉）。但是，就像没有必要设想平行线“确实”会在一个无穷远的

地点相交一样，也没有必要设想这些假设拥有某种“实在性”；这里所说的无穷远的地点，对于某些目的而言，也只是一种便利的说话方式。

认识论的怀疑论拥有一种逻辑的基础；该基础指的是这个原则：绝不可能从其他某种事物的存在中演绎出某种事物的存在。这个原则必须加以更清晰地陈述，并且在陈述中不使用“存在”这个词。我们举例说明。你往窗外看，并且发现你能看到三座房屋。你转身回到屋里，并说“三座房屋都可以从窗子里看得到”。我所想到的这种类型的怀疑论将会说：“你的意思是指这三座房屋都曾是可见的。”你会回答说：“但是它们不可能在这么短的时间里就已消失了。”你也许又看了一下，并说：“确实，它们还在那儿。”怀疑论者会反驳说：“我承认在你又一次往外看时它们又一次曾经在那儿；但是，什么东西使你认为在你两次往外看的时间间隔中它们还是在那儿？”你只能说：“因为每当我看的时候，我都看见了它们。”怀疑论者会说：“那么你应该推断，它们是由你的看的行为导致的。”你绝不可能成功地获得任何反对这种观点的证据，因为你不能发现当无人看它们时这些房屋会是什么样子。

我们的逻辑原则可以陈述如下：“任何关于在时空的一个部分所发生的事情的命题在逻辑上都不蕴含着任何关于在时空的另一
287 个部分所发生的事情的命题。”如果认为提到时空就不适当地暗示了物理主义，那么可以轻易地将其消除。我们可以说：“可以从一个被感知的事件中获得的命题，在逻辑上绝不蕴含着任何关于任何其他事件的命题。”我认为，任何一个理解真值函项逻辑的人都不可能对此表示怀疑。

在纯粹数学之外，重要的推论并不是逻辑的；它们是类比的和归纳的。现在，我们所想到的这种偏颇的怀疑论者承认这样的一些推论，因为每当物理主义能使我们预言我们自己未来的知觉对象时，他就接受物理主义。他将允许测量音速的那个人说“在五秒之内，我将看到那面旗帜舞动”；他只是不允许那个人说“在五秒之内，那面旗帜将会舞动”。然而，在归纳与类比方面，这两个推论完全处于同一个层次；而没有归纳与类比，科学，无论得到怎样的解释，都是不可能的。我们的逻辑基础因而变得不重要了，并且我们必须考虑，归纳与类比是否在任何时候都能使得存在未被感知到的事件这点成为可能。

在这点上，存在一种谬误推论的危险。这种推论非常简单，以至于它应该易于避免，但它仍然不是始终可以避免的。一个人可以说：“我感知过的每个事物都曾被感知了；因此，可以归纳地证明每个事物都将被感知”；而假如我说“我知道的每个事物都是已知的；因此，很可能每个事物都是已知的”，论证方式将是一样的。

于是，我们就有了一个实质性的问题：假定归纳与类比是合法的，那么它们为未被感知到的事物提供证据了吗？这是一个困难的但绝非不可解决的问题。然而，我现在不会讨论它，因为它假定了公认的并且目前对我们来说作为必要之点的东西，即在承认未被感知到的事件的理论与不承认未被感知到的事件的理论之间的区别，不必仅仅是语言上的。

尽管上述讨论迄今为止是很不令人信服的，但在这种讨论结束时，我发现自己相信真理与知识是不同的，并且我相信一个命题可以是真的，尽管不存在任何方法可以发现它是真的。既然那样， 288

我们可以接受排中律。我们将参照“事件”来定义“真理”(我是在说非逻辑的真理),并且将通过与“知觉对象”的关系来定义知识。因而,“真理”将是一个比知识更宽广的概念;要不是因为这个事实,即知识拥有一些非常模糊的边界,它在实践上就会是一个无用的概念。当我们进行一项研究时,我们假定我们正在研究的那些命题或者是真的或者是假的;我们可能发现证据,也可能发现不了证据。在发明分光镜以前,确定星体的化学构成显然始终是不可能的;但是,坚持认为它们既非包含也非不包含我们所知道的元素就是错误的。现在,我们并不知道在宇宙的其他地方是否存在着生命,但是我们有权利确信,在那里或者存在着生命,或者不存在着生命。因而,我们既需要“真理”,也需要“知识”,因为知识的边界是不确定的,并且因为如果没有排中律,我们就不能提出导致诸多发现的问题。

在下一章中,我将继续讨论我们刚才一直在讨论的那些问题。但是,这种讨论将是细致的和分析的,而非论证性的。在继续进行缜密的分析以前,我希望使在一般趣味方面有待解决的问题的意义变得清晰。这个过程将包含某种不可避免的重复。为此,我必须请求读者谅解。

第二十一章　真理与证实 289

在近来的哲学中，我们可以区分四种主要类型的关于“真理”或者关于某种被认为是更好的并作为其替代物的概念的理论。这四种理论是：

Ⅰ.用“有保证的可断言性”代替“真理”的理论。这种理论为杜威博士及其学派所主张。

Ⅱ.用“可能性”代替“真理”的理论。这种理论为赖欣巴赫教授所主张。

Ⅲ.把“真理”定义为“融贯”的理论。这种理论为黑格尔派以及某些逻辑实证主义者所主张。

Ⅳ.真理的符合论。根据这种理论，基本命题的真依赖于它们与某种现象之间的关系，而其他命题的真则依赖于它们与基本命题之间的句法关系。

就我而言，我坚定地坚持最后这种理论。然而，它有两种形式，并且在这两种形式之间作出决断是不容易的。在一种形式中，基本命题必须是获自经验的，而且不能适当地与经验相关联的命题因此既不是真的也不是假的。在另一种形式中，基本命题无须与经验相关联，而只与“事实”相关联，尽管假如它们不与经验相关联，它们就不能被知道。因此，就“真理”与“知识”的关系而言，符合论的两种形式是不同的。

在上述四种理论中，我已在第十章中讨论了第三种。我将在以后的一章中讨论第一种和第二种，这两种理论具有某种亲缘性。当前，我将假定“真理”将通过符合而得到定义，并且我将依据是“经验”还是“事实”被当作真理必须与之相符的东西，来考察这种
290 理论的两种形式。我将分别把这两种理论称作“认识论的”和“逻辑的”理论。我并不是想暗示“逻辑的”理论比另一种理论更逻辑，而仅仅是想指出，它是那种从技术上为逻辑所假定的理论，并且假如它被拒绝，这种理论就将被牵扯到某些困难之中。

在这个领域的大部分范围内，这两种理论是相同的。根据认识论的理论为真的一切东西，根据逻辑的理论也是真的，尽管反过来不是这样。在认识论的理论中的所有基本命题在逻辑的理论中也是基本的，尽管反过来也不是这样。在这两种理论中，基本命题与其他真命题之间的句法关系是相同的。能够从经验中被知道的命题在这两种理论中也是相同的。然而，在逻辑方面有一些差别：在逻辑的理论中，所有命题或者为真或者为假；而在认识论的理论中，一个命题既不为真也不为假，假如不存在对其有利或不利的证据。换句话说，在逻辑的理论中，排中律是适用的；但在认识论的理论中，排中律是不适用的。这是它们之间最重要的差别。

我们将会看到，在这两种理论中，用于定义“真理”的符合都只会在涉及基本命题的情况中被发现。如果假定像“所有人都是有死的”这样的命题是真的，那么它是从“A 是有死的”、“B 是有死的”等等之类的命题中获得它的真的，并且这些命题中的每一个都是从像“A 死了”、“B 死了”等等之类的命题中获得它的真的。对

于 A 和 B 的某些值来说，这些命题可以从观察中获得；它们在这两种理论中都是基本命题。在逻辑的理论中，甚至当它们未被观察到时，它们也将(假如是真的)是基本命题。逻辑的理论将会认为：存在一个会使“A 死了”这个陈述为真的“事实”，即使没有人意识到这个事实；或者说，存在一个相反的事实，或者更确切地说，一组相反的事实，而从这些事实中可以断定 A 是不死的。

在认识论的理论中，基本命题就是像在第十章中所定义的那样。在逻辑的理论中，它们必须拥有一种不参照我们的知识的定 291
义。但是，根据这种新的逻辑的定义，“被经验到的基本命题”就是认识论的理论中的“基本命题”。这种逻辑的定义将通过观察认识论上的基本命题的逻辑形式而获得，并且忽略它们必须被经验到这个条件，尽管保留了它们一定是真的这个条件(在逻辑的理论的意义上)。

在认识论的理论中，我们说，一个“基本”语句是一个“符合”于一种“经验”或者“表达”一种经验的句子。“符合”和“表达”的定义主要是行为主义的。“经验”可以被考察，但是按照我们当前的观点，它几乎不能被定义。根据另一种“逻辑的”观点，“经验”可以定义为“事实”的某个子类。

表达经验的句子具有某些逻辑形式。当它们表达提供了物理学的材料的经验时，它们总是原子的。就心理学的材料而言，如果认为情况也是如此，那么就会有一些困难。但是，我们已经发现，有理由认为这些困难并非不可克服的。存在某些涉及像“或者”和“有的”这样的逻辑语词的回忆；更通常地，存在某些“命题态度”，比如相信、怀疑和愿望等等。命题态度的问题是复杂的，并且需要进行大量的讨论。但是，我们对于信念的分析意在表明，与它们有关的基本命题本质上并非不同于物理学所需的那些命题。

假定认识论的基本命题的逻辑形式已经确定，我们就可以继续考虑关于基本句子的逻辑理论。但是必须指出，我们现在将要考虑的这种观点是可商榷的。它的主要优点在于允许我们相信排中律。

如果假定了排中律，那么，任何一个认识论上基本的句子，若其中的任何语词都被替换为与自己属于相同逻辑类型的另一个语词，则将依然是真的-或者-假的。但是，当一个句子在认识论上是
292 基本的时，它与之相符并且因此为真的那个事实是被经验到的。当这个句子中的一个或多个语词被变换时，可能不存在某种由新的句子所表达的经验；在这个新的句子与任何一个认识论上基本的语句之间，也可能不存在这个新的句子由之获得间接的真或假的句法关系。因此，我们必须或者放弃排中律，或者扩展我们的真理定义。

假如在回到认识论的理论时，我们放弃排中律，那么我们可以根据“可证实性”来定义间接的真理：一个句子是“可证实的”，当它与一个或多个认识论上基本的语句之间具有某些指派的句法关系中的一种时。没有这样的句法关系的句子将既不是真的，也不是假的。（与基本句子之间的某些句法关系使得一个句子是“可能的”；既然如此，按照我们当前的打算，我们也将被迫否认这个句子是真的-或者-假的。）

另一方面，我们可以坚持排中律，并且对于“基本语句”，我们可以寻求一种与认识论的定义相对的逻辑的定义。这种做法首先需要对“有含义的”句子作出定义。为了达到这个目的，我们确立

下列定义：

一个句子是“可证实的”，当它或者(a)在认识论上是基本的，或者(b)与一个或多个认识论上基本的命题之间具有某些句法关系时。

一个句子是“有含义的”，当它是通过用与自己属于相同逻辑类型的其他语词代替一个可证实语句S中的一个或多个语词而产生的时。

然后，排中律将被断言适用于每一个有含义的句子。

但是，这将需要对“真理”作出一种新的定义。

在认识论的理论中，我们说过，一个“基本”句子的真是通过与一种“经验”之间的符合而得到定义的。然而，我们可以用“事实”代替“经验”；假如这样，一个不可证实的句子可以因为与一个“事实”相符合而成为“真的”。既然这样，假如排中律被保留，那么我们不得不说：每当有一个包含某个语词“a”的可证实语句“$f(a)$”，293
并且该语句被关于 a 的适当事实所证实时，如果“b”是一个与“a”属于相同逻辑类型的语词，那么就有一个由语句“$f(b)$”所指示的事实，或者有一个由语句“并非 $f(b)$”所指示的事实。

因而，排中律将把我们卷入很多困难的形而上学之中。

假如排中律被保留，那么我们将不得不按照下述方式进行：

(1)事实是不加定义的；

(2)某些事实被“经验到”；

(3)某些被经验到的事实既被语句所“表达”，也被语句所“指示”；

(4)假如“a”和“b”是属于同一逻辑类型的语词，并且“$f(a)$”

是表达一个被经验到的事实的句子，那么或者“$f(b)$”指示了一个事实，或者“并非 $f(b)$”指示了一个事实；

(5)“材料”是表达并指示被经验到的事实的句子；

(6)“可证实的”句子就是那些与材料之间具有某些句法关系的句子，并且这些句法关系可以使它们从材料中演绎出来——或者我们可以补充说，使它们与材料相比或多或少是可能的；

(7)“真的”句子就是那些或者指示事实或者与指示事实的句子之间具有某种句法关系的句子，而且这里的句法关系就是可证实的句子与材料之间所具有的那种关系。

按照这种观点，可证实的句子是真的句子的一个子类。

似乎相当清楚的是，在没有上述的形而上学原则(4)的情况下，排中律是无法保留的。

在这两种真理理论中，都存在着困难。认识论的真理理论，由于是以前后一贯的方式提出的，从而对知识作出了过分的限制，而这种结果并非是其拥护者想要的。逻辑的理论把我们卷入形而上学，并且在定义符合时存在着一些困难(并不是不可克服的)，而这种符合是关于“真理”的定义所需要的。

我认为，无论我们接受哪一种理论，都应该承认意义限定于经验，而含义则不然。

294 关于意义：依通常的理由，我们可以忽略拥有词典定义的语词，并把我们自己限定于拥有实指定义的语词。现在，显而易见，实指定义必须依赖于经验；休谟的原理，即“印象先于观念”，确实适用于关于对象词的意义的学习。假如我们先前的讨论是正确的，那么它也适用于逻辑语词：“并非”一定是从拒绝的经验中获得其意义的，而“或者”一定是从犹豫的经验中获得其意义的。在我们的词汇中，任何必要的语词都不可能拥有独立于经验的意义。确实，**我**能理解的任何语词都拥有一种获自我的经验的意义。

关于含义：每当我接受知识时，这就超越了我的个人经验。在小说作品中，它超越了全人类的经验。我们经验“哈姆雷特”，而非哈姆雷特。但是，在阅读这个戏剧时我们的情感与哈姆雷特而非“哈姆雷特”有关。“哈姆雷特”[①]是一个拥有六个字母的单词；它是否应该如此是一个无足轻重的问题，而且它确实不能用一把出鞘的匕首结束自己的生命。因而，戏剧“哈姆雷特”全都是由假的命题构成的；这些命题超越了经验，但确实是有含义的，因为它们能够唤起情感。当我说我们的情感是关于哈姆雷特而非“哈姆雷特”的时，我必须对这个陈述作出限制：它们确实不是关于任何事物的，但是我们认为它们是关于名叫“哈姆雷特”的那个人的。戏剧中的命题都是假的，因为不存在这样的一个人；它们是有含义的，因为我们从经验中知道“哈姆雷特”这种声音、“名字”的意义以及“人”的意义。在这个戏剧中，基本的虚假在于这个命题：“哈姆雷特”这种声音是一个名字。（假设无人作出下述这样的不相关陈述：也许曾经有一位名叫“哈姆雷特”的丹麦王子。）

我们关于哈姆雷特的情感并不包含信念。但是，为信念所伴随的情感可以在非常类似的情况下出现。圣维罗尼卡[②]应当

① “哈姆雷特”的英文是“Hamlet”，因此包含六个字母。——译注

② 维罗妮卡系基督教传说中的圣女。相传在耶稣背负十字架去往法场的途中，她曾以面巾为耶稣拭去脸上的汗水，耶稣面像即留于面巾上。——译注

把其假想的存在归因于语词的误解，但是她还是能够成为一个偶
295 像；同样地，古罗马人崇拜罗穆卢斯[①]，中国人崇拜尧和舜，而英国人崇拜亚瑟国王[②]，尽管所有这些杰出的人物都只是文字上的虚构。

我们在第十四章中看到，像“你热”这样的一个陈述在其完全的表达中包含了一个变项。我们能说我所拥有的超出我个人经验的每一个信念都至少包含一个变项吗？让我们举一个尽可能不利于这个假设的例子。设想我正和一位朋友站在一起观看一群人。我的朋友说：“琼斯在那儿。”我相信他，但是我看不到琼斯；而对于琼斯，我假设她既为我也为我的朋友所认识。我将假定，我的朋友和我把同一种意义归于“琼斯”这个词；好在就当前的这个方面而言，不必讨论这种意义是什么。就我们的目的来说，“那儿”这个词是关键的；当被我的朋友加以使用时，它是某个视觉方向的专名。(“那儿”是一个自我中心殊相词，我们在第七章中已经讨论了它在其中被看作专名的那种意义。)我的朋友可以通过手的指向解释“那儿”这个词；这能使我大约知道他是把哪个方向称作“那儿”的。但是，无论他可能做什么或者说什么，“那儿”这个词对我来说都不是一个专名，而只是一个或多或少具有模糊性的摹状词。假如我看到了琼斯，那么我可以说：“噢，是的，他是在那儿。”于是，我就说出了我的朋友的陈述所未传达给我的一个命题。对我来说，我所听到的被我的朋友所使用的语词“那儿”，仅仅意味着“某个特定区

① 罗穆卢斯系罗马神话中的人物，为战神(Mars)之子，罗马城的创建者，“王政时代”的第一个国王。——译注

② 亚瑟系中世纪传奇故事中的不列颠国王，圆桌骑士的首领。——译注

域内的某个地方”,因而它包含了一个变项。

让我们试图来定义时常以非常模糊的方式加以使用的“经验”一词。它在不同的方面拥有不同的意义,尽管这些意义之间是有联系的。让我们从一种语言学的定义开始。

从语言学上说,一个词拥有一种处于“经验”范围之内的意义,假如它拥有一个实指定义的话。“哈姆雷特”这个词并不拥有一种经验范围之内的意义,因为我无法用手指着哈姆雷特。但是,“‘哈姆雷特’”这个词确实拥有一种处于经验范围之内的意义,因为它意指“哈姆雷特”这个词,并且我能够指着该词。当一个词拥有一种实指定义时,我们将称之为一个“经验语词”。所有真正的专名、所有没有词典定义的谓词或关系词的装置,还有某些少量的表达 296
拒绝或者犹豫这类心灵状态的逻辑语词,都属于这样的语词。

当我们关心语言时,上述定义是恰当的,但是在其他方面是很有局限的。通过实指定义理解一个词只是一种习惯,并且在其某些用法中,“经验”可以等同于“习惯”;或者为了表达得更精确一些,我们可以说,在一个“被经验到”的事件与一个仅仅存在着的事件之间的差别,在于前者而非后者导致了一种习惯。

上述定义既有优点,也有缺点。在考虑这些优缺点是什么时,我们必须记住,我们关心的主要问题是,我们是否对未被经验到的东西拥有某种知识;还必须记住,正是为了使这个问题更精确,我们才去寻求“经验”的定义。现在,每个人都会同意,“经验”被限定于动物身上,并且很可能还包括植物,但肯定不能在无生命的物质中发现。对于大多数人,如果要他们说出人与石头之间的差别,那么他们很可能会回答说:人,而非石头,是“有意识的”。他们很可能会承认，一条狗是“有意识的”；但是对于牡蛎，他们就会犹豫不定。如果问他们“意识”意指什么，他们就会踌躇，并且最终也许会说，它们意指“意识到正在发生的关于我们的事情”。这将导致我们讨论知觉及其与知识之间的关系。人们不说温度计“意识到”温度，或者电流计“意识到”电流。因而我们发现，“意识”，当该术语以通常的方式被使用时，包含着某种或多或少带有记忆性质的东西，并且我们可以将这种东西等同于习惯。不管怎样，习惯都是主要区分动物行为与无生命事物的行为的东西。

重新回到我们的“经验”的定义上来，我们可以发现，被说成是我们所“经验到”的一个事件在其停止之后一定会继续产生某些效果，而仅仅存在着的一个事件在其发生时就已将其效果全部发挥
297 至尽。然而，照这个样子，这种说法是不精确的。每个事件都永远拥有一些间接的效果，并且除了在当时，任何事件都不拥有直接的效果。“习惯”是一个处于完全的无知与完全的知识中间的概念。我们将设想，假如我们的知识真的是充分的，那么生命体的行为能够还原到物理学，而习惯将会还原到可以比作水道的对脑所产生的效果。流向山脚的水所选择的路线，不同于当假若那里以前不曾有过降雨时所选择的路线；在这种意义上，可以认为每条河流都体现了一种习惯。不过，由于在挖掘一条较深的运河时我们能够理解每次降雨的效果，我们在这方面没有理由使用习惯这个概念。假如我们拥有同等数量的关于脑的知识，那么我们将设想，在解释动物行为时我们同样可以不需要习惯。但是，这只是在万有引力定律能使我们不需要开普勒定律这种意义上来说的：习惯将会被推论出来，而非被假定的，并且在被推论时，将会表明它并不是一

个完全精确的定律。开普勒不能解释为什么行星轨道不是精确的椭圆，而关于以习惯法则开始的动物行为的理论也有类似的局限。

然而，在我们的知识的当前状态中，我们无法避免使用习惯概念。我们能做到的最好的事情是记住，“习惯”以及所有起源于它的概念，都拥有某种暂时性和近似性的特征。这尤其适用于记忆。就像牛顿推论开普勒定律一样，一种充分的生理学与心理学会把记忆作为某种近似真的，但又具有某些可估算和可说明的不精确性的东西推论出来。真实且令人误导的记忆将受制于相同的规律。但是，这是一种长远的目标，而且我们当前必须充分利用某些被我们看作暂时性的而且并非相当精确的概念。

我认为，有了这些限制性条件，我们可以接受这种观点：当一个事件或者它作为其中之一的一系列类似事件导致了一种习惯时，我们就说该事件“被经验到”了。我们将会看到，根据这个定义，被记住的每个事件都是被经验到的。然而，一个事件可能在未 298
被记住的情况下被经验到。我也许通过经验知道火会灼伤人，而不能回忆起我被火灼伤的任何具体场合。既然那样，我在其中被灼伤的那些场合就已经被经验到了，但是没有被记住。

现在，让我们试图首先明确地陈述作为先前那些讨论之结果的经验知识与经验之间的关系。当这项工作既已完成时，我们就能开始为我们的观点进行辩护，并反驳某些其他哲学家的观点。

就所有那些在其语词表达式中没有变项，即没有“所有”或者“有的”这类语词的信念而言，对我的经验的依赖是完全的。这样的信念一定表达了我的知觉经验，唯一的扩展在于这种经验可以被回忆。所涉及的这种经验一定是我的，而非任何其他人的。我们在讨论那个说“琼斯在那儿”的人时看到，我从他人那里所了解的一切东西都包含着变项。在这样的情况下，被传达给听者的信念绝不是由说者所表达的信念，尽管在适宜的情况下它可以逻辑地从中演绎出来。当一个人在我听的过程中作出了一个陈述“fa”，并且这里的“a”是我没有经验到的某个事物的名称时，假如我相信他，那么我所相信的不是“fa”(因为对我来说，“a”不是名称)，而是“有一个 x，并且 fx”。这样的一个信念，尽管超越了我的经验，但是并未被任何希望用“经验”来定义“真理”的哲学家所排除。

也许有人会说：当一个人惊呼“琼斯在那儿”，并且我相信他时，我的信念的原因是他的惊呼，而他的惊呼的原因是他的知觉；因此，我的信念仍然是基于知觉的，尽管是间接的。我不想否认这一点，但我想问它是如何被知道的。为了使有待解决的核心问题明晰化，我将假定下述陈述是真的：我的朋友说“琼斯在那儿”，因为他看到了琼斯；而且我也相信琼斯在那儿，因为我听到了我的朋友是这么说的。但是，除非我和我的朋友都是哲学家，这个陈述中的两个“因为”一定都是因果的，而非逻辑的。在获得琼斯在那儿
299 这个信念时，我并未经历一个推理过程；有了刺激物，这个信念就自动产生了。在从知觉对象过渡到说出“琼斯在那儿”时，我的朋友也没有经历一个推理过程；这也是自发的。这个因果的链条因而是清晰的：由于反射了太阳的光线，琼斯在我的朋友身上导致了一个知觉对象；这个知觉对象导致了“琼斯在那儿”的说出，这种说出导致了在我身上的一个听觉的知觉对象，并且这个听觉的知觉

对象在我心里导致了“琼斯在附近的某个地方”这个信念。但是，我们不得不问的问题是：为了使作为反思的哲学家的我可以知道这个因果链条为我的信念提供了一种根据，我必须知道什么？

我现在并不关心导致怀疑的常识性理由，比如镜子的反射、听觉幻觉，等等。我愿意设想，每个事物都是如同我们自然地认为的那样发生的，而且甚至为了避免不相关的东西，我愿意设想，它们在所有类似情况下也是这样发生的。既然如此，我所拥有的关于我的这个信念——即琼斯在附近——的因果关系之前项的那些信念就是真的。但是，真的信念与知识并非一物。假如我即将成为一名父亲，那么我可以根据占星术认为这个孩子将是男孩。到时候，它最终可能就是男孩；但是，不能说我已经知道它将会是男孩。问题是：在上述因果链条中的真的信念比基于占星术的真的信念更合理一些吗？

有一个明显的区别。基于上述因果链条的预言，当能够被检验时，最终证明就是真的，而关于孩子性别的占星术预言在一连串的情况下将会真假参半。但是，如果我们假设来自琼斯的光波、关于我的朋友的知觉对象和他说出那句话的行为，以及从他出发并到达我的声波，都只是我的知觉对象之间的因果联系的一些辅助虚构，那么这种假设与实在论的假设拥有同样的结果，并且当我的知觉对象是我的经验知识的唯一根据时，它将因而同样是站得住脚的。

然而，这并不是主要的反对理由。主要的反对理由在于，假如设想存在未被经验到的事件是没有意义的，那么在实在论的假设中所包含的光波和声波也是没有意义的。除非我们假定一个充满 300

莱布尼茨的单子的空间，人与人之间的所有因果联系都不得不是传心式的：我的朋友经验到他自己说"琼斯在那儿"；过了一段时间，而且在这段时间内没有任何相关的事情发生，我就听到了他所说的话。这个假设看来是荒谬的，而且假如我们否认可能存在着关于未被经验到的事件的真理，那么我们将被迫接受它。因而，假如我们断言，这样的说法，即存在一些无人经验到的事件，是无意义的，那么我们就不能避免与科学的常识发生极端的冲突——事实上，恰恰就像我们当真作为唯我论者时那样的极端。

不过，就像唯我论的假设一样，只有被经验到的事件才会发生这个假设在逻辑上是不可反驳的。我们只需假定：在物理学中，所有未被经验到的事件都只是逻辑的虚构，而它们之被引入是为了方便地将被经验到的事件相互联系起来。在这个假设中，我们接受了他人的经验，并且我们因而承认他人的证据，但我们并未承认未被观察到的事件。让我们考虑，从关于"真理"的意义的立场来看，是否将会说出有利于这个假设的某种东西。

主要的论证将来自于当我们定义在不涉及知觉对象的情形中构成基本真理的符合时所出现的困难。在某个知觉对象与说出"琼斯在那儿"之间，有一种我们或多或少理解了的因果联系。这种联系构成了说出"琼斯在那儿"的行为由之为"真"的符合。但是，只要不涉及知觉对象，任何这类简单的符合都是不可能的。

然而要记住，超出说话者的经验的命题总是包含着变项，并且这样的命题必然从一种不同于不含变项的命题所包含的符合中获得它的真（当它们是真的时）。"洛杉矶有人"这个陈述，被大量事实中的任何一个所证实；这些事实指的是 A 在那儿并且是一个

人，B在那儿并且是一个人，等等。在这些事实中，没有一个理应
成为此陈述的这个(the)证实者。因此，依据纯粹逻辑的理由，关
于未被感知到的事件，我们不应该期待与关于被感知到的事件具 301
有同一种符合，或者说同一种“类型”的真理。

让我们以在第十五章和第十六章中所考虑的陈述“你热”为例。我们曾断定，为了解释这种情况，我们必须能够描述某个作为你的而非作为其他人的当前自身经历之一部分的现象 x，然后加上“热与 x 共现”。为了设法确保 x 不属于其他人的自身经历，我们必须使用在定义时空位置时所使用的那种类型的某种性质。我们提出了你所拥有的关于你的身体的知觉对象，但是你所拥有的关于我的身体的知觉对象是同样有用的。通过透视法则以及我所拥有的关于你的身体的知觉对象相对于我所拥有的其他知觉对象的位置，我能近似地推论出你所拥有的关于你的身体的视知觉对象的特征。假如 R 是我在这个推论中使用的一种透视关系，而 a 是我所拥有的关于你的身体的视知觉对象，并且 C 是共现关系，那么“你热”意指“有一个 x，它对 a 拥有关系 R，并且对热拥有关系 C”。这里，所有常项，即除了 x 以外的所有项，都是取自经验的。与事实之间的这种符合(假定该命题是真的)是存在命题可能拥有的唯一类型的符合。从“我热”，我能推断“某个人热”；它和事实之间，与按照以上所解释的“你热”和事实之间，拥有同一类型的符合。差别不在于符合的类型，而在于这一点：在一种情形中用来证实的事实是关于我自己的一个知觉对象，而在另在一种情形中则不是。

现在，让我们以一个关于像声波或者光波这样的无人经验到

的某种事物的陈述为例。我将不去证明这样的陈述可以被知道是真的，我只想赋予它们一种含义。假设我和你在某条测量过的道路上相互间隔很远的一段距离。你放了枪，并且我先是看见了烟雾，然后听到了枪声。你沿着这条道路移动，而我站立不动；经过实验，我发现，在我看到火光闪亮与听到枪声之间的时间是与你距
302 我的远近成比例的。至此，我没有引入任何超越我的经验的事物。你的移动可以看成我所拥有的关于你的知觉对象的移动，你在这条路上的位置可以看成我所拥有的关于你的知觉对象在我所拥有的关于这条道路的知觉对象中的位置，并且你和我之间的距离可以看成处在我所拥有的关于我的身体的知觉对象和我所拥有的关于你的身体的知觉对象之间的关于测量杆的知觉对象的数目。前后相邻的测量杆之间在距离上的相等可以轻易地从主观上得到解释，因为所涉及的空间可以看成我的知觉对象的空间，而非物理的空间。

所涉及的必要的过渡是从知觉的到物理的空间的过渡。为了消除在当前的这个方面并非必要的他人证据，我将不再假定你开了枪，而是假定我在各个测量杆旁边放置了一系列定时炸弹，并且假定我测量在看到和听到各次爆炸之间的时间间隔。从这些主观经验到物理空间的推论的性质是什么呢？

必须明白，我并不是在讨论由常识所完成的任何推论。常识信奉天真实在论，并且在物理的和知觉的空间之间不作区分。许多哲学家，尽管认识到了天真实在论是站不住脚的，却仍然保留某些逻辑上与其相关的意见，更具体地说，是在关于不同种类的空间的问题上。我正在讨论的这个问题是这样的：由于认识到了反对

天真实在论的理由中所蕴含的一切，我们能够解释存在着物理空间这个假设吗？并且，哪一种原理会使我们相信这个假设的行为是正当的（假如它是真的）？

至少，所涉及的这个假设的一部分是：一种原因和它的结果，如果被一有限的时间间隔所分离，那么必须用一个连续的作为媒介的因果链条将它们联结起来。在看到和听到爆炸之间显然有一种因果关系。当我在现场的时候，它们是同时的；我们因此假定，当它们不是同时的时，就存在着一系列的中间现象，然而这些中间现象没有被感知到，并且因此不在知觉空间中。由于发现光与声 303
一样都是按照有限的速度运行的，这种观点得到了强化。

因此，我们可以把以下所述看作一条适于当前讨论之目的的原理：假如在我的经验中，一个 A 类事件总是在一个有限的时间间隔之后为一个 B 类事件所跟随，那么就存在一些将它们相互联系起来的事件。科学步骤中确实包含着某个这样的原理；就我们的目的而言，其精确的形式是不重要的。

这是一个更一般的问题的实例：给定一个我没有经验到其某个证实者的存在命题，包含在这个假定即我能知道这个命题中的东西是什么呢？部分说来，就“空气中有声波”和“塞米帕拉汀斯科有人”而言，这个问题并无本质的不同。就后者而言，它是真的，因为我能通过一次旅行经验到证实者；而就前者而言，我不能做到这一点。但是，只要我并未实际地去旅行，这种差别就不是决定性的。每一个命题之被相信，并不是单单根据可感证据，而是根据可感证据与某个非证明形式的推论之间的结合。

也许所有非证明性推论都可以还原为归纳吗？这个论证如

下：我推论塞米帕拉汀斯科有人，并在随后证实了我的推论。许多这类证实的例子使得我相信一些类似的推论——甚至当它们未被证实时。但是，一个归纳推论是否有可能不仅是未被证实的，而且也是不可证实的？这就是关于声波的情况，因为声波是绝不能被感知到的。这些情况需要某种不同于归纳的其他原理吗？

也许有人会说：关于声波的假设能使我们预言可证实的现象，并且因而接受间接的归纳证实。这依赖于这样的一般的假定：通常，不真实的假设拥有某些可以被经验证明为假的推论。

在这点上，关于可经验之物的假设与关于不可经验之物的假设之间有一种实质性的差别。如果每当我看到了一次爆炸我就将
304 很快听到一种声音这个假设是假的，那么它或迟或早会被我的经验证明为假的。但是，这个假设，即声音通过声波到达我，可以是假的，并且在任何时候都不会导致经验将会证明其为假的某种推论。我们可以设想，声波是一种方便的虚构，并且当我所听到的声音出现时，它就好像是由声波产生的，而事实上并没有某种非可感的东西在它之前出现。这个假设不可能以归纳为由被拒绝；假如要拒绝它，必须依据某种其他类型的理由，例如依据上面所提及的连续性原理。

我们可以区分四种事件的集合：(1)我所经验到的那些事件；(2)我依据他人的证据所相信的那些事件；(3)在任何时候为人们所经验到的所有事件；(4)物理学中所假定的那些事件。在这些事件的集合中，我是从经验上知道第(1)个集合中我现在感知到或记得的那个部分的；在假定了归纳的情况下，从这些事件出发，我就能获得我的未来的经验或者被遗忘了的经验。如果我假定我所听

到或看到的言语或书面文字“指的是”当我说出或写下它们时它们所是的东西，那么我能够用类比的方法获得(2)。有了这个假定，我就能通过归纳获得(3)。但是，关于(4)又如何呢？

可以说，我之所以相信(4)，是因为它导致了一种在所有重要方面都与(1)、(2)和(3)相一致的协调的理论体系，并且对于那些支配着(1)、(2)和(3)中的现象的规律，提供了一种比用其他方法所能获得的更简单的陈述。然而关于这一点，应该说，仅仅通过设想被排除的其余三组事件都是方便的虚构，单独(1)，或者单独(2)，或者单独(3)都允许有一种同样协调的理论。这四个假设，即单独(1)、单独(2)、单独(3)，或者(4)，在经验上是不可区分的；并且，如果我们要接受除单独(1)以外的任何一个假设，那么我们必须依据某种非证明的推论原理来做到这一点，而任何经验的证据都不可能使该非证明原理成为可能的或者不可能的。由于没有人单独接受(1)，因此我断定不存在真正的经验论者，而且尽管经验论并非逻辑上可反驳的，但事实上没有人相信它。

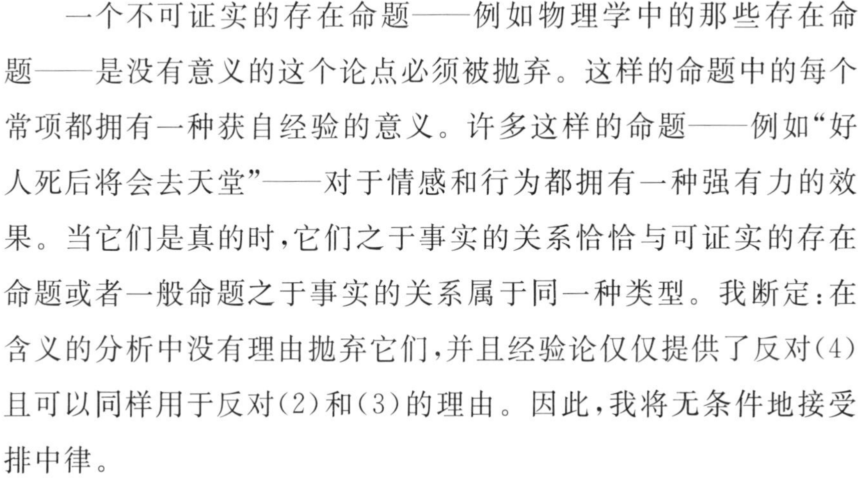

一个不可证实的存在命题——例如物理学中的那些存在命 305
题——是没有意义的这个论点必须被抛弃。这样的命题中的每个常项都拥有一种获自经验的意义。许多这样的命题——例如“好人死后将会去天堂”——对于情感和行为都拥有一种强有力的效果。当它们是真的时，它们之于事实的关系恰恰与可证实的存在命题或者一般命题之于事实的关系属于同一种类型。我断定：在含义的分析中没有理由抛弃它们，并且经验论仅仅提供了反对(4)且可以同样用于反对(2)和(3)的理由。因此，我将无条件地接受排中律。

总结一下这个长篇的讨论的结果：我们所谓的认识论的真理理论，如果加以认真地对待，会把“真理”限定于断言我现在所感知或记得的东西的命题。由于没有人愿意接受如此狭隘的理论，我们被迫提出逻辑的真理理论；这种理论包含着无人经验到的事件的可能性，以及那些虽绝不可能存在任何有利于它们的证据然而却又具有真实性的命题的可能性。事实比(至少是可能地)经验的范围更广。一个“可证实的”命题就是一个与经验之间具有某种类型的符合的命题；一个“真的”命题就是一个与事实之间正好具有同一种类型的符合的命题——只不过出现在知觉判断中的那种最简单类型的符合在所有其他判断中是不可能的，因为这些其他判断包含着变项。由于经验就是事实，所以可证实的命题是真的；但是，没有理由设想所有真的命题都是可证实的。然而，假如我们明确地断言有并非可证实的真的命题，那么我们就放弃了纯粹经验论。纯粹经验论到头来是无人相信的，并且假如我们必须保留我们全都认为有效的信念，那么我们必须承认某些既非证明性的也非获自经验的推论原理。

第二十二章　意义与证实 306

在第二十一章中，我考虑了可以被认作一种拙劣的经验论的东西，并决定反对它。我并非要决定反对经验论的所有可能的形式，而只是想弄清通常作为科学知识被接受的东西的某些含义；在我看来，绝大多数近现代经验论者都不充分地认识到了这些含义。把那种经验论与我极其赞成的那些意见相比较，将有助于使我所断言的东西变得精确。为了这个目的，我在本章中将详尽地考察卡尔纳普《可检验性与意义》一文中的某些部分。[①] 这是一种重要而又谨慎的分析；尤其是他对“还原”与“定义”的区分使人们在很大程度上了解了科学方法论。只要我与卡尔纳普的观点有任何不一致之处，这几乎都完全产生于我的这种信念：他的分析起步太晚，并且本书主要致力于去解决的某些居先的问题比他所愿意承认的更重要。我将开始以争论的方式为这种看法进行辩护。

卡尔纳普首先讨论“意义”、“真理”和“可证实性”这三个概念之间的关系。（他称为“意义”的东西就是我所谓的“含义”，也就是说，它是句子的一种特性。）他说：

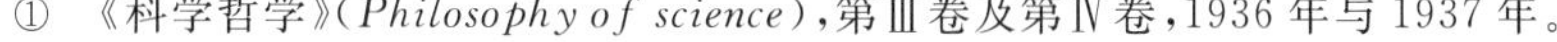

① 《科学哲学》（*Philosophy of science*），第Ⅲ卷及第Ⅳ卷，1936年与1937年。

“知识论的两个主要问题是意义问题与证实问题。第一个问题是问，在什么条件下一个句子拥有意义，即认识的与事实的方面的意义。第二个问题是问，我们如何得以知道某种事物，我们如何
307 能够发现一个给定的句子是真的或者假的。第二个问题预设了第一个问题。显然，在我们能够试图发现它是不是真的之前，我们必须理解一个句子，即我们必须知道其意义。但是，从经验论的观点来看，在这两个问题之间还存在一种更密切的联系。在某种意义上，这两个问题只有一个答案。假如我知道什么叫一个给定的句子被发现是真的，那么我们就知道它的意义是什么。而且假如对于两个句子来说，当我们必须把它们看成是真的时它们所依赖的条件是相同的，那么它们拥有同一种意义。因而，一个句子的意义在某种意义上等同于我们确定其真或假的方式，而且仅当这样的一种确定是可能的时，一个句子才拥有意义。”

卡尔纳普认为这个论题，即“一个句子是有意义的，当且仅当它是可证实的；并且它的意义就是它的证实方法”，被过分简单化了。他说，这种表述“导致了一种对科学语言的过分狭窄的限制；它不仅排除了形而上学语句，而且还排除了某些拥有事实意义的科学语句。我们当前的任务因而能够表述为对可证实性要求的一种修改。它是一个修改的问题，而不是一个完全拒绝那种要求的问题。”

例如，这种粗糙的观点由石里克①所陈述：“陈述一个句子的意义等于陈述这个句子据以被使用的规则，并且这就等于问它可

① “意义与证实”，《哲学评论》，第 45 卷，1936 年 7 月。

以根据哪种方式被证实(或者被证伪)。一个*命题的意义就是它的证实方法*[斜体是我标记的]。如果最终不参照实指定义,就无法理解任何意义,而且在一种明显的意义上,这意味着参照'经验'或者'证实的可能性'。"

在这段文字中,石里克由于没有在词和句子之间作出区分,因而陷入一种谬误。我们已经看到,所有必要的语词都拥有实指定义,并因而依赖经验获得它们的意义。但是,对于语言的使用而言,至关重要的是,我们可以正确地理解一个由我们理解的语词所 308
组成的句子——即使我们从未拥有任何一种符合于作为整体的该语句的经验。小说、历史以及所有提供信息的东西都依赖于语言的这种特性。可以加以形式化地陈述:有了理解名称 a 和谓词 P 所必需的经验,我们就能理解语句"a 具有谓词 P",而无须任何符合于该语句的经验;而且当我说我们能够理解这个句子时,我并不意味着我们知道如何发现它是否是真的。假如你说"火星上有与我们这个星球上一样疯狂而邪恶的居民",那么我能够理解你,但不知道如何发现你所说的话是否是真的。

还有,当有人说"一个命题的意义就是它的证实方法"时,这忽略了那些极其确定的命题,即知觉判断。对于这些命题而言,不存在"证实的方法",因为正是它们构成了在某种程度上能够被知道的所有其他的经验命题的证实。假如石里克是对的,那么我们就会陷入一种无穷的倒退,因为某些命题是通过另外的某些命题被证实的,而这些另外的命题反过来必定又是从它们被再另外的某些命题所证实的方式获得其意义的,如此直至无穷。所有那些使"证实"成为根本方法的人,都忽视了这个实实在在的问题,即知觉判断中语词与非语言现象之间的关系。

证实过程绝不可能被那些使其成为根本方法的人加以充分的检验。在其最简单的形式中，当我首先期待一个事件，然后又感知到它时，证实的过程就发生了。但是，假如一个事件在我没有首先期待它的情况下就发生了，那么我就只能感知它，并形成一个知觉判断。然而，既然这样，那么就不存在证实的过程。证实是通过不太可疑的东西确证比较可疑的东西，而且因此必然不可应用于最不可疑的东西，即知觉判断。

让我们回到卡尔纳普。他说："假如我们知道一个给定的语句
309 被发现是真的是怎么回事，那么我们就会知道它的意义是什么。"这里，依据我先前给出的理由，我们必须把包含变项的句子从只包含常项的句子中区分开来。让我们首先以在其中只有常项的情况为例；比如说，考虑某个主谓语句"P(a)"；这里的谓词"P"和名称"a"都具有实指定义。这意味着我拥有了由语句"P(b)"、"P(c)"、"P(d)"……所表达的某些经验；并且通过这些句子，我获得了把"P"与P联系起来的习惯。它也意味着我拥有了由语句"Q(a)"、"R(a)"、"S(a)"……所表达的某些经验；并且通过这些句子，我获得了将"a"与a联系起来的习惯。但是，这里假定了我从未拥有一种我用语句"P(a)"来表达的经验。然而，我被假定"知道这个句子被发现是真的是怎么回事"。除了我们能够想象将会使我们说出作为一个知觉判断的句子"P(a)"的知觉对象，我看不到这能意味着什么。这对理解这个句子来说当然是一个*充分的*条件，但是我不能肯定它是一个*必要的*条件。例如，假如我们听到"P(a)"被断言了，那么当在听和行动之间没有任何媒介物的情况下，我们就

能以适当的方式做出行动，而且因此必须说我们理解了这个句子。

现在，让我们以在其中所涉及的句子只包含一个变项的那种极其平常的情况为例。根据前面几章中所说的话，一个并非知觉判断的命题能否在任何时候都不包含变项是难以决定的。因此，上一段中所讨论的那种情况可能从未出现过。无论如何，当它似乎出现时，所涉及的句子通常——假如不是总是——将会被发现是一个存在句，即"有一个 x，并且(such that)……"

就"有一个 x，并且……"这种形式的句子而言，要说明"这个句子被发现是真的是怎么回事"并不容易，而且涉及另外一个相同形式的句子。以关于一次谋杀的情况为例。根据死因裁判庭的结论，这次谋杀是由某个或者某些未知的人实施的。(为了简单起见，我们将不考虑"或者某些"。)在什么意义上我们知道"这个句子被发现是真的是怎么回事"？最简单的假设是，某个新的证人走上 310
前来，并说他看到了 A 先生实施的这次谋杀。我将忽略做伪证的可能性。因而，当我们在考虑一个新的证人的可能性的时候，我们就拥有了一个整体的系列的假设性知觉对象：B 或者 C 或者 D……或者 Z 看到 A 做出了谋杀行为，A 或者 C 或者 D……或者 Z 看到 B 做出了谋杀行为，A 或者 B 或者 D 或者……Z 看到 C 做出了谋杀行为，如此等等；这里的 A、B、C……Z 是所有存在的人。因而，知道这个句子被发现是真的是怎么回事，就等于知道某个人看到某个其他的人实施了谋杀行为是怎么回事，即知道另外一个相同形式的句子意指什么。

一般说来，当"fa"、"fb"、"fc"或者其他等等的句子表达一个知觉判断时，"有一个 x，并且 fx"这个句子可以被发现是真的。

这个句子拥有大量可能的证实者，因而，除非通过另外一个存在语句，我们不能事先描述它的证实者。

然而，在这方面，有必要回忆一下我们就记忆所说过的话。其大意是，我们可以通过过去的知觉知道一个存在命题，而无须知道存在于导致了我们当前模糊回忆的那种场合的那个确定的知觉命题。假如记忆作为一种独立的知识来源（它们在逻辑上而非因果上是独立的，因为所有记忆都因果地依赖于先前的知觉对象）被接受了（我认为必须接受它），那么，若一个句子表达了或者来自当前的一种回忆，则它必须被认为是被证实了的。假如那样的话，那么就会有一种证实，这种证实本质上是获得一个表达记忆信念的存在命题。然而，鉴于记忆的可错性，这种类型的证实次于经由知觉而来的证实，而且就我们所能做到的而言，我们将总是努力通过知觉的证实对它加以扩展。

目前，我忽略像“所有人都是有死的”这样的全称命题的情况。我当前只想表明，对“一个句子被发现是真的是怎么回事”这个短句的解释远非是简单的。

311 我在知识论中为之辩护的那种方法和卡尔纳普（与许多其他哲学家一起）为之辩护的那种方法之间，有一种起点上的差别。这种差别是非常重要的，并且（我认为）对它的认识不太充分。我是从像“这是红的”、“那是明亮的”、“现在的我感觉热”这样的关于特殊现象的句子开始的。支持这样的句子的证据并非别的句子，而是一种非语言的现象。这个证据的全体包含在一个单个的这样的现象中，而且在任何其他时间或地点发生的任何事情都不能证实或驳倒这个证据。先前的现象因果地参与了我对语言的使用：我说“红”的，是因为有过去的经验所产生的习惯。但是，习惯形成的方式与“红的”这个词的意义是不相关的；这种意义只依赖于习惯是什么，而不依赖于它是如何形成的。

每一个上述类型的句子都各别地或者总体地在逻辑上独立于所有其他语句。因此，每当一个这样的句子被说成是增加或减少了另一个这样的句子的可能性时，这一定是通过某种相互联系的原理。关于这样的原理，假如人们相信它的话，那么一定是根据知觉以外的证据而相信它的。关于这样的原理的最明显的例子是归纳。

考虑到他所说的话，卡尔纳普所想到的句子一定属于不同的类型。某些引述将有助于使这明晰化。

“我们把语句的检验从语句的证实中区分出来，借此领会一种步骤，例如某些实验的进行。这种步骤在某种程度上导致了对这个句子自身的证实，或者对它的否定句的证实。我们会称一个句子是可检验的，假如我们知道这样的一种检验它的方法；并且我们会称它是可证实的，假如我们知道这个句子在什么条件下会被证实。”（第 420 页）

“语言 L 中的一个谓词‘P’对一个有机体（比如说一个人）N 来说被称为可观察的，假如对于适当的自变量，比如说‘*b*’，N 在适当的条件下借助于很少的几次观察就能决断一个完全的句子，比如说‘P(*b*)’，也就是说，在很大程度上达到对‘P(*b*)’或者‘并非 P(*b*)’的证实，以至于他将或者接受‘P(*b*)’或者拒绝‘P(*b*)’。”（第 454 页）

这些段落显然表明，卡尔纳普想到的是那些具有某种程度的 312

一般性的语句，因为各种不同的现象都可能与它们的真或假具有一种关联。在第一段中，他提到了在某种程度上证实那个语句或者其否定句的实验。他没有说我们每一次从实验中学到的是什么。然而，除非每一次实验都教给了我们某种东西，我们难以发现它能够与原来那个语句的真或假之间具有某种关联。还有，原来的那个句子必须与在各种不同时间中所发生的事件之间已经具有一种关联，因为要不然，在不同时间所发生的实验就不能增加或减少它之为真的可能性。因此，这个句子，与体现了几次实验之结果的那些句子相比，一定具有更高程度的一般性。后来的那些句子在逻辑上因而一定比它们所证实或否定的这个句子具有更简单的形式，而且我们的知识论应该从它们开始，而不是从它们要去证明或否证的句子开始。

一些非常类似的评论也适用于第二段引文。卡尔纳普提到，“很少的几次观察”对于决定“P(*b*)”的真是必要的。现在，假如可能有不止一次的观察，*b* 必须能够不止一次地出现，因而不能是一个事件，而必须具有一个共相的特征。我确信，这个结果不是卡尔纳普想要的，但是我看不出它如何能够被避免，或许除非通过第六章中所主张的专名理论。考虑到他赋予时空的那种重要性，卡尔纳普被迫拒绝了那种理论。

即使我们采纳了第六章中关于专名的理论，我们确实也未逃脱由重复所带来的困难。设想我在两个不同的场合看到了一种特定的色度 C。我的知觉对象在每一种情况下都是一个复合物，而 C 必须通过分析而从中分离出来。假如我要使用两个场合来为我提供关于 C 的知识，我将需要一个同一性判断：“我所看到的这种色度就是我记得我曾经看过的某种色度。”这样的判断把我带离了任何一种当前的知觉，并且不能拥有某种很高程度的确定性。因 313
而，根据任何一种理论，卡尔纳普所假定的这种重复的可能性都包含着他似乎没有认识到的某些困难，并且表明了他所考虑的那种类型的句子并非是与经验证据有关的讨论应该由之开始的那类句子，因为与另一类型的句子相比，它既更少具有简单性，也更少具有确定性。这另一类型的句子的存在蕴含于卡尔纳普的讨论中，尽管他似乎没有意识到这种蕴含。

事实上，对语言的所有使用都包含着某种普遍性，但在知识中并非必然如此。例如，考虑一下“谓词”的定义。一个谓词就是一个由与某种习惯相联系的相似声音所组成的类。我们可以说：“假定 P 是一个由相似声音所组成的类，那么对于一个给定的有机体 N 来说，若存在一个由相似事件所组成的类 E，并且类 E 中任何一个分子的出现都在 N 身上引发一种要发出类 P 中的一种声音的冲动，则 P 是一个‘谓词’[①]。”由声音所组成的类 P 将仅仅对于 N 来说才拥有这种特性，假如 N 频繁经验到 E 和 P 的分子联结在一起。重复和普遍性对于这个问题来说其实是必不可少的，因为语言是由习惯组成的，习惯包含着重复，而重复只能是关于共相的重复。但是，在知识中，这一切都不是必要的，因为我们使用语言，并能正确地使用它，而没有意识到我们由之习得它的过程。

来讨论另外一点：卡尔纳普定义一个可观察的谓词所意指的东西，而没有——一般说来——定义其真能够通过观察而得以检

① 或者更精确地说，一个拥有实指定义的谓词。

验的一个句子将会意指的东西。对于他来说，一个谓词“P”是可观察的，假如存在一个能够通过观察而得到检验的句子“P(*b*)”。但是，这无助于我们知道“P(*c*)”是否能够通过观察得到检验。我想说，除非有许多已经通过观察得到了检验的“P(*b*)”形式的句子，“P”这个词是没有意义的，因为构成意义的那种习惯尚未形
314 成。我想说，与观察相适的东西与其说是一个词，还不如说是一个句子：“P”和“*c*”可能都会拥有一种一定来自经验的意义，但是可能不存在对“P(*c*)”这个句子的真或假有影响的观察。在我看来，重要的问题在于情况是否真的如此，而且我想补充说，在对于经验材料而言是基本的那类语句中，仅仅一个单个的现象就能给出足够的证据来断言或者否定“P(*c*)”。一旦重复是可能的，我们就已超出了基本的东西。

“可观察的”这个词，像所有包含可能性的词一样，是危险的。照其本然，卡尔纳普的定义说，若某些观察能够发生，则“P”是可观察的。但是，在开始的时候，我们无法知道什么样的观察是可能的，因为它们事实上没有发生。因此，似乎有必要用“已观察到的”代替“可观察的”，并说谓词“P”是已观察到的，假如对于某个 *b* 来说，某些有助于判定“P(*b*)”的观察实际发生了。

还有，卡尔纳普的定义，照其本然，纯粹是因果的：观察引起观察者相信 P(*b*)或者并非 P(*b*)。他没有说出任何东西，用以表明存在着某种无论什么样的原因(相对于引起)，使得这些观察导致这个信念，而且从他的观点中，我看不出他能够说出任何这样的东西。

因而，一个“可观察的”谓词“P”的定义，似乎将会归结为：“如

果存在一个‘*b*’,并且环境导致A断言‘P(*b*)’或者‘并非P(*b*)’,那么A观察到了‘P’”。换句话说,由于A的所有断言都一定是环境的结果,所以,“如果A断言‘P(*b*)’或者‘并非P(*b*)’,那么A观察到了‘P’。”这使得整个理论到头来空洞无物。

在上述讨论的自始至终,我都未声称卡尔纳普的话是错误的,而只是主张有某些居先的问题要加以考虑,并且只要它们被忽视了,经验知识与非语言现象之间的关系就不能得到真正的理解。我和逻辑实证主义者的不同,主要就在于认为这些居先的问题是重要的。

在这些居先的问题中,最重要的是:从单个经验中能够学到某 315
种东西吗?并且,如果能学到,那么能学到什么东西?卡尔纳普以及他所属的整个学派都把知识看作科学知识,并且认为知识是从像“金属导电”这样的命题开始的。这样的命题显然需要许多观察。但是,除非每一单次的观察都产生某种知识,一系列的观察如何能够产生知识呢?每个归纳都是以大量的比这个结论更特殊的前提为基础的:“铜导电”比“金属导电”更特殊,并且自身就是一个归纳,它来自“这是铜,并且导电”,“那是铜,并且导电”,等等。在这些当中,每一个命题自身也是一个归纳;它们最终都建立在一系列单次观察的基础上。每一单次的观察都告诉观察者某种东西。用语词精确地表达从一次观察中所能学到的东西可能是困难的,但并非不可能;我和逻辑实证主义者一致拒绝关于无法表达的知识的观念。我看不出如何能够否认,我们关于事实的知识是从形成于单次观察的前提中通过推论而建立起来的。

正是由于我认为一些单次的观察为我们提供了事实的前提,

所以在关于这些前提的陈述中，我不能承认“事物”的观念；这种观念包含了某种程度的持存性，因而只能从多次观察中形成。卡尔纳普的观点承认存在于关于事实前提的陈述中的“事物”概念。在我看来，即使不说赫拉克利特，他的观点似乎也忽视了贝克莱和休谟。你不能两次踏进同一条河流，因为新的河水连续不停地从你身上流过。但是，一条河流与一张桌子的差别仅仅是一个程度的问题。卡尔纳普也许承认一条河流不是一个“事物”；相同的论证也应该使他相信一张桌子不是一个“事物”。

卡尔纳普提出了一种论证，以图证明“一个一般的句子与一个特殊的句子之间在可证实性方面不存在根本的差别，而只有一种程度上的差别”。在这方面，这个论证必须加以检查。他的论证是这样的：

316 “比如说，以下面这个句子为例：‘在这张桌子上有一张白纸。’为了弄清这个事物是不是纸，我们进行一组简单的观察；然后，假如还存在某种疑问，那么我们可以进行某些物理的和化学的试验。在这里，与在关于一般规律的情形中一样，我们试图考察我们从所说的这个句子中推论出来的句子。这些推论出来的句子是关于未来观察的预言。我们能够从给定的这个句子中获得的这些预言的数目是无限的，并且这个句子因而绝不可能被完全证实。”

关于确定性或者完全证实的问题并非一个我希望讨论的问题。在我所了解的所有关于这个主题的论证中，除了赖欣巴赫的以外，一个命题是不是确定的这个问题与它是不是一个事实前提这个问题搅混在一起了。我准备承认，我们当作知觉判断的东西，像回忆一样，是不可靠的（尽管在一种较低的程度上）。然而，这与下面这个问题并不相干："我们应该给予我们认作事实前提的那些命题什么样的形式？"

显然，假如从一次观察中不能学到某种东西，那么从多次观察中也不能学到某种东西。因此，我们的第一个问题必定是："从一次观察中能够学到的东西是什么？"从一次观察中可以学到的东西不可能包含可以应用于事物的类的语词，比如"纸"和"桌子"。我们在前面的一章中发现，"有一条狗"不可能是一个事实前提，但是"有一块犬科动物的色片"可以是一个事实前提。① 一个事实前提必须不包含诸如"狗"、"纸"、"桌子"这样的被压缩了的归纳。

上面所引述的卡尔纳普的论证，确实包含对我认为是必要的那些事实前提的诉求，但是他是顺便作出这种诉求的，并且好像它是不重要的。"为了弄清这个事物是不是纸，我们进行一组简单的观察。"从这些观察的任何一次中，我们学到了什么？在这一点上，卡尔纳普沉默了。他又说："我们试图检查我们从所说的那个句子中推论出来的句子。这些推论出来的句子是关于未来观察的预 317
言。"这就承认了那些陈述我们将从一次观察中所学到的东西的句子是可能的，并且使得下述这一点成为显而易见的：这些句子给出了我们从中推论出"这是纸"的那些事实前提。

关于事实前提的"确定性"，要说的话如下：

第一，我们赋予我们的事实前提一种形式，使得它们当中的任何两组都不可能是互不相容的，并且也使得任何数目的其他命题都不可能在任何程度上导致任何一个这样的前提成为可能或不可

① 假定"犬科动物"是用来定义"狗"的，而不是相反。

能的。通过相互关联，事实前提相互证实或者否证。这种相互关联依赖于推论原理，尤其是归纳原理。这些原理绝非证明性的；它们仅仅产生可能性，而且当它们所表明为可能的东西并未发生时，它们因此也没有被证明为假的。

第二，相信一个事实前提的全部理由，就该前提作为一个前提而言，是它所指称的事件。也就是说，其证据是一个独特的现象，而非一个句子或者命题或者信念；这个证据在该现象发生的时刻是完全的，在此前是不存在的，并且在以后不可能为任何其他证据所强化。

第三，假如我们像许多哲学家那样，认为一个事实前提可以在后来的证据的基础上被拒绝，那么这一定是因为：我们接受了先天的非证明形式的推论，而且经验既不能证实也不能反驳这类形式的推论，但是在某些情况下，我们认为它们比感官的证据更确定。

最后，事实的前提可能不是确定的，但是不存在某种更确定的东西可以表明它们是错误的。

第二十三章　有保证的可断言性 318

我们将会记住，在第二十一章的开头，有四种真理理论被加以区分。在这些理论中，我主张第四种，即符合论。第三种理论，即融贯论，在第十章中得到了讨论并被抛弃。第二种理论，即用“可能性”代替“真理”的理论，有两种形式：在一种形式中，我可以接受它，而在另一种形式中，我必须视其为错误的理论。在它只说我们绝不能完全肯定一个特定的用语词表达的命题是真命题的那种形式中，我接受它；但是，在它主张“真理”概念是一个不必要的概念的那种形式中，我抛弃它。依我看，“‘p’是可能的”严格等同于“‘p是真的’是可能的”，而且当我们说“‘p’是可能的”时，我们需要某种可能性，即这个陈述是*真的*。我看不出一个主张所有可以实际获得的那类可能性的人有理由抛弃出现在上述陈述中的“真理”。因此，我将不反驳赖欣巴赫教授的观点，因为我认为，通过作出轻微的改动，能够使它们与我自己的观点相一致。

与此相反，在我们的四种理论中，第一种与我主张的那种理论有根本的不同，因此必须加以讨论。这是杜威博士提出的理论；根据这种理论，“有保证的可断言性”应该取代“真理”。我已经在《约翰·杜威的哲学》中讨论了这种理论；该书是“在世哲学家丛书”的第一卷。若要了解详细情况，而且更重要的是，若要了解杜威博士对我的反对意见的答复，请读者查阅该书。在本章中，我希望把自己限定于一般原则，并想以一种非争论性的方式考虑它。这种方式与我提出抛弃它的理由是一致的。

319 从杜威博士在上面提及的那本书中所作的答复来看，似乎我无意地误解并模仿地嘲弄了他的看法。我特别渴望避免这样做，假如我可能会做到这一点的话；当我确信在他的观点和我的观点之间有一种重要的差别，并且除非我们能够相互理解，这种差别将不会被引导出来时，我更是渴望如此。正是因为这种差别太大了，所以难以发现双方都能接受的文字作为对这个问题的一种公正的陈述。然而，这是我必须试图做到的事情。

就我对杜威博士所能理解的而言，他的理论大体上如下所述。在人类所能从事的各种各样的活动中，有一种活动被称之为"探究"；像许多其他类型的活动的目的一样，这种活动的目的在于增强人与环境之间的相互适应。探究使用"断言"作为它的工具；而就它们能够产生想望的结果而言，断言是"有保证的"。但是在探究中，就像在其他任何实际活动中一样，更好的工具可以不时地发明出来，而旧的工具然后就被抛弃了。事实上就像机器可以使我们有能力制造更好的机器一样，一种探究的临时结果因此可能正是导致更好结果的工具。在这个过程中，并不存在终极性的定论；因此，任何断言都不是永远有保证的，而仅在一个特定的探究阶段上才是有保证的。因此，作为一个静态概念的"真理"应该被抛弃。

在杜威博士给我的答复中，下面这段话（在上述那本书的第573页上）可以用来阐明他的观点：

"罗素先生假定命题是探究的主题。这是一种如此不知不觉地被假定了的观点，以至于人们想当然地认为我和皮尔士也同样假定了它。罗素对对话的独特奉献就表现在他的这个假定之中。但是，根据我们的观点，并根据任何一个彻底的经验论者的观点，事物和事件是探究的题材与对象，命题则是探究的手段；而当作为一种特定的探究的结果时，命题因此又成了继续进行进一步探究的手段。像其他手段一样，它们在使用的过程中得到修正与改进。
假定了这样的两个信念，即(1)命题自始就是探究的对象，和(2)所 320
有命题要么拥有真要么拥有假作为它们的固有属性，然后(3)再从否认这两个假定的理论——类似皮尔士的和我的理论——中推出这两个假定，于是结果恰恰就是罗素在我们所说过的话中发现的那种理论上的混乱。”

首先，说几句作为我的个人辩白的话。我希望，本书的任何一位读者都会相信，我没有使命题成为探究的终极主题，因为我的问题自始至终就是事件与它们促使人们去断言的命题之间的关系。的确，我并未把事物看作探究的对象，因为我认为它们是一种形而上学的幻觉；但就事件而言，我在这点上与杜威博士并无二致。还有，关于像量子理论或者万有引力之类的科学假说，我愿意接受(带有某些限制)他的观点。但是，我认为所有这样的假说都是奠基于更简单且不太可疑的信念之上的一种不稳定的上层建筑；而在杜威的著作中，我没有发现在我看来作为对这种基础的充分讨论的东西。

在真和假方面，我应当解释与探究和在某种不同程度上变化着的假设有关的那些事实。我应当说：探究通常起始于一个模糊而又复杂的断言，但是当它有能力时，会用许多单独的断言来代替该断言，并且相对于原来的断言来说，这些断言中的每一个都较少具有模糊性，也较少具有复杂性。一个复杂的断言可以分解为若干断言，其中的某些是真的，某些是假的；一个模糊的断言可以是真的或者假的，但是它时常既不是真的也不是假的。“一头大象比一只老鼠小”是模糊的，然而它一定是假的；但是，“一只野兔比一只家鼠小”一定不是非真即假的，因为某些幼兔比某些老的家鼠小。当牛顿的万有引力理论被爱因斯坦的理论代替时，牛顿的加速度概念中的某种模糊性被去除了，但是牛顿理论所蕴含的几乎所有断言都仍然是真的。我应该说，这就以实例说明了当一种旧的理论让位于一种更好的理论时总会发生的事情：以往的断言并
321 非一定是真的或假的，这既是因为它们是模糊的，也是因为它们当中的许多断言都伪装成了一个断言，而这许多断言中有些是真的，有些则是假的。但是，除了按照精确与真这两种理想的目标，我并未发现如何陈述这种断言的改进。

依我之见，在杜威博士的理论中，有一个困难是由这个问题引起的：探究的目标是什么？对他来说，这个目标并不在于获得真理，而很可能是在探究者与他的环境之间的某种一致。我以前（在上面提及的那本书中）提出过这个问题，但是没有发现这个问题的任何答案。其他的活动，比如说建造房屋或者印刷报纸或者制造炸弹，都有某些可以识别的目的。就它们来说，好的工具与坏的工具之间的区别是显而易见的：一种好的工具可以把包含在达到这种目的中的劳动降到最低限度。但是，作为处于不同目标之间的东西，探究是中立的：不管我们想做什么，作为一种预备步骤，某种程度的探究是必要的。假如我希望给一个朋友打电话，我必须在

电话号码簿中探究他的号码，并小心地使用最新的号码，因为他的号码的真实性并不是永久性的；假如我希望统治这个国家，我必须探究在先前不熟悉的这个领域中如何成为一个政治领袖；假如我希望建造轮船，那么，或者我，或者我所雇用的某个人，必须探究流体静力学；假如我希望摧毁民主，我必须探究民众心理学；如此等等。问题在于：探究结束时会有什么发生？杜威博士拒绝传统的答案：我知道了某种东西，并且作为我的知识的一种结果，我的行为是更为成功的。他消除了中间的“认识”步骤，并说成功的探究的唯一必要的结果就是成功的行为。

如果在科学的意义上来理解人，而不是把他看作一个笛卡尔式的怀疑论者，那么这里有两个问题需要讨论：首先，哪一种类型的心理现象将被描述为一种“相信”的行为？其次，在一种“相信”的行为与允许我们称这种行为是“真的”的环境之间存在某种关系吗？对于这些问题中的每一个，我都在前面诸章中试图给出了一 322
个答案。假如存在着像“相信”行为这类似乎不可否认的现象，那么问题在于：它们能够分为两类即“真的”行为和“假的”行为吗？或者，假如不是这样，它们能够被加以分析，以致它们的构成成分可以区分为这两类吗？假如这两个问题中的任何一个得到了肯定的回答，那么“真的”与“假的”之间的区分将会在相信行为之结果的成功或者失败中被发现吗，或者说，它将会在它们与相关现象之间可能具有的某种其他关系中被发现吗？

我准备承认：一个作为整体的信念可能不是“真的”或“假的”，因为它是由几个信念组成的，而在这几个信念中，有些是真的，有些是假的。我也准备承认：有些信念，由于带有模糊性，不是非真即假的，尽管其他的信念，虽然带有模糊性，却仍然是非真即假的。超出这一点，我就不能赞同杜威博士了。

按照杜威的看法，一个信念是“有保证的”，假如它作为一种工具在某种活动中是有用的，也就是说，假如它是愿望的满足的一种原因。至少在我看来，这就是他的意见。但是他指出（在上述那本书的第571页），结果将仅仅作为有效性之检验被接受，“只要这些结果是在行动中被确立起来的，并且可以解决引起行动的这个特定问题”[斜体是他自己标记的]。这个限制性条件的第二部分在其意义上是清晰的。假如我去一个地方，是由于我错误地相信我的长期失踪的叔叔居住在那里，但是在途中我遇到了我的长期失踪的婶子，结果她把自己的大笔财产留给了我，这并未证明“我的长期失踪的叔叔居住在那里”具有“有保证的可断言性”。但是，这个限制性条件的前半部分认为这些结果必须是“在行动中确立起来的”，它的意义对我来说在某种程度上仍然是模糊的。在杜威博士的《逻辑》（序言，第4页）一书中，这个句子出现于其中的那段话并未对此作出阐明。但是，在他给我的答复（在上述那本书的第571页）中，有一段话好像是专门写来消除我在解释上的错误的。这段话我将加以完全引用：

“关于作为有效性的检验而起作用的那种结果的限制性条件，
323 之所以被加进来，恰恰是为了防止罗素先生对于我对结果的使用所给出的这种解释，因为它清楚地说明了这一点是必要的：在经过调查研究之后，它们将会解决这个特定的问题。罗素先生对于结果所给出的解释使它们与个人的愿望关联起来了。关于一般的妄想的最终结果，作为真理的定义，被加之于我。首先，罗素先生把

一种不确定的境况转变成一种个人的疑惑，尽管我再三指出这两种事物之间的差别。我甚至已经再三表明，个人的疑惑是病态的，除非它反映了一种不确定的境况。然后，通过把疑惑变为个人的不安，真理就被等同于这种不安的去除。按照我的看法，进入其中的唯一的愿望，就是尽可能诚实和客观地解决包含在这种境况中的问题的愿望。'满足'是对于问题所限定的那些条件的满足。当任何一种工作按照其自身的需要被出色地完成时，个人的满足可能随着它的产生而进入其中。但是，它并未以任何方式进入有效性的决定之中，因为，恰恰相反，它是由那种有效性所决定的。"

我发现这段文字很令人不解。杜威博士似乎在说，一种不确定的境况好像在没有一个作为个人的怀疑者的情况下能够存在。我认为，他不可能意指这一点；例如，他不可能想说，在生命出现以前的天文学和地质学时期，曾经存在着一些不确定的境况。我可以对他的话进行解释的唯一方式在于设想：对他来说，一种"不确定的境况"是一种产生疑惑的境况，它不仅在某一个个体身上产生，而且在任何一个正常的人或者任何一个急于取得某种结果的人或者任何一个从事这种境况的调查并在科学上受过训练的观察者身上产生。某种意图，即某种愿望，包含在关于一种不确定的境况的观念中。假如我的汽车不走了，那么如果我想要它走的话，那就产生了一种不确定的境况；但是如果我想让它原地不动，那就没有产生这种境况。消除所有对实际愿望的提及的唯一方式，是使这种愿望成为纯粹假设性的：一种境况相对于一个给定的愿望来说是"不确定的"，假如在那种境况下人们不知道必须做什么来满足那个愿望。当我说"人们不知道"时，为了避免杜威博士所反对 324

的那种类型的主观性，我必须意味着经历过相关训练的那些人不知道。因而，设想我自己处于一种境况S中，而我愿望着一种境况S'，并且我认为（正确地或者错误地）存在某种我能够做到的可以把S转变为S'的事情，但是专家不可能告诉我做什么，那么相对于我的愿望而言，S是一种“不确定的”境况。

消除了所有对个人的疑惑和愿望的提及之后，我们现在可以说：S相对于S'来说是“不确定的”，假如人类不知道任何一种将把S转变为S'的人的行为A，而且也不知道任何这样的行为都是不可能的。探究的过程将在于完成一系列的行为A、A'、A"……，以期其中的一种行为将把S转变为S'。当然，这意味着S和S'都是通过共相而得到描述的，因为若不如此，二者的出现都不会超过一次。A、A'、A"……必须也被如此描述，因为我们希望获得某种这样的陈述：“每当你处于境况S中，并且希望处于境况S'中时，你就能够通过完成行为A来实现你的愿望”；这里的A必须是一种类型的行为，因为如若不然，它就只能被完成一次。

因此，当我们严肃地对待杜威博士对主观愿望的消除时，我们发现他的目标是要发现“C导致E”这类古老的因果律，只不过C必须是一种境况加上一种行为，并且E是另一种境况。这些因果律，若要服务于它们的目的，就必须恰恰在杜威博士所希望废除的那种意义上是“真的”。

杜威博士主要关心理论与假设，而我则主要关心涉及特殊事实的断言。由于这个事实，我认为，在我们之间出现了一个重要的差别。如同在前一章中所解释的那样，我认为，对于任何经验的知识理论来说，基本的断言必须是关于特殊事实的，也就是说，是关

于仅仅发生一次的单个事件的。除非存在将会从单个事件中学到
的某种东西，任何假设都永远不可能被证实或驳倒。但是，将会从 325
单个事件中学到的东西，自身一定无法被随后的经验证实或驳倒。在我看来，关于我们如何从经验中学习历史事实的整个问题，都被杜威以及他作为其领导者的那个学派所忽视了。比如，以“恺撒被暗杀了”这个陈述为例。由于很久以前发生的一个单个事件，这个陈述是真的；以前发生的或在将来发生的任何事情都不可能在任何方面影响它的真或假。

因为和排中律相关联曾被加以强调的真理与知识之间的区别，在这一点上是重要的。假如我希望“证实”“恺撒被暗杀了”这个陈述，那么我只能通过未来的事件——比如说查阅历史文献和手稿等等——做到这一点。但是，这些都只是因为提供了不同于它们自身的某种事情的证据才是合适的。当我作出这个陈述时，我并不意味着“无论谁去查阅百科全书，都将在白纸上发现一些黑色的记号”。在每一种场合，当我看到这些黑色的记号时，我之看到它们都是一个独特的事件；在每一种场合，我都能够知道我看到了它们；从我的这种所知中，我能够推论(多少有点可疑地)恺撒被暗杀了。但是，我关于黑色记号的知觉以及我从这种知觉中所作出的推论，都不是使关于恺撒的断言为真的东西。即便我是毫无根据地作出这个断言的，它也会是真的。它之所以是真的，是因为很久以前所发生的事情，而不是因为我正在做的或将要做的任何事情。

这个宽泛的问题可以陈述如下。不管我们是接受还是拒绝“真的”和“假的”这些词，我们全都一致同意断言可以分为两类，即

好的和坏的。杜威博士认为，好的断言可以变为坏的断言，反过来坏的断言也可以变为好的断言。但是，在任何给定时刻，他都承认这样的二分法：好的断言具备“有保证的可断言性”，而坏的断言则不具备。杜威博士认为，这种区分将根据断言的结果而得到定义；而我则认为，至少就经验的断言来说，它将由它们的原因所导致。
326 一个能够被知道为真的经验断言，在其或近或远的原因中，拥有一些或一个知觉对象。但是，这仅仅适用于知识。就真理的定义而言，只是在赋予语词以意义时，因果关系才是相干的。

上述讨论主要是想澄清这个问题。我自己的看法的根据，多半都已在前面诸章中给出了。

第二十四章　分析 327

在本章中，我所关心的是“P 是 W 的一部分”这种形式的命题。我希望探究这些命题是否始终是经验知识的基本装置的一部分；或者它们是否始终会从关于整体的 W 的一个定义中演绎出来，而这里所说的 W，每当“P 是 W 的一部分”是真的时，就会顺带地提及这个部分 P。关于这个主题，在第三章和第八章中已经作过一些说明。但是，我现在希望单独地对其加以考察。

从对一个整体的 W 的考察中我们由之得出“P 是 W 的一部分”的那种工作，被称为“分析”。它有两种形式：逻辑分析与时空部分的分析。要考虑的事情之一，是这两种形式的分析之间的关系。

从最早的那些时代起，许多哲学家就已反对分析：他们认为，分析是谬误，一个整体确实不是由经过适当安排的诸部分组成的，并且假如我们单独地提及某个部分，分离的行为就改变了它，而且我们所提及的东西因此也并不是这个整体的一个有机部分。

我们在前面的一章中曾经考虑过的原子性原理，代表着与一元论者相反的那个极端。原子性原理可以说是禁止综合的。从语言学上讲，它禁止把专名给予复合整体，至少当它们被认识到是复合的时。

就我而言，我反对这两种极端。

否认分析的合法性的那些人，被迫认为存在着无法用语词加
328 以表达的知识。这是因为，难以否认句子是由语词组成的，而且因此也难以否认语句的说出可以分析为若干系列的语词的说出。假如这些被否认了，那么就必须否认一个句子是由一串词组成的，而既然那样，它就成了某种不可言喻的东西。

另一方面，那些相信分析的人，常常过分盲从语言。我自己就犯有这方面的错误。在分析中，语言可以通过两种方式指导我们：一种是通过把词和句子认作可感的事实而做到的；另一种是通过考虑不同种类的语词而做到的，在语法中人们就是这样做的。我要说，在这两种方式中，第一种是完全无害的，而第二种，尽管有其用途，也是非常危险的，并且是大量的错误的来源。

从由可感事实构成的语言开始。句子是由语词组成的，印刷文字是由字母组成的。印刷书籍的人以某种顺序把成堆的分离的字符放在一起；然而，假如他是一个哲学家，他的书可能是在说任何序列的物质对象都不能代表思想。现在，情况也许是这样的（我希望如此）：这些哲学家在其头脑中拥有一些比他们成功地写进其书籍的更好的想法。但是，相当肯定的是，他们的书籍中的想法能够通过若干序列的物质对象而得以表达，因为假如不是这样，创作者将会发现他们的任务是不可能完成的。与从二十六种形状中制造出来的各种可能类型的序列所拥有的相比，思想，就其是可传达的而言，不可能拥有任何更高程度的复杂性。莎士比亚的头脑可能是非常奇妙的，但是我们所拥有的关于它的优点的证据全都来自一片白色背景中的黑色形状。说语词篡改了可感事实的那些

人，忘记了语词就是可感的事实，并且也忘记了作为事实的句子和语词是由分离的部分组成的，而这些分离的部分能够单独加以命名，并且被每一个正在学习拼写的儿童加以如此命名。因此，不可否认，某些可感事实能够分析成若干部分。

与对绝大多数的可感事实的分析相比，把一个印刷出来的文字分析为字母是比较容易的；印刷的目的就在于使这种分析变得容易。但是，它们的差别仅仅是程度上的，并且正如印刷一样，某 329
些自然现象也招致了分析。在雪地中的一条黑色的狗、一条彩虹，以及在出现了狂风暴雨的海面上的一只海鸥，都是非常显著的。我相信，甚至最极端的一元论哲学家也会注意到一只老虎，而不会停下来去作这样的论证：除非相对于其背景，它不可能得到有效的断定。在存在着诸如一种突然发出的声音或者一片白色背景中的黑色之类的鲜明对比的地方，对于可感的当前事物的分析几乎不可避免地会出现；非常显著的快速的运动也属于同一种主题。在这类情形中，我们并非只是意识到了一个整体，而是意识到了一个由若干部分构成的复合物。假如不是这样，我们将绝不可能获得关于时空顺序的概念。

现在，人们习惯于轻蔑地抛弃出现在休谟及其追随者那里的关于感觉的原子的观点。我们被告知：可感的世界是一个连续的流，并且在这个流中，区分是不真实的，心灵的运作纯粹是概念式的，等等。这些被说成是某种显而易见的东西，只有愚笨的人才会需要关于这些说法的证据。现在，“感觉”或者“可感的”这个词，就如经常被指出的那样，代表着某种假设的事物——一般说来，代表着在环境或者感官没有出现变化的情况下能够被注意到的东西。

非假设的东西是被注意到的东西，而不是能够被注意到的东西；并且我认为，被注意到的东西具有休谟的批评者所拒绝的那种原子性和分离性。他们没有——像经验论者应该做到的那样——从材料出发，而是从一个世界出发，这个世界则是他们从材料中推论出来的，并且又用来否定可以成为材料的那种事物。在知识论中，基本的东西是注意，而非感觉。

因此，我理所当然地认为，在一个被感知到的整体内，我们能够感知到相互关联的各个部分。不必设想这些部分是“简单的”，并且这种设想将会意味着什么也是不清楚的。为了达到这个目的即用语词表达我们在这样的一种情况下所感知到的东西，被注意到的最小的部分应该被给予专名，然后我们就能够陈述它们是如何关联的。

330 迄今为止我一直在考虑的这种分析是时空的分析。但是，还有另外一种分析，它带来了更困难的问题。它是从考虑不同类型的语词开始的，并且探究是否有某种东西对应于非言语的世界。这个问题可以陈述如下：给定一个复合的整体，它不仅有若干部分，而且这些部分是根据一种形式排列起来的。对这个整体的描述将使用某个用来指示这种形式的关系词。那么，在非言语的世界中，存在着什么样的东西与这个关系词相对应呢？

词性之间的区分使人想到了这个问题。但是，对于这种照其原样被接受的区分，普通语言并不具有充分的逻辑性。在我们能够适当地考察我们的问题之前，我们必须首先构造一种人工的逻辑语言。

各种逻辑语言是由于逻辑的目的而被逻辑学家们发明出来

的。它们无需实际的专名，因为逻辑绝不谈论任何具体的事物。我们的目的稍有不同；但是借助于逻辑，我们能够轻易地构造我们所需要的那类语言。我们现在所需要的是这样一种语言，它将尽可能准确并系统地代表着我们的知识中属于初阶语言的那整个部分，并且当我们构造出了我们的语言时，我们必须考虑其结构如何显示了其命题因之为真的知觉对象的结构。

首先，我们的语言必须包含专名，它们用来代表所有被感知到的对象，并且这些对象是作为单一体被感知到的。当我们未加分析地感知到一个格式塔时，我们必须能够命名它——例如，说“那是一个万字饰”。但是，当在几何学中我们拥有一幅由几条线组成的图形，并且每一条都被单独注意到时，我们似乎不需要一个专名来代表这个整体的图形。不过，假如存在着像分析判断这样的事情，并且这种分析是我们已经考虑过的那种类型，即时空的整体与部分分析，那么它需要一个专名来代表这个全体，并且需要其他的

专名来代表这些部分。例如，设想在一种特殊的而非一般的情形 331
中，你想说一张特定的脸是由其两只眼睛、其鼻子和其嘴巴（忽略其他的部分）构成的，那么你将不得不以下述方式进行：让我们把这张脸称为 F，把这两只眼睛分别称为 E_1 和 E_2，把这只鼻子称为 N，并且把这张嘴称为 M。那么，F 是由以下述方式被排列在一起的 E_1、E_2、N 和 M 组成的：E_1 和 E_2 是一个水平线上的两个椭圆，N 是一个从 E_1 和 E_2 的中间部位垂直落下的狭窄的等腰三角形，M 是一个其中点在 N 正下方的一条横线。（这并不是对一张脸的非常精确的描述，但是它充分显示了语言学上那些必不可少的东西。）

我们将会看到，在某种程度上，F 在这里似乎是多余的，因为这种事态可以通过 E_1、E_2、N 和 M 而得到完全的描述。这个问题，即是否在某种意义上需要或者不需要专名“F”，目前我将不作决定。

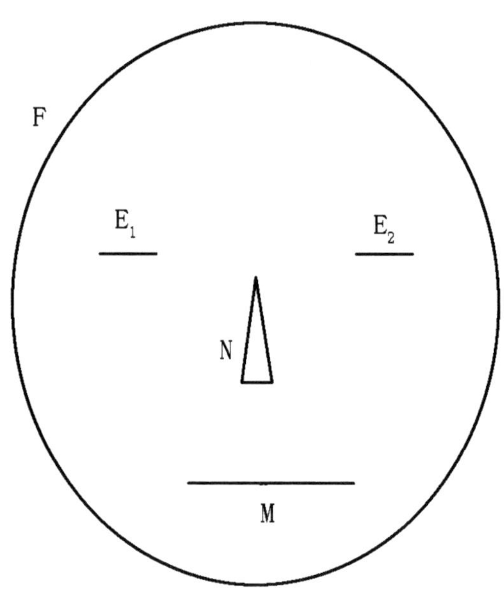

在上述关于一张具体的脸的描述中，除了专名之外，我们不得不使用其他的语词。我们不得不陈述这些部分之间的空间关系。让我们通过把眼睛和鼻子都浓缩为直线，来简化这个问题。那么，我们可以说：E_1 和 E_2 是一条横线上的两个相等的部分；假如 E_0 是 E_1 和 E_2 的中点，那么 N 就是从 E_0 向下延伸的那条竖线的一部分，M 在这条线上拥有它的中点，并且是位于 N 下方的一条横线的一部分。这个陈述拥有一种在知觉中所缺乏的几何学的精确性，但是在目前这并不重要。在这个视野中，我们也许能够把“横的”和“竖的”当作像“蓝的”和“红的”一样的谓词。但是，我们需要诸如

“E_1在E_2的左边”、“E_1在N的上方”以及“N在M的上方”之类的陈述。如果不用这类关系陈述，那么没有任何可能的办法来描述我们所看到的东西。

让我们从一种科学的观点来考虑这个问题。任何时刻的关于这个视野的完全的知识，都将由陈述其中的每个位置的颜色的命题所组成。这个视野拥有一个绝对的原点，即我们的目光聚集于其上的那个点，以及处于这个范围中并通过我们可以称之为θ和$\varnothing$的两个角坐标而得以定义的绝对位置。① 因而，假如对于一个可 332
以取所有作为色度的值的变项x来说，我们知道对于每一个θ和$\varnothing$而言满足

$$x = f(\theta,\varnothing)$$

的x值，这里的$f(\theta,\varnothing)$意指“处于位置$(\theta,\varnothing)$的色度”，那么这个视野就被完全明确化了。这是x、θ和$\varnothing$之间的一种三元关系，而且要更简单地描述这个视野似乎是不可能的。

让我们考虑下述句子：“当我离开剧院时，我听到有人喊叫‘起火了’，并被一群惊恐万分的人猛烈地推挤。”这实际上不可能是一个知觉判断，因为“惊恐万分的”几乎不是可知觉的材料的一种性质。但是，为了拥有一个可能的知觉判断，我们仅需省略“被一群惊恐万分的人”这些语词。确切地说，它断言了什么？它断言了下述三种知觉对象的同时性：(1)我的视野是如此这般的(当一个人接近安全出口时该视野事实上所是的那个样子)；(2)我反复地听到“起火了”的声音；(3)我在黑暗中经验到了一种强烈的推挤的感

① 为简单起见，我忽略了作为一种视觉性质的深度。

觉。我们可以对此进行简化，并代之以下述知觉对象的同时性：(1)我看到并感觉到我的手碰到了门；(2)我听到了“起火了”的声音；(3)我感觉到了一种猛烈的、人们以为来自背部的推挤。这里，一种视觉的、一种听觉的和两种触觉的材料被说成是同时的。“同时的”这个词是难以理解的，但是我认为，当我们讨论材料时，它意指“一种立体透视式的经验的某些部分”。而且，当 A、B、C、D 同时发生时，那并不仅仅意味着 A 和 B、B 和 C、C 和 D 是成对地同时发生的，因为任何可知觉的事物都持续有限的一段时间，而且可知觉事物之间的同时性因此是不可传递的。因而，在我们的例子中，一定存在着一种经验，或者说，在某种意义上存在着一种知觉，它包含这种视觉的、这种听觉的和这两种触觉的材料。

也许有人会说，若干事件的同时性可以从它们全都在同一时间发生推论出来。让我们来考察这一点。一只表或钟是(在特别的意义上)一种对若干非常短暂的事件进行命名的装置。让我们
333 假定有一只钟，它不仅指示秒、分和时，而且指示月份中的日期以及年份中的月份。我们甚至可以让它指示年份。既然如此，这只钟的如此这般的一种外观就是一个恰好持续一秒钟且绝不再次发生的事件。让我们假定你在感知格式塔方面是一个专家，所以你不必注意那些不同的指针，就能区分这只钟的任何两种不同的外观。那么，你就能够把专名“A”给予恰好处于 1940 年 12 月 1 日下午 10 点 45 分的这只钟的外观。关于事件 B、C、D 和 E，你可以相继观察到 B 是与 A 同时发生的，C 也是这样的，D 也是这样的，并且 E 也是这样的。但是，你不能推断 B、C、D 和 E 相互之间也是同时发生的，因为它们可能全都是非常短暂的；比如，它们也许

是可以在一秒钟之内被轻易地说出的“fly for your lives”这四个单词。

现在，假如你的钟在改变其外观时不再是每秒改变一次，而是与连续的运动保持步调一致，或者不如说与反复变化的知觉保持步调一致，那么当其外观没有改变时，你将不能作出前后相继的观察，而且你因此也不能知道两个事件都与这只钟的一种外观在同一时间发生，除非它们和这种外观全都是一种经验的某些部分；而且当我说它们是一种经验的某些部分时，我的意思是说，在初阶语言中存在着一个断言它们的共同性或者说同时性的知觉命题。因此，这只钟，尽管是精巧的，却不能帮助我们解决问题。我们必须承认，我们能够感受同时发生的几个事件，并且对于这类事件的数目，显然并无任何理论上的限制。

从上述文字中所得出的结论是，在初阶语言之内，我们必须承认 n 元关系的可能性，这里的 n 是任意的有限的数目。换句话说，必须有一些语词，它们不是专名，而是谓词，或者二元关系，或者三元关系，或者其他等等。

迄今为止，在本章中所说的话，对于下述这个已经被陈述过的主要问题来说是预备性的：当不使用任何一个“P 是 W 的一部分” 334
这种形式的基本命题时，我们能够陈述我们所知道的所有东西吗？在问这个问题时，我们假定“P”和“W”是专名。要记住，我们在第三章中断定：所有知觉判断都是这种形式的，并且在这样的命题中，我们自然地称之为“这”的东西，是一种知觉判断对其加以不完全分析的复合物。在这样说时，我们假定：我们能够经验到一个整体 W，同时无须知道它的部分是什么，但是通过注意或者注视，我们能够逐渐地发现其越来越多的部分。我们没有假定这个过程一定会因为缺乏完全的分析而终止，也未假定它可以推进到这种地步，即已经获得的那些部分无法加以进一步的分析。但是，我们假定这个整体 W 在整个分析过程中都能保持自己的同一性：例如在知觉中，我们能够从“W”开始，并将其当作对象词的一种感叹的使用，而且在名称“W”的指称没有任何改变的情况下，我们能够通过注意作出“P 是 W 的一部分”。

上述解释暗示着一种具有先后顺序的分析过程。对于代表整体的名称是不可缺少的这种理论来说，这种暗示在逻辑上也许是不必要的。当我们研究首先作为一个模糊的整体出现的知觉材料时，我们可以逐渐地将相互关联的部分列举出来。但是，在这样的情况下，可以说材料是作为注意的结果而发生变化的；例如，对于我们首先粗略地、然后集中注意力地观察到的一种视觉材料的情形，情况确实是这样的。在这样的情形中，注意包含了眼睛的某些变化；这些变化改变了视觉对象。可以说，所有分析都是这种类型的，并且其部分已被认识的整体绝不等同于先前被模糊地感知到的那个整体。我觉得，我们正在考虑的这种理论要去否认这一点，是没有必要的。我认为，我们能够把自己限定于分析的成品，并且自问：在不同时提及整体和部分的情况下，这种结果能够得以表达吗？

我们的问题是：当我们确实感知到一个整体拥有部分时，我们
335 的材料总是由关于这些部分以及它们之间的关系的命题组成的吗？或者说，它们有时必须包含这个整体在其中被提及的某些命题吗？这又是一个有关原子性的问题。考虑（比如说）一个圆以及

一条直线 L：我们将这个圆称为 A，并且 L 穿过这个圆。我们可以说“L 将 A 分为两部分”，但是我们可能对作为一个整体的 A 感兴趣，并且也对它被一分为二这个事实感兴趣，而对于这些被分离的部分没有丝毫的兴趣。例如，考虑一下将满月切割为二的一片薄云。我们依然意识到作为一个整体的月亮，并且这个整体比那些部分要鲜明得多。

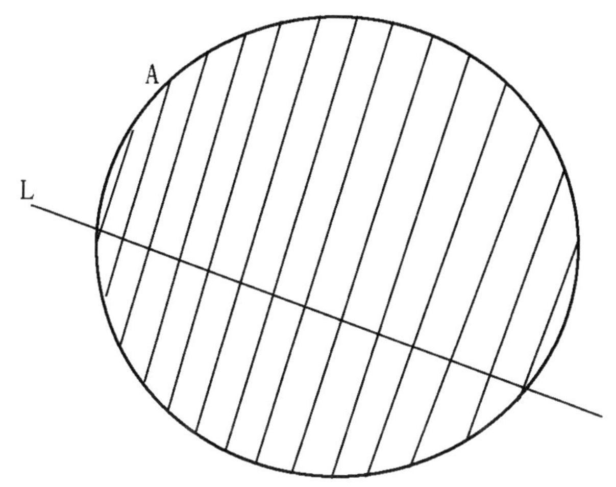

或者考虑一个多少有点不同的例子。我们看见远处的一个物体沿着一条路走了过来。起初，我们仅仅看到作为一个整体的这个对象。但是，我们逐渐清晰地看到了它，并发现它是一条狗。当这种情况发生时，我们的视觉对象当然不是它在此之前所是的那个对象。但是，我们相信它与起初就作为一个整体使我们产生兴趣的那同一个物理对象是有联系的。因此，当我们开始看到这些部分时，我们是把这些部分作为部分看待的，而不是把它们作为以某种形式排列在一起的分离的事项看待的。依我看，在这样的一种情况下，如果没有“P 是 W 的一部分”这种形式的命题，这里的

"P"和"W"是代表知觉对象的专名，并且P至少是我们的总体知觉对象仅有的一部分，那么我们所感知的东西就不可能得到准确的表达。

再举另外一个例子：有人用现代方法教一个儿童去读"CAT"[①]这个单词，他学着前后相继地发出"k"、"a"、"t"这些声音。（我指的是这些字母所代表的声音，而非这些字母的名称。）起
336 初，这些声音之间的间隔太长，以至于这个儿童不能意识到构成一个整体的、它们之间的这种前后相继关系。但是在最后，随着速度的加快，出现了一个时刻，即这个儿童意识到他说出了"cat"这个词的时刻。那时，该儿童就意识到了这个作为由部分构成的一个整体的单词。此前，他没有意识到这个整体；当他能流利地读出来时，他不再意识到那些部分。但是，在首次理解的时刻，整体和诸部分都同样地出现在意识中。在没有诸如"声音'k'是声音'cat'的一部分"这样的命题的情况下，该儿童此时所意识到的东西不可能得到表达。

我认为，所有知觉判断都包含着对一个知觉整体的分析。被给予的东西是一种形式，并且人们是从分析中意识到它是由相互关联的对象组成的。没有"P是W的一部分"这种形式的命题，这个过程将是不可言喻的。因此，这样的命题看来必须出现在初阶语言中。

每个包含不止一个对象词的知觉判断，都表达了对一个被感知到的复合整体的分析。在某种意义上，这个被感知到的复合整

---

① CAT是"猫"的英文单词。——译注

体是通过被感知才被知道的。但是，这种与错误相对的知识需要某种不同于知觉的东西。包含不止一个对象词并且用一个与几个单独句子不相等值的句子加以表达的知觉判断，必须至少包含一个其意义在于表示关系的语词。被对象证实的知觉判断所断言的知觉对象或者结构的复杂性，在理论上是没有限度的。正是知觉对象的这种复杂性，才是我们关于空间和时间的知识所依赖的。

可以假定，而且根据以上所述我们似乎必须假定，有一些由相互关联的部分所组成的整体，并且知觉判断所表达的知识，为了能够用语词描述出来，需要某些表示这类整体的名称。但是，即便假定了这一点，仍有一个困难的问题，即：在什么样的情况下，相互关联的项形成一个整体，而且为了从文字上表达我们所知道的东西，这个整体需要一个名称？

这种论证要求，在任何一个时间中我们的经验的全体都始终 337
是这样的一个全体，而且这个全体的某些复杂部分也必须是这样的。这样的一个全体的各个部分是通过共现关系而被集中在一起的。由于第二十一章所解释的理由，我们认为共现关系既可能在经验之外成立，也可以在经验之内成立。确实，如果存在着物理学所假定的未被经验到的世界，那么其时空将依赖于未被经验到的共现。也许，这类不可缺少的整体总是由共现构成的。让我们来考察这种可能性。

在以下几页中，我将就知觉判断中的分析性质提出一种可能的观点。我不想说这种观点是必要的。

让我们把名称“W”给予在某个给定时刻我的全体的知觉范围。在那个时刻，我能把伪名称“这”给予 W，也可以把它给予 W

的某些部分，但不能给予任何在范围上大于 W 的东西。当 W 存在时，伪名称“现在的我”适用于整体的 W，但不适用于 W 的任何部分。根据第六章所提出的理论，W 是一束共现的性质。我们可以把名称给予这些性质。假设 Q 是这些性质之一的名称。那么，“现在的我感知到 Q”将被翻译为“Q 是 W 的一部分”。

假如这是恰当的，那么在构成 W 的性质中，必然至少有一个没有再现的性质，或者一个没有再现的从属复合物。为了简单起见，我将假定我始终在观看一只钟，而且这只钟不仅指示分和时，也指示月份中的日期、年份中的月份以及公元的年代。假如我现在把名称“t”给予作为 W 的一部分的这只钟的外观，那么“t”将称呼一组与自身之间没有时间关系，即只能出现一次的性质。这只钟的任何其他外观都将或者早于或者晚于 t，并且我们将说，这个其他的外观作为其一部分的那个全体的知觉领域相应地早于或晚于 W。

根据以上所述，t 的值形成了一个数值上可测量的序列，并且
338 t 的两个不同的值不可能共现，除非它们几近相等，以至于它们能够成为一个似是而非的当前的某些部分，即一个 W 的某些部分。所有这一切都是经验的。

我们现在必须考虑，为了表达知觉判断，W 的什么样的部分可以成为需要名称的整体。这个全体的 W 可以分析为许多性质。但是，依靠其自身，这种分析将不能使我们解释像“A 在 B 的左边”这样的知觉判断。这些判断要求把 W 分析为一些我们很想称之为“实质的”而非“概念的”部分；换言之，它们要求在一个给定的知觉整体范围之内进行一种空间分析的研究。

让我们像在以前的一些场合那样，再次把自己限定于视野，并且忽视深度。那么，我们可以用一种无害的简单的方式说，在视野中有许多不同的上下（up-and-downness）性质，以及许多不同的左右（right-and-leftness）性质。我们用 θ 来指称前面那类性质中的任何一种，并且用 $\o$ 来指称后面那类性质中的任何一种。除了在视觉的优越性方面存在着某些差别以外，我们可以认为，每一种性质 θ 和每一种性质 $\o$ 都存在于每个人的视野中，只要他睁开眼睛并且天色未黑。

我们现在需要一种“重叠”关系。这种关系在知觉空间的构造上起着一种作用，而这种作用类似于共现在私人时间方面所起的那种作用。我没有定义这种关系，但是我认为，假如 Q 和 Q’是两种性质，那么“Q 和 Q’重叠”可以是一个知觉判断。例如，红的和明亮的这两种性质能够重叠，一种特定程度的压力与我们由之将身体一个部位的触觉与身体另一个部位的触觉区分开来的那种性质也能够重叠。两种不同的 θ 性质不能重叠，而两种不同的 $\o$ 性质也不能重叠。两种不同的颜色不能重叠，而属于身体不同部位的两种不同的触觉性质也不能重叠。任何一种视觉性质都能和任意的 θ 重叠，而且也能和任意的 $\o$ 重叠。

θ 的两个不同的值相互之间具有一种非对称的空间关系，即在上面或者在下面这样的关系；$\o$ 的两个不同的值也具有一种非对称的空间关系，即在右边或者在左边这样的关系。一个特定的 θ 的值与自身之间将会具有一种在右边或在左边的关系，而不具有一种在上面或在下面的关系；而且一个特定的 $\o$ 的值与自身之 339
间将会具有一种在上面或在下面的关系，而不具有一种在右边或

在左边的关系。一个复合物(θ,ϕ)将不会与自身之间具有任何空间关系。这个事实就是当我们说它在一个特定的视野中仅能出现一次时我们试图去表达的东西。

现在,假如一种特定的性质,比如说一种色度C,存在于视野中某个区域的全部范围,那就意味着它与性质对(θ,ϕ)的许多值相重叠。由于θ和ϕ在数值上是可测量的,我们能够直接地定义视野中一个"连续的"区域所意指的东西。类似地,我们能够定义触觉空间中的区域。我们通常应该看作整体W的一个"实质的"部分的东西,是作为W的一部分的一个连续的区域。任何一个这样的区域都可以是一个"这"。

当我们说"A在B的左边"时,我们可以把"A"视为由特定的θ和ϕ的值以及所有与二者重叠的性质所共同组成的那个复合物的名称,而由于θ和ϕ的另外一组特定的值,B也得到了类似的定义。假如ϕ的A值是在B值的左边,那么我们的陈述将是真的。

因而,在"A在B的左边"中,整体W并不需要被提及。但是,假如这个句子表达了一个知觉判断,那么一定有一个整体W,并且A和B是它的一部分。

我们现在得到了一种关于名称的结论。基本的名称是那些应用于像W这样的整体的名称,或者说是那些应用于作为某个W的部分的诸连续区域的名称;其他的名称是派生的,并且从理论上讲是不必要的。

假如我们去构造物理学的时空,那么,弄清已经说过的这些话所适用的范围可能是有益的。在这种构造中,我们必须假定物理学的真实性。

物理学的时空具有复杂的推论性质，并且在很大程度上是通过因果律构造出来的。人们假定，如果存在一种把在时空中处于不同位置的两个事件联系起来的因果律，那么它们是通过由处于中间位置的诸多事件所构成的一个因果链条而被联系起来的。知觉对象的这种物理的和心理的因果联系，使我们不得不认为它们全都在一个区域内，并且这个区域一定是在知觉者的头脑中（当
然，不是在他或者其他任何人所拥有的关于他的头脑的知觉对象 340
的内部）。存在于两个知觉对象之间的共现关系，可以被假定也存在于在时空中重复的任何两个物理事件之间。时空中的一个“点”可以定义为拥有下述两种特性的一组事件：（1）这组事件中的任何两个事件都是共现的；（2）在这组事件的外部，没有任何事件与它的每一个分子共现。

时空中的点的次序的确定，如爱因斯坦已经表明的那样，绝不是一件简单的事情。历史地看，它产生于这种信念：每一个知觉对象都是“关于”某个物理对象的；并且在某种程度上，处于物理空间中的物理对象的次序，大约与处于知觉空间中的相应的知觉对象的次序相关联。物理空间中的星球的角坐标与它们在视觉空间中的知觉对象的角坐标几乎完全一样。但是，知觉对象是“关于”物理对象的这种观念，最终证明是不精确的、因果的，并且是不可靠的。对时空次序的更精确的确定依赖于因果律；例如，木星的距离是从某些观察中计算出来的；在假定万有引力定律的情况下，这些观察能够使我们计算出光从那儿到达我们这里使用了多长时间。

没有必要深究这个问题。对于我们来说，重要之处有两点：从物理学的立场看，我的知觉的整体 W 处于作为一个物理对象的我

的头脑之中，并且时空的整体与部分，由于是一个过于复杂并且具有推论性质的概念，因而在知识论的基础中没有很大的意义。

第二十五章　语言与形而上学 341

在本章中，我打算考虑一下，是否可以从语言的结构中推论出关于世界的结构的某种东西，并且如果可以的话，又能从中推论出什么。有这么一种倾向，它把语言看作一个独立于实在的领域，并认为可以不考虑非语言现象而对语言进行研究；这种倾向尤其出现在逻辑实证主义者那里。在某种程度上，并且在有限的范围内，语言与其他事实的这种分离是可能的，而且对逻辑句法的单独的研究无疑已经产生了有价值的结果。但是，我认为，易于夸大由单独的句法研究所能获得的结果。我想，在句子的结构和句子所指称的那些现象的结构之间存在着一种可以被人发现的关系。我认为，非语词的事实的结构并非完全是不可知的，而且我相信，如果足够细心的话，语言的特性能够有助于我们理解世界的结构。

在语词与非语词的事实之间的关系问题上，绝大多数哲学家都可以被划分为三种宽泛的类型：

A. 从语言的特性推断世界的特性的那些哲学家。这些人构成了一个非常著名的群体。他们包括巴门尼德、柏拉图、斯宾诺莎、莱布尼茨、黑格尔和布拉德雷。

B. 认为知识仅仅是关于语词的知识的那些哲学家。唯名论者和某些逻辑实证主义者就属于这一类。

C. 认为存在着无法用语词表达的知识，同时却又用语词告诉这种知识是什么的哲学家。这些哲学家包括神秘主义者、柏格森和维特根斯坦。在某些方面，黑格尔和布拉德雷也是这样的哲学家。

在这三组哲学家中，第三组因为是自相矛盾的，我们不予考
342 虑。由于一种经验的事实，第二组哲学家也遭遇了失败；这种经验事实指的是：我们能够知道什么样的语词出现在一个句子中，而这却不是一种语词的事实，尽管它对于咬文嚼字者是必不可少的。因此，假如我们被限定于以上三种选择，我们就必须尽力支持第一组哲学家。

我们可以把我们的问题分为两部分：首先，真理符合论——就我们能够接受这种理论而言——蕴含着什么？其次，世界上是否存在着某种对应于逻辑语言中不同词类之划分的事物？

关于“符合”，我们已经得出这样的信念：当一个命题为真时，它之所以为真，是因为存在着被称作其“证实者”的一个或多个现象。假如它是一个不包含变项的命题，它不可能拥有多于一个的证实者。我们可以将自己限定于这类情况，因为它包含了我们所关心的问题的全部。因而，我们必须探究：当给定一个句子（假设它是真的）时，我们能否从这个句子的结构中推断出关于这个证实者的结构的某种东西？在这种探究中，我们应该预设一种逻辑语言。

首先考虑一组全都包含某个名称（或者它的某个同义词）的句子。这些句子全都拥有某种共同的东西。我们能够说它们的证实者也拥有某种共同的东西吗？

这里，我们必须根据所涉及的名称的类型作出区分。假如 W 是如同我们在上一章中所考虑过的那样完整的一组性质，并且我们形成了如同“W 是红的”、“W 是圆的”以及“W 是明亮的”之类的若干知觉判断，那么这些判断全都拥有一个共同的证实者即 W。但是，假如我作出了若干真实的陈述，并且它们都是关于一种特定的色度 C 的，那么它们全都拥有不同的证实者。这些证实者全都拥有一个共同的部分 C，这就像这些陈述拥有一个共同的部分“C”一样。我们将会看到，在这里，就像在上一章中一样，我们得出一种观点，这种观点在句法上与主谓式观点几乎无法区分，其不同之处仅在于它把“主词”看作一束共同出现的性质。我们可以 343
把刚才所说的话陈述如下：当给定一组像“这是红的”这样的表达知觉判断的主谓式句子时，假如它们全都拥有同一个主词，那么它们全都拥有同一个证实者，即这个主词所称呼的东西；假如它们全都拥有同一个谓词，那么这些证实者全都拥有一个共同的部分，即这个谓词所称呼的东西。

这种理论无法应用到诸如“A 在 B 的左边”这样的一个句子，这里的“A”和“B”是我的视野中的两个部分的名称。就“A”和“B”而言，我们在上一章中曾充分思考了这个句子。我现在希望考察的是这个问题：对于若干不同的“A 在 B 的左边”这种形式的句子，假如它们的证实者拥有某种共同的东西，那么这种共同的东西是什么？

所涉及的这个问题是那个古老的关于“共相”的问题。我们可能已经结合谓词——比如说“红的是一种颜色”或者“高调的 C 是一种声音”——研究过了这个问题。但是，由于我们已经把更多的表面看来显然是主谓式的句子——例如“这是红的”——解释为并非真正的主谓式句子,我们将会看到,联系关系来讨论“共相”是比较方便的。

除了以感叹的方式被使用的对象词以外,句子需要一些不同于名称的语词。一般说来,我们把这样的语词称为“关系词”;它们包括代表一元关系的词,即谓词。如同在第六章中所解释的那样,这个定义是句法的定义:一个“名称”是一个能够有意义地出现在任何形式的原子语句中的词;一个“关系词”是一个能够出现在某些原子语句中,但却只是出现在包含适当数目的名称的原子语句中的词。

通常认为,语言需要关系词;所要解决的问题是:“就语句的证实者而言,这种情况意味着什么?”一个“共相”可以定义为“一个关系词的意义(假如存在着某种意义的话)”。孤立地来看,像“如果”和“或者”这样的语词并无意义,而且同样的说法可能适用于关系词。

也许有人会提议(就像我所认为并将试图证明的那样,这种提
344 议是错误的)说:为了发出一组类似的声音中的一种,我们无需假定共相,而仅需假定一组刺激物。然而,问题并非如此简单。一个共相的捍卫者,如果受到攻击的话,也许会以这样的方式开始辩护:“你说两只猫,由于它们是类似的,刺激了两种类似的声音的说出,并且这两种类似的声音都是语词‘猫’的实例。但是,这些猫必须确实是相互类似的,而且这两种声音也必须如此。而假如它们确实是类似的,那么‘类似性’将不可能仅仅是一个词。它是在某些时刻即当有类似性时你所说出的一个词。”他将会说:“你的技艺

和策略也许好像把其他的共相都清除了,但你仅仅是通过把所有问题都推给了这一个依然保留下来的共相即类似性而做到的。你不能摆脱那个共相,因此你倒还不如承认所有其余的共相。”

共相问题不仅是难以解决的,而且也是难以表述的。让我们考虑“A 在 B 的左边”。就像我们已经看到的那样,当下视野中的位置是绝对的,而且是根据它与视觉范围的中心的关系而得到定义的。它们可以根据上下和左右两种关系来定义;无论如何,这些关系对于拓扑学的目的而言是足够的。为了研究当下视觉空间中的位置,有必要让眼睛保持不动,并把注意力集中于处在视觉范围中心和周边的事物。假如我们不是故意保持眼睛不动,我们将会直接去看我们注意到的任何事物;考察一系列位置的自然而然的方式是依次地看它们。但是,假如我们想要研究我们在一个时刻能够看到的东西,这种方法将不会管用,因为一个特定的物理对象,作为一种视觉材料,当被直接看见时与当远离视觉中心时,是不一样的。然而,这事实上几乎没有什么两样。我们不能摆脱这个事实,即视觉的位置形成了一个二维的序列,并且这样的序列需要二元的非对称关系。在这方面,我们关于颜色所采取的观点也没有什么两样。

似乎不能不承认,关系是世界的非语言的成分中的某些部分;类似性,或许还有非对称关系,不可能像“或者”和“并非”那样,仅仅被当作言语,并通过解释而被消除。诸如“在……之前”和 345
“在……之上”这样的语词,完全就像专名一样,“意指”某种出现在知觉对象中的东西。因此,存在一种有效的分析形式,它不是那种整体与部分的分析形式。我们能够把 A-在-B-之-前作为一个

整体来感知。但是，假如我们仅仅把它作为一个整体来感知，那么我们不应该知道我们是看到了 A -在- B -之-前，还是看到了 B -在- A -之-前。对 A -在- B -之-前这种材料进行整体-部分式的分析，只能产生 A 和 B，而且遗漏了“在……之前”。因此，在一种逻辑语言中，将存在某些词类上的区分，它们对应于客观的区分。

让我们再次考察这个问题，即非对称关系是否与类似性一样也是必需的；并且为了这个目的，让我们以“A 在 B 之上”为例，这里的“A”和“B”是事件的专名。我们将假定，我们感知到 A 在 B 之上。我们从一个无关紧要之处开始：现在，毫无疑问，我们无须既拥有语词“在……下面”，又拥有语词“在……之上”；只要拥有其中的任何一个就足够了。因此，我将假定，我们的语言不包含语词“在……下面”。整体的知觉对象，即 A -在- B -之-上，以某种方式相似于其他的知觉对象，即 C -在- D -之-上、E -在- F -之-上等等；此种方式使我们把它们称为所有关于垂直的顺序的事实。到此为止，我们无需概念“在……之上”；我们可能仅仅拥有一组类似的现象，即所有被称为“垂直的顺序”的事物，也就是，所有导致了类似于“在……之上”的声音的事物。至此，我们仅仅需要类似性。

但是，我们现在必须考虑非对称性。当你说“A 在 B 之上”时，你的听众是如何知道你并非是说“B 在 A 之上”的呢？他是以和你知道 A 在 B 之上完全相同的方式知道这一点的：他感知到声音“A”先于声音“B”。

因此，至关重要的问题是在先有 A 后有 B 和先有 B 后有 A——或者用书面的写法，AB 和 BA——之间作出区分。那么，考虑下述两种排列：AB 和 BA。我要明确的是：我只是在谈及这些排列，而未谈及与其相似的其他排列。假设 S_1 是第一种排列的专名，S_2 是第二种排列的专名，并假设 A_1、A_2 是两个 A 的专名，B_1、B_2 是两个 B 的专名，那么，S_1、S_2 都是由两个部分组成的，并且 S_1 的一个部分极其类似于 S_2 的一个部分，而另一个部分也极其类似于另一个部分。还有，在两种情况下，顺序安排的关系也是相同 346
的。不过，两个整体是很不类似的。也许，非对称性能够通过这种方式得到解释：给定若干 A 和若干 B，并对它们进行成对地排列，那么所得到的整体分为两类，并且同一个类中的分子相互之间是极其类似的，而不同类中的分子相互之间是很不类似的。假如我们把专名 S_3、S_4 给予下述两种排列：AB 和 BA；那么显而易见，S_1 和 S_3 是非常类似的，并且 S_2 和 S_4 也是非常类似的，但是 S_1 和 S_3 并不非常类似于 S_2 和 S_4。（注意：在描述 S_1 和 S_2 时，我们将不得不说：S_1 是由 A_1 在 B_1 之前构成的，S_2 是由 B_2 在 A_2 之前构成的。）也许按照这种方式，通过类似性来解释非对称性就是可能的，尽管这种解释并非很令人满意。

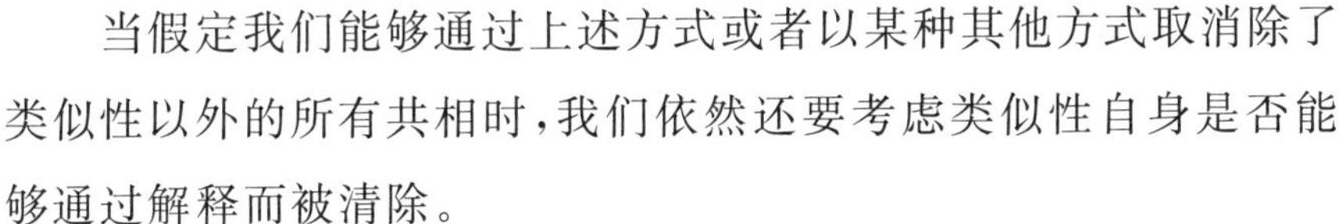

当假定我们能够通过上述方式或者以某种其他方式取消除了类似性以外的所有共相时，我们依然还要考虑类似性自身是否能够通过解释而被清除。

我们将在最简单的可能的情形中考虑这种情况。两块红的色片（并非必须具有完全相同的色度）是类似的，并且“红的”这个词的两个实例也是类似的。让我们假定，一组有色的圆盘被展示给我们看，并要求我们说出它们的颜色的名称——比如说在一次色盲的检测中。有两个红色圆盘相继被展示给我们，并且每一次我们都说“红的”。我们一直在说，在初阶语言中，类似的刺激产生类似的反应;我们的意义理论就是以此为基础的。在我们的这种情形中,这两个圆盘是类似的,并且“红的”这个词的两次说出也是类似的。当我们说这两个圆盘是类似的时,和当我们说这个词的两次说出是类似的时,我们是在说关于这些圆盘和关于这些说出行为的同一件事情吗?或者,我们仅仅是在说类似的事情吗?在前一种情况下,类似性是一个真正的共相;在后一种情况下则不是。在后一种情况下,困难在于无穷的倒退;但是,我们能够确信这种困难是不可克服的吗?我们将会这么说,假如我们接受这样的解决办法:假如A和B被感知到是类似的,并且C和D也被感知到是类似的,那就意味着AB是某种类型的一个整体,并且CD也是同一种类型的一个整体;也就是说,由于我们不想通过一个共相来
347 定义这个类型,所以AB和CD是类似的整体。我看不出,假如我们试图用这种方式解释类似性,我们将如何避免一种无穷的恶性倒退。

因此,尽管带着犹豫的心理,我还是要断定:存在着共相,而非仅仅存在着一般语词。至少,类似性必须被承认,而且既然如此,为了排除其他的共相而接受某些复杂的技巧几乎是不值得的。

应该看到,上述论证仅仅证明了“类似的”一词的必要性,而非“类似性”一词的必要性。

某些包含“类似性”这个词的命题可以被替换为包含“类似的”这个词的等值命题,而另外的一些命题则不能。后一类的这些命题我们无须加以承认。比如,假设我说“类似性存在”。如果“存在”意味着当我说“美国总统存在”时它所意指的东西,那么我的陈述是无意义的。首先,我所能意指的东西可以用这个陈述来表达:

“存在某些现象，对它们进行文字的描述需要‘a 和 b 是类似的’这种形式的句子。”但是，这个语言学的事实似乎蕴含着一个关于被描述的这些现象的事实，即当我说“a 和 b 是类似的”时被断言的那类事实。当我说“类似性存在”时，正是关于世界的这个事实，而非一个关于语言的事实，才是我要断言的。“黄的”这个词是必要的，因为存在着黄色的事物；“类似的”这个词是必要的，因为存在着成对的类似的事物。两种事物之间的类似性，确实与一个事物具有黄的颜色一样，是一种非语言的事实。

在本章中，我们已经获得了一种结果。在某种意义上，这种结果就是我们的全部讨论的目标。我心里所想到的这个结果是这样的：完全的形而上学不可知论与对语言学命题的主张是不相容的。某些现代哲学家认为，我们知道许多关于语言的东西，但是对于其他任何事物则毫无所知。这种观点忘记了：语言就像另一种现象一样，也是经验的事物；并且它也忘记了：当一个形而上学不可知论者使用语词时，他必须否认自己知道这一点。就我来说，我认为，部分地通过对句法进行研究，我们能够获得大量的关于世界的结构的知识。

索　　引

（本索引中的数字是英文原文页码，即本书边码）

"All"　"所有"　19f.，46f.，64，74f.，78f.，88f.，93f.，247f.，264，280，298

Analysis　分析　19f.，96，124，166f.，189f.，259，327f.

Assertibility　可断言性　289f.，318f. 参看 Dewey(杜威)

Association　联想　52f.，67，70f.，76，155，176，309

Asymmetry　不对称、不对称性　35f.，42f.，102，344f. 参看 Symmetry(对称、对称性)

Atomic proposition　原子命题　142，263，266. 参看 Molecular proposition(分子命题)

Atomic sentence　原子语句　31f.，45，183，195f.，199，291. 参看 Molecular sentence(分子语句)

Atomicity　原子性　168f.，202f.，259f.，327f.

Awareness　意识　13，228f.，296

Ayer，Mr. A. J.　A. J. 艾耶尔先生　17，137. 参看 Positivists(实证主义者)

Basic proposition　基本命题　17f.，82f.，88，92，137f.，150f.，162f.，226，237f.，243f.，276，289f. 参看 Proposition(命题)

Behaviour　行为，Behaviourism　行为主义　14，66，184f.，248f.，262，297

Beliefe　信念，Believing　相信、相信行为　16f.，21，65，94，121，132，138，167，171，175f.，190f.，203，207f.，210f.，219f.，223f.，226f.，235f.，247f.，259f.，269f.，294，298，321f.

Bergscn　柏格森　101，341. 参看 Memory(记忆)

Berkley　贝克莱　7，116f.，143f.，217，233，237，315

Brouwer　布劳威尔　21，274f. 参看 Law of Excluded Middle(排中

律）

Caesar 恺撒 12,17,30,33f.,36f.,123,166,172,179,182f.,209,227,250,266f.,325

Carnap 卡尔纳普 7,18,23,42,62f.,93,98,142f.,148,259f.,267f.,275f.,281,306f.,311f.,314f. 参看 Physicalism（物理主义）

Cartesianism 笛卡尔主义 16,116f.,131,143f.,151

Causal Law 因果律,Causation 因果关系,Cause 原因 16,112f.,118f.,138,160,220,233f.,244,302,310,324,339

Certainty 确定性 18,103,117,124,133,160,316f.

Class 类,Classification 分类、归类 25,35,38,68,229f.,313

Coherence 融贯、融贯性 140,161,289. 参看 Hegel（黑格尔）

Combination 结合 195f.,202

Common sense 常识 116f.,139,223,234,245,299,302

Complex 复合物,Complexity 复杂性 56,267,272

Compresence 共现 114,127,227,231,240,301,337f.

Conjunction 联结词 30,41,46,64,199

Constant 常项 265,309. 参看 Variable（变项）

Copilowish 科比洛维希 184f.

Correspondence 符合 21,85,153,232,244,284,289f.,301,305,342

Dalkey,Mr. N. N. 道尔凯先生 7,271

Data 材料,Datum 材料 124f.,165,293,334

Dewey,Prof. J. J. 杜威教授 289f.,318f. 参看 Assertibility（可断言性）

Ding-an-sich 物自体 220,283

Disjunction 析取 83f.,86f.,90f.,199,211

Doubt 怀疑、疑惑 16,18,21,65,94,117,323f.

Egocentric particulars 自我中心殊相词 20,108f.,126f.,231f.

Einstein 爱因斯坦 320,340. 参看 Newton（牛顿）

Empirical 经验的,Empiricism 经验论 18,20f.,29,45f.,51,57f.,60,91f.,126,135f.,152,165,217f.,226,232,239,258,274,298,305f.,324

Enumeration 列举 89f.，102，279f. 参看 Number(数、数字)
Error 错误 14,16,216
Event 事件 101,239,288,304,319,324f.,339
Existence 存在 65,219,237f.,242f.,254,286,303f.,310,347
Experience 经验 13,17f.,40,48f.,53f.,60,80f.,121f.,233,236f.,243,279f.,291f.,295f.
Expression 表达 21f.,52,70f.,77,171,204f.,214f.,221f.,236,240f.,252f.,269f.,291f. 参看 Indication(指示)
Extensionality 外延性 168f.,259f.

Fact 事实 22,70f.,205f.,235,244f.,284f.,289f.,293,305
Factual premiss 事实的前提 150f.,232,254,315f. 参看 Press(前提)

False 假、假的，Falsehood 假 19f.,26,62f.,75f.,78f.,81f.,167f.,176f.,187,206,209f.,214f.,223f.,226f.,274,307f.,312f.,320f.,325
Family 家族 25,229f.
Function 函项 64,220,260f.

Generality 一般性，Generalization 概括 88f.,92,196f.,202f.,254,259,263f.,276f.
Gestalt 格式塔 56,59,73,330,333
Gödel 哥德尔 71f.
Gravitation 万有引力 17,132,320

Habit 习惯 13,67,121,137f.,154,207,244,247f.,253,296f.,309f.
Hegel 黑格尔，Hegelianism 黑格尔主义 123f.,140,289,341. 参看 Coherence(融贯、融贯性)
Hempel 亨普尔 139f.,147f.
"Here" "这里" 90,108f.,231
Hesitation 犹豫 84f.,210
Hierarchy 层、分层 19f.,26,62f.,79,197f.
History 历史 17,102
Hume 休谟 7,121,191,207,244,294,315,329

"I" "我" 20,96,108f.,113,146,231f.
"I-now" "现在的我" 108f.,114,127f.,337
Idea 观念 191f.,294
Identity 同一性 102f.,129f.

Image　意象,Imagination　想象　50f.,180f.,241,309

Impression　印象　191,294

Indication　指示　21f.,171,204f.,210f.,214f.,250,255f.,269f.,293f.参看 Expression(表达)

Induction　归纳　76,80f.,89,233,244,251f.,287,303f.,315

Inference　推论　18,22,226f.,242f.,287,303

Inquiry　探究　319f.

Instrumentalism　工具论　123f.

Intention　意图　53f.,61

Interpretation　解释　184f.,323f.

"Is"　"是"、"现在是"　64f.,112,208

Judgement　判断　73,83,90f.,126f.,139,153,177,181f.,194,239,243,254,308f.,316,330,334f.,337f.,342

Kaplan　卡普兰　184f.

Kepler　开普勒　17,132,297

Knowledge　知识　11,20,48f.,116f.,123f.,139,143,236f.,287f.,298,313,341f.

Language　语言　11,19f.,23f.,62f.,72,75,78f.,94,174,197,202f.,254,263,269,275,307,311,330,341f.参看 Object-language(对象语言),Primary language(初阶语言)

Law of Contradiction　矛盾律　198,259,274f.

Law of Excluded Middle　排中律　21,172,198,259,274f.,290f.,305,325.参看 Brouwer(布劳威尔)

Lie　谎、谎言　28,62f.,174,199,204f.,209,212

Logic　逻辑　16,20,29,40f.,58f.,64,72,78f.,81f.,86,131,140,157,166f.,197,244,247,256,259f.,264f.,274,277,290,330

Mathematics　数学　16,29,89,140,168,197,259f.,277,287

Matter　物质　116f.,234

Meaning　意义　12,20,24f.,28f.,38,53,126,192,241f.,278,293f.,306,343f.

Memory　记忆　49f.,88f.,101f.,124f.,134f.,154f.,236,239,310.参看 Bergson(柏格森)

Metaphysics　形而上学　21,65,95,117,223,232,274,281,307,341f.

Mill,J. S. J. S. 穆勒 76,117

Molecular proposition 分子命题 263f. 参看 Atomic propostion(原子命题)

Molecular sentence 分子语句 31,41,195,199,214. 参看 Atomic sentence(原子语句)

Name 名称 32,94f.,127,195,330,334,339,345f. 参看 Proper name(专名)

Negation 否定 81f.,259,276

Neurath 纽拉特 23,139f.,145f.

Newton 牛顿 17,131f.,297,320. 参看 Einstein(爱因斯坦)

Nonsense 胡说,Nonsensical 无意义的 166f.,170f.,183,195,269,275

"Not" "并非" 20f.,46,64f.,70,77f.,82,93f.,211,259,294

Notice 注意,Noticing 注意、注意行为 50f.,60,75,110f.,114

"Now" "现在" 20,231

Number 数、数字 72,89. 参看 Enumeration(列举)

Object-language 对象语言 19,25,62f.,78f.,254,263. 参看 Language(语言),Primary language(初阶语言)

Object-word 对象词 25f.,65f.,70f.,75f.,127,152,167,189f.,269f.,294,336. 参看 Word(词、语词)

Objective 客观的 14,22,171

"Or" "或者" 20f.,25,64f.,70,73,77f.,83f.,86f.,92f.,95,210f.,259,291,294

Order 顺序、秩序 16,19f.,39,240

Past 过去 154f.,165

Pavlov 巴甫洛夫 255

Peirce 皮尔士 319f.

Percept 知觉对象,Perception 知觉 20,56,59,75,83,90f.,116f.,120f.,135f.,152f.,160f.,177,181f.,194,239,243,249,254,286f.,301f.,308,325,333f.,337f.,342f.

Physicalism 物理主义 93,249,262,267,287. 参看 Carnap(卡尔纳普)

Physics 物理学 15,33,93,97f.,108,118f.,122f.,131,141,175,218,230f.,240,283f.,297,300,304f.,337f.

Physiology 生理学 67,119,123,178f.,186,193,208,285,297,339

Place 位置 99f.,344

Plato 柏拉图 23f.,58,341

Positivists 实证主义者 7,20f.,137,289,315,341. 参看 Ayer(艾耶尔)

Possibility 可能性 37,170,182

Predicate 谓词 35,42f.,45f.,86f.,94f.,106,197,253,257,261f.,311f.

Premiss 前提 131f.,137,150f. 参看 Factual premises(事实的前提)

Primary language 初阶语言 19,63f.,79f.,246. 参看 Language(语言),Object-language(对象语言)

Probability 可能性 133,245,289,318. 参看 Reichenbach(赖欣巴赫)

Proof 证明 106,236

Proper name 专名 20,25,32f.,45,94f.,127,330,334,345f. 参看 Name(名称)

Proposition 命题 12,17f.,35,40,46,51f.,57f.,64,82,86f.,90f.,137f.,142,148f.,152f.,166f.,184,237f.,242f.,248f.,253f.,259f.,263,267f.,276f.,280,289,300f.,304f.,308f.,315f.,319f. 参看 Basic proposition(基本命题)

Propositional attitude 命题态度 21,65,84,94,163f.,167f.,259,262,291

Propositional form 命题形式 64

Propositional function 命题函项 64,260f.

Protocol sentence 记录的语句 144f.

Protokollsatz 记录句 137,141f.,147,152

Psychological aspects 心理学的方面 18f.,22f.,27,40,56f.,63f.,84f.,92,109,120,131f.,135,164,189f.,193f.,208,247f.,252f.,267,297,321f.

Quality 性质 98,102,128,162,230f.,337

Real 实在的,Reality 实在 281f.

Realism 实在论,Realist 实在论者 15,220,245,283,302

Reflex 反射 28,61,68,120

Reichenbach 赖欣巴赫 115,133,289,316,318. 参看 Probability(可能性)

Relation 关系 18,35,38,45f.,94f.,182,194f.,221f.,261f.,265,333,343f.

Satisfaction 满足 323f.
Schlick 石里克 307f.
Science 科学 103f.,117,131,331
Sensation 感觉 12,19,29f.,41,48f.,54f.,63f.,75,95f.,144,166f.,170f.,214f.,226f.,236,246,291f.,307f.,310f.,314f.,342f.,347
Sign 符号 14,184f.
Significance 含义 166f.,170f.,206f.,209f.,244,269,292,306f.
Similarity 类似、类似性 35,42,58,72,98,119,332,344f.
Socrates 苏格拉底 12,116,174,181,196,261f.,264f.,268f.
"Some" "有的" 19f.,46f.,64,70,74f.,78f.,88f.,93f.,157,247,291,298
Space 空间 20,100,118f.,228,284f.,302,338
Space-time 时空 33,96f.,100,108,218,231,240,257,278,286f.,337f.
Speech 言语 26f.,30f.
Sponataneity 自发性 204f.,212,215
Statement 陈述 71f.,87,92,147,261f.,301
Stimulus 刺激、刺激物 52f.,112,120f.,160f.,205,251,254,346
Structure 结构 34,341
Subjective 主观的 14,22,171
Substance 实体 33,97,129
Substitution 替换 195f.
Symmetry 对称 35,42. 参看 Asymmetry(不对称、不对称性)
Syntax 句法 12,19f.,30f.,34,41,95f.,166f.,170f.,190,194f.,275,341

Tarski 塔尔斯基 62f.,284
Tense 时态 108f.,250
"That" "那" 57,73,,96f.,108f.,211
"The" "这个" 46f.,64
"There" "那儿" 108f.,295
Thing 事物 97f.,315,319f.
"This" "这" 20,41,57,73,90,96f.,108f.,127f.,173,211,231,337f.
Time 时间 20,39,100f.
Tractatus 《逻辑哲学论》 62,168,262,267f. 参看 Wittgenstein(维特根斯坦)
True 真、真的,Truth 真、真理 11,18f.,22,26,48,52,62f.,75f.,78f.,85,140f.,153,167f.,176f.,187,206,209f.,214f.,223f.,226f.,236f.,244f.,259f.,

265, 274f., 284, 287f., 289f., 306f.,312f.,318f.,322f.,342f.

Unity　统一性　30f.,34f.

Universal　共相，Universality　普遍性　24, 36, 95, 313, 343f., 346f.

Variable　变项　19,198f.,220f., 236f., 241, 244f., 260f., 265, 298f.,309,342. 参看 Constant（常项）

Verifiability　可证实性，Verification　证实，Verifier　证实者，22, 79f., 222f., 227f., 231f., 238, 242, 257, 274f., 289f., 303f.,306f.,342f.

Whole　整体　40,128f.,327f., 334f.,338f.,345

Wittgenstein　维特根斯坦　25, 62,102,142,168,262f.,266f., 270,341f. 参看 *Tractatus*（《逻辑哲学论》）

Word　词、语词　12,19f.,23f., 48f.,53f.,64,68f.,78f.,94f., 108f., 181f., 212, 256, 269f., 307f.,327f.,341f. 参看 Object-word（对象词）

World　世界　12f.,111f.,141, 233,237,329,341,347

"You"　"你"　96,108f.,230

图书在版编目(CIP)数据

意义与真理的探究/(英)伯特兰·罗素著;贾可春译.—北京:商务印书馆,2017
(汉译世界学术名著丛书:120年纪念版:珍藏本)
ISBN 978-7-100-14694-4

Ⅰ.①意…　Ⅱ.①伯…②贾…　Ⅲ.①认识论—研究　Ⅳ.①B017

中国版本图书馆CIP数据核字(2017)第157402号

汉译世界学术名著丛书
(120年纪念版·珍藏本)
意义与真理的探究
〔英〕伯特兰·罗素　著
贾可春　译

商务印书馆出版
(北京王府井大街36号　邮政编码100710)
商务印书馆发行
北京市松源印刷有限公司印刷
ISBN 978-7-100-14694-4

2017年12月第1版　开本 710×1000　1/16
2017年12月北京第1次印刷　印张 26¾
定价:135.00元